KB264919

셈본
인생경영

셈본 인생경영

초판 1쇄 발행 2012년 8월 8일

지 은 이 가재산
발 행 인 권선복
편　 집 오성용
디 자 인 가보경
일러스트 김근영 · 김윤이
전 자 책 박소은
마 케 팅 서선교
발 행 처 도서출판 행복에너지
출판등록 제315-2011-000035호
주　 소 (157-010) 서울특별시 강서구 화곡로 232
전　 화 0505-666-5555
팩　 스 0303-0799-1560
홈페이지 www.happybook.or.kr
이 메 일 ksb6133@naver.com

값 15,000원
ISBN 978-89-97580-24-8   13320

Copyright ⓒ 가재산, 2012

* 이 책은 저작권법에 따라 보호받는 저작물이므로 무단전재와 무단복제를 금지하며, 이 책의 내용을 전부 또는 일부를 이용하시려면 반드시 저작권자와 〈도서출판 행복에너지〉의 서면 동의를 받아야 합니다.
* 잘못된 책은 구입하신 곳에서 바꾸어 드립니다.

도서출판 행복에너지는 독자 여러분의 아이디어와 원고 투고를 기다립니다. 책으로 만들기를 원하는 콘텐츠가 있으신 분은 이메일이나 홈페이지를 통해 간단한 기획서와 기획의도, 연락처 등을 보내주십시오. 행복에너지의 문은 언제나 활짝 열려 있습니다.

셈본 인생경영

내가 가재산 대표를 가깝게 만나고 지내게 된 것은 에세이 클럽이다. 수필의 거목이신 손광성 선생님을 모시고 시작한 글쓰기 모임은 아마추어들이 수필이나 에세이를 습작하고 나아가 책을 쓰기 위해 모인 클럽이다.

당시 가 대표는 평생 열 권의 책을 목표로 하고 있다고 했다. 그리고 이러한 책들이 대부분 인사 실무 책이고 우뇌보다는 좌뇌를 쓰는 내용이라 앞으로는 우뇌를 움직여 감성이 깃든 글을 쓰겠다고 하면서 "좌에서 우로의 전향수"가 되겠다는 인사말을 들은 기억이 있다.

그런데 벌써 목표로 했던 열 권의 책을 작년에 냈고, 작정했던 에세이 형태의 열한 번째 책을 발간한다니 박수를 치고 환영하지 않을 수 없다. 에세이 클럽의 회원들을 대표해서 축하드리는 바이다.

우리는 주변에서 인생이 마음먹은 대로 되지 않는다며 불만을 늘어놓거나 절망하는 사람들을 자주 본다. 그들은 단 하나의 작은 장애물만 나타나도 계획이 모두 헝클어졌다며 머리를 감싼다. 그뿐인가? 세상은 날이 갈수록 사람들에게 더 빠른 속도와 더 높은 적응력을 요구한다. 눈 깜짝하면 세상은 변하고, 주춤하는 사이 사회에서 도태되고 마는 것이다.

고민은 그게 전부가 아니라 시작일 뿐이다. 세계에서 가장 빠른 초고령화 사회로의 진입이 시작된 우리나라는 100세 시대를 눈앞에 두고 있다. 인생은 마음먹은 대로 되지 않고 도태되지 않기 위해 전전긍긍하는데, 이제는 은퇴 후 30여 년 동안 뭘 하면서 살아야 할지도 고민해야 한다. 불안하지 않은가. 의미 있고 정력적인 삶을 위해, 노후의 안정적인 삶을 위해 내가 할 수 있는 것은 과연 무엇일까?

머릿속에 복잡하게 얽힌 이러한 고민들을 말끔히 해결해 준 것이 바로 『셈본 인생경영』이다. 저자는 '인생은 회사 경영과 다를 바 없다.'고 말한다.

"에이, 내가 회사를 어떻게 경영해?"라며 되묻는 사람도 있을 것이다. 하지만 우리의 인생만큼은 내 스스로가 주인이요, 운전수인데 정작 주인이 모른 척 한다면, 누가 대신해주겠는가.

그렇다면 대체 경영을, 어떻게 하라는 말인가? 저자가 내놓은 대답은 명쾌하다. 어릴 적에 배웠던 덧셈, 뺄셈, 곱셈, 나눗셈이 바로 그것이다. 생각과 습관을 바꾸는 데 '셈본'을 적용하니 술술 풀리는 게 아닌가? 나의 생각과 습관을 바꾸는 데 가감승제加減乘除 네 가지 셈본만 잘하고 '자기습관과의 GO-STOP'을 즐긴다면 자기 인생에 대한 경영은 물론이요, 은퇴 이후 제2의 인생 설계를 완벽히 준비할 수 있단다.

이 책은 그저 말잔치로 끝나는 책이 아니다. 자기의 습관을 하나하나 바꾸기 위한 방법과 기술을 필자의 경험과 현장실천을 통해 제시해주고 있다. 특히 한때 중학교 진학의 꿈을 접었던 시골 소년이 삼성을 대표하는 사원이 되고, 남보다 일찍 퇴직하여 나이 오십에 창업을 하고, 육십이 넘어서도 인사 분야의 전무가로 현장을 누비는 과정들 또한 흥미롭다.

이 책은 나이에 관계없이 읽어야 할 책이다. 특히 수많은 갈림길 앞에서 머뭇거리고 있는 청춘들, 막막한 노후를 앞두고 그저 한숨만 쉬는 사람들이라면 꼭 한 번만 이 책을 읽어 보라 권하고 싶다.

더불어 저자에게 기분 좋은 볼멘소리 좀 해야겠다. 이 책이 출판
으로 끝이 아니라 해야 할 일이 몇 배로 많아질 것이라고….

다시 한 번 진심으로 출간을 축하드린다.

- 재능교육 대표이사　양병무 -

왜 습관 바꾸기인가?

세계적인 문호 톨스토이의 명작 『안나카레니나』는 이렇게 시작한다.

"행복한 가정은 모두 엇비슷하고 불행한 가정은 불행한 이유가 제각기 다르다."

사람이 태어나 일생을 살아가면서 성공과 실패, 행복과 불행 등을 겪는데 이 모든 문제를 결정하는 중요한 요소가 바로 '생각'이다. 세상에는 삶의 성공이 정해진 채 태어난 사람은 아무도 없다. 또 행복한 삶과 불행한 삶이 결정되어 태어난 사람도 없다. 선하게 되거나 악하게 되는 것은 타인이나 환경 탓이 아니라 오로지 그 사람의 생각에 의해서 결정된다.

따라서 생각을 조금만 바꾸어 습관을 변화시킨다면 인생을 멋지게 리모델링Remodeling할 수 있다. 생각은 씨앗과 같아서 생각에 의해 행동의 싹이 움트고, 습관으로 뿌리내리고, 품성으로 자라서 인격이라는 열매를 맺고, 운명이라는 결과를 추수하게 된다.

사실 인생도 회사경영과 다를 바 없다. 자신의 인생이나 삶은 물론, 가정이나 회사의 운명도 수없는 선택의 결과다. 이러한 선택은 습관이라는 자전 궤도를 만든다. 이 궤도는 습관이라는 덫을 만들

고 인간은 자기도 모르게 이 덫에 갇혀 살아가기 마련이다. 습관을 바꾸기란 쉽지 않다. 하지만 시작은 할 수 있다. 자신의 생각과 행동을 바꾸는 일이야말로 습관의 덫에서 탈출할 수 있는 유일한 길이다.

요즘 노후 준비에 대한 관심이 부쩍 많아졌다. 인생의 후반전을 준비하고 고령화 사회를 대비하는 진정한 노老테크는, 개개인들이 전문성을 가지고 칠십을 넘어 팔십까지도 크든 작든 일을 하는 것이다. 게다가 자기가 하고 싶은 것을 계속 할 수 있다면 더욱 좋다. 일하는 즐거움과 사람들과의 지속적인 만남이야말로 건강한 삶의 필수조건이다.

이른바 20대도 50년 일할 준비를 하고, 50대도 20년 더 일하는 '5020'작전이다. 일은 하지 않고 단지 돈이나 부富만을 가진 노테크는 자칫하면 '노No테크'로 전락할 위험성이 크다. 그러나 이러한 '5020'도 갑자기 되는 일은 결코 아니다. 대부분의 사람들이 아직도 젊은 나이에 회사를 그만두는 순간 커리어 쇼크를 맞아 당황하게 된다.

미래는 먼발치에 있는 게 아니라 현재에 있다고 한다. 노후 준비나 퇴직 이후의 미래도 현재의 시점이 중요하다. 오늘 당장 시작하는 것이 미래를 자신 있게 맞이할 수 있는 지름길임이 틀림없다.

더욱 중요한 것은 이러한 습관 바꾸기는 단지 나이 먹은 사람에게만 필요한 것은 결코 아니다. 습관 바꾸기는 젊을 때 시작할수록 더욱 빛이 난다. 나이에 관계없이 멋진 인생경영을 위한 시작의 휘슬을 울려야 한다.

습관과 Go-Stop을 쳐라!

문제는 이러한 습관은 'Go만 있고 Stop이 없다'는 사실이다. 다시 말하면 일관성의 원리다. 습관을 스톱시키는 것은 남의 권유나 힘으로는 불가능하다. 심지어 평생을 함께하는 아내가 남편의 습관을 고치라는 이야기조차도 공염불이고 그저 잔소리에 불과하다. 마음의 주인은 자기 자신이기 때문에 본인만이 습관을 바꿀 수 있는 것이다.

그렇다면 습관을 어떻게 바꾸어야 할까? 생각과 습관을 바꾸는 방법이 있다. 빼고 더하고 나누고 곱하는 '셈본 식'으로 사고의 틀을 깨는, 그야말로 인식의 프레임을 바꾸는 연습을 첫째로 시행해야 하는 것이다. 이를 돕기 위해 1장에서 5장까지는 이에 관한 사고나 사례를 제시하였다.

다음은 이를 행동과 실천으로 옮기기 위해 나의 좋은 습관은 계속 키워나가되, 나쁜 습관은 과감하게 중단시키는 훈련이다. 습관과 Go-Stop을 치는 것이다. 이를 돕는 내용을 6장에서 소개하였다. 마지막으로 이를 직접 실습할 수 있도록 필자가 지난 20년간 직접 사용한 방식을 부록으로 첨부하였다.

이 책은 요새 미사여구로 젊은이들의 지친 마음을 어루만지며 시선을 끌고 있는 '청춘콘서트'와는 다르다. 아무리 좋은 강의를 들었다고 해도 모든 것을 남의 탓으로 돌리기만 한다면 나는 할 일이 하나도 없다. 나부터 작은 것 하나라도 생각을 바꾸고 행동으로 실천하지 않는다면 세상에 무슨 변화가 있겠는가?

아무쪼록 이 책이 100세 시대를 살아가야 하는 많은 사람들에게 인생경영을 위한 배낭을 다시 꾸리는 데 조그만 보탬이 될 것을 고대한다.

- 초하의 새벽에 저자 씀 -

Contents

Part 6 실행의 장

Part 1 변화의 장

안주는 일종의 안락사安樂死다. 인생은 나이를 들면서 죽
는 게 아니라 점점 편하게 주저앉으면서 조금씩 사그러져 가
는 과정인지도 모른다. 사람은 자신의 생각대로 되기 마련
이다. 지금 자신의 모습도 결국 자신의 생각에서 비롯된 것
이다. 만약 미래에 자신이 다른 위치에 가고 싶다면 자신의
생각과 습관을 과감히 바꾸어야 한다. 내가 지금까지 가보
지 못한 익숙하지 않은 곳, 그곳에 또 하나의 새로운 인생의
해답이 있는지 모른다.

잊지 못할 나의 선생님

누구에게나 평생 잊지 못할 선생님이 한 분쯤은 있다. 내게도 그런 선생님이 한 분 계시다. 지금껏 살아오면서 내게 가르침을 베풀어주신 무수히 많은 선생님들 중에서도 유독 기억에 많이 남는 분이다. 초등학교 6학년 시절 담임선생님이셨던 이인기 선생님이 바로 그 주인공이다. 그분을 만나지 못했더라면 아마 지금의 나도 없었을 것이다.

나는 충남 태안 해안가에서 8남매의 막내로 태어났다. 내 또래 세대가 겪었듯이 나도 어릴 적 농촌에서 자라 교육의 혜택과는 거리가 있었다. 사실 50여 년 전의 농촌은 어느덧 선진국의 문턱까지 와 있는 지금과는 너무나 다른 모습이었다.

소위 말하는 보릿고개를 체험한 마지막 세대라고나 할까? 당시를 회고해보면 여러 가지 추억들이 소록소록 생각이 난다. 어쩌다 보니 나는 어릴 적부터 줄곧 반장을 했는데 3학년 때까지 연분홍 색깔을 한 저고리와 바지에 검정 고무신을 신고 맨 앞줄에 서 있었던 기억이 나기도 한다. 서울로 수학여행을 가기 위해 어머니와 밤마다 냇가에 가서 참게를 잡아 시장에서 팔아 여비도 내고 남은 돈

중 용돈으로 30환을 받아들고 기뻐서 어쩔 줄 몰라 했던 기억도 아련히 떠오른다.

그뿐이랴. 봄이면 양식들이 떨어지는 때라 다 익기도 전에 보리를 잘라 푹 삶아 놓으면, 열이나 되는 형제와 조카들이 한꺼번에 숟가락을 들고 먼저 먹으려고 덤벼들었던 기억이 아른거리기도 한다.

여하튼 내 운명의 그늘을 벗어나고자 부단히 노력해야만 했던 시절로 기억된다. 그때는 부자든 가난뱅이든 너나없이 교육열이 별로 없었다. 대부분의 가정에서 한 세대에서 한 명만이 중학교에 다니는 '특권'을 누릴 수 있었다. 어쩌다 계속 반장도 하면서 학교생활에 충실했지만 막내인 나는 당연히 중학교를 꼭 가야한다는 생각도 못했고, 부모님께 학교 보내달라고 떼를 쓸 생각조차 해보지 않았다.

"너도 초등학교 졸업하면 산에 가 나무하고, 농사일을 하며 살아라."라는 말 한마디로 형님들과 같이 이미 내 몫의 지게가 나를 기다리고 있었다. 그러다 보니 별달리 진학을 위한 공부도 하지 않았다. 산과 들로 다니면서 집안일을 거두는 걸 내 운명이자 삶의 몫으로 알고 지냈다.

그러던 어느 날이었다.

"재산이는 학교의 명예가 있어서 꼭 중학교 시험을 봐야 합니다. 한 번 시험만이라도 보게 해 주세요."

담임선생님이었던 이인기 선생님께서 직접 중학교 시험응시 원서를 사들고 집에 직접 찾아온 것이었다. 몇 시간이 지났을까. 안방 문이 열리는 소리가 들렸다. 후다닥 달려가 보니 선생님께서 환한 얼굴로 나를 지켜보셨다. 선생님께서 중학교 입시시험만 보는 조건으로 아버지의 도장을 받아내신 것이다.

그때부터 나는 그간 놓고 있었던 공부를 허겁지겁 다시 시작했다. 열악한 여건은 여전해서 내 책상에는 참고서도 문제집도 없었다. 그저 학교에서 받은 책과 선생님이 알려준 내용들로만 목마른 지식을 충전할 수밖에 없었다. 지금이야 집에서 조금만 벗어나도 각종 도서관이 있고, 인터넷이라는 무한한 정보를 통해 빠르고 정확한 도움을 얻을 수 있지만, 당시의 교육현실은 삼촌이 본 책을 형이 봤다가 그 책을 다시 막내가 보는 식으로 대물림해서 내려오는 책을 읽어야 할 정도로 열악했다.

우여곡절 끝에 중학교 입학시험을 치르고 합격자 발표의 날이 되었다. 하지만 나는 합격을 해도 중학교에 가지 못한다는 사실을 미리 알고 있었기 때문에 굳이 발표장에 가지 않았다. 그런데 그날 저녁 이인기 선생님으로부터 뜻밖의 소식을 들을 수 있었다. 내가 중학교 전체 시험에서 운이 좋게도 수석을 차지했고, 중학교 3년간 수업료 전액을 장학금으로 지원받는 혜택도 있다는 이야기였다.

하지만 밑으로 여동생은 물론 조카들이 다섯 명이나 줄을 서 있고, 타지 중학교로 가야 하는 탓에 먹고 자는 생활비의 문제도 있어서 처음에는 아예 입학이 고려되지 못했으나 우여곡절 끝에 중학교 입학이라는 허락을 받았다.

중학교로 진학하는 게 얼마나 인생의 큰 변화를 주고 인생의 방향을 어떻게 바꿀지 아무도 몰랐다. 이인기 선생님의 제자 사랑이 지금의 나를 있게 만든 '터닝포인트'가 된 것이었다. 인생을 살면서 그런 행운을 가지고 인생을 완전히 바꿀 수 있도록 해주시는 은인을 만나는 것도 생각해보면 쉽지 않다.

"노력은 운명도 바꿀 수 있다. 내 스스로 가진 모든 능력을 쏟아 부은 후에 변덕스런 신의 최종 판결을 기다려라."

이인기 선생님의 가르침은 단순히 선생님으로서의 지식전달자 역할이 아니라 자신으로 인해 누군가의 운명을 바꿀 수 있다는 소중한 메시지를 내게 주었다. 그 때 이 선생님이 아니었더라면 나의 인생은 어떤 모습이었을까?

중학교를 입학하고 선생님을 찾아 뵈었을 때였다. 펄쩍 뛰시며 너무나 좋아해주시던 모습을 지금도 잊지 못한다. 우리 집 사정을 알았던 선생님은 내가 시험만 보겠다고 약속했기 때문에 행여 마지막까지 중학교에 가지 못할까 봐 노심초사하신 분이다.

몇 년 전 서울에서 선생님의 손녀 결혼식 때 선생님을 찾아 뵌 적이 있었다.

"우리 재산이가 너무 잘됐어."

그러시면서 나를 안아주신 노신사는 인생의 주름처럼 많이 약해지셨지만 지금도 내 인생을 멋지게 살게 만들어준 '마술사' 같은 분으로 회고된다.

선생님은 평생을 언제나 꼿꼿한 성품 때문에 개인적으로 손해를 많이 보신 것 같다. 평교사로 정년을 맞이하신 것도 이와 무관해보이질 않았다. 그러나 뵐 때마다 몇 번을 여쭈어 보아도 묵묵부답으로 일관하셨다. 그 이후에도 단 한 차례의 후회나 아쉬움을 내비치

신 일이 없으셨다.

"난 선생 40년 동안 재산이가 가장 기억에 남아. 인생을 멋지게 살아야 돼."

지난해 찾아 뵙고 헤어질 때 선생님의 눈가에는 눈물이 맺혀 있었다.

✧ 인생경영을 위한 셈본식 Q&A

Q 사람의 운명은 정해져 있는가?

A 사람은 저마다 처한 환경과 상황이 다르며 그에 따라 인생을 살게 된다. 그렇다고 운명론에 기대어 자신의 노력을 포기할 필요는 없다. 초등학교를 졸업하면 당연히 농사나 지으며 살아야 할 운명이었던 나 역시 '노력으로 운명을 바꿀 수 있다'는 가르침을 주셨던 선생님 덕분에 중학교에 진학했고, 그때는 상상도 하지 못했던 지금의 내가 있는 것이다. 운명이 아니라 변화와 노력의 힘을 믿는 사람에게 반드시 삶은 성공을 가져다 줄 것이다.

셈본으로 보는 인생의 지혜

요즘 모임에 가면 우스갯소리로 바보 시리즈가 많다. 중년층 이상의 모임에서는 특히 '신종 3대 바보'가 화제로 오르내리고 있다.

첫 번째 바보는 주말에 놀러간다며 자식들이 맡기고 간 손자, 손녀를 돌보느라 본인들의 스케줄을 바꾸는 할아버지, 할머니. 두 번째 바보는 자기가 갑자기 죽었을 때 상속세가 많이 나올 것을 걱정하여 미리 재산을 물려주고 자식들에게 용돈 받아 생활하는 부모. 세 번째 바보는 자녀들이 집에 찾아왔을 때 편하게 잠을 재울 수 있도록 더 큰 집으로 이사를 가는 부모라고 한다.

요즘 며느리들이 명절 때나 오랜만에 놀러 왔을 때 어떻게 하면 빨리 빠져나갈까만을 생각하는 판에, 자고 갈 것이라고 착각(?)해서 세금 더 내며 관리하기 힘든 큰 집에 사는 바보가 되어서는 안 된다는 이야기다. 여하튼 자식과 부모라는 방정식이 예전과는 많이 달라졌다.

우스갯소리는 대개 언뜻 듣고 지나치거나 나와는 상관이 없는 것처럼 생각한다. 그러나 신종 3대 바보 이야기는 그렇지 않다. 고령화, 저출산 시대에 접어들어 주위에서 실제로 벌어지고 있는 바로 우리 자신의 이야기이기 때문이다.

우리나라는 인구가 2012년 6월 23일자로 5천만을 넘겨 '1인당 소득 2만불 이상, 인구 5천만이 넘는 20-50'을 달성한 세계 일곱 번째의 국가가 되었다. 그러나 급속한 출산율 하락과 빠른 속도의 고령화가 동시에 진행되고 있어 초고령 사회로 진입하는 데 소요되는 기간은 세계 최단기가 될 것으로 예측된다. 지하철이나 버스에 마련된 경로석이 '어린이 우대석'으로 바뀔 날도 머지않아 보인다.

우리 부모 세대는 별다른 준비 없이 노년을 맞았어도 큰 문제가 없었으나 이제는 달라지지 않으면 안 된다. 아무 준비 없이 노년을 맞기에는 너무 수명이 길어졌고, 환경이 달라졌기 때문이다. 평균 수명은 60년대 52세이던 것이 이제 80세를 넘겼고, 조만간 90세를 내다보고 있다.

우리는 과거에 더블 30, 즉 부모 밑에서 30년, 그리고 자신의 인생 30년을 살았다. 하지만 현재는 트리플 30으로 바뀌었다. 퇴직 후기나긴 30년이 더 기다리고 있는 것이다. 아무 준비 없이 퇴직하여 '무노동 무임금'으로 마지막 30년을 보낸다는 것은 본인에겐 악몽의 30년이 되고, 자식들에게는 물론 사회적으로도 도저히 감당하기 힘든 짐이 되고 만다.

『은퇴 후 30년을 준비하라』라는 저서로 일약 스타 강사 반열에 오른 오종남 박사는 초등학교 교과서에서 교훈을 얻어야 한다며 이렇게 말한다. "국어에 나오는 주제 파악을 제대로 하고, 산수에서 나오는 분수分手를 아는 것이 중요하다. 이러한 주제 파악이나 분수를 아는 것은 나이가 들어서 해야 할 일이 아니라 젊어서부터 시작하는 것이 제일 좋겠지만 이제라도 빠르면 빠를수록 좋다."

그렇다면 어떻게 해야 트리플 30년을 잘 준비하고 잘 보내서 행복에 이를 것인가? 필자는 고령화와 저출산 시대를 살아가는 지혜를 초등학교에서 배우는 '셈본'에서 찾아본다면 어떨까 한다.

가장 먼저 해야 할 일이 뺄셈이다. 그중에서도 중요한 것이 어깨의 힘을 빼는 일이다. 과거 직위가 높았거나 경력이 화려할수록 힘을 빼기 어렵다. 실버타운을 운영하는 어느 원장의 가장 큰 애로 사항은 '과거 장관, 국회의원, 교수를 하신 분들은 아무리 나이가 들고 신분이 달라져도 영원히 제일 높았던 계급으로 대우받으려 한다는 것'이라고 실토했다.

나이가 들면 과거의 신분이나 계급이라는 굴레에서 벗어나 과거와의 단절을 꾀하면서 욕심을 줄여야 한다. 더구나 건강을 위해서는 식생활은 소식으로 바꾸고, 그렇게 좋아하던 담배는 끊어야 하며, 음주습관도 바꾸어야 한다. 돈이나 명예를 잃으면 일부나 반을 잃은 것이지만 건강을 잃으면 전부를 잃고 만다는 것을 명확히 인식하고 실천해야 하는 것이다.

둘째로는 덧셈을 잘해야 한다. 덧셈은 지속적으로 어떤 일이든 일을 계속하는 것이다. 퇴직 후에도 일을 한다는 것은 축복이다. 일을 통해서 많은 사람들과의 만남이 이루어지고, 생활에 활기가 솟고, 즐거운 시간을 보낼 수 있다. 재테크 전문가에 의하면 가장 확실한 재테크는 지속적으로 일을 통해 돈을 버는 것이라고 한다.

이를 위해서는 자신에게 투자해야만 한다. 퇴직 후에도 자신이 전문적으로 할 수 있는 일이나, 자신이 좋아하는 분야에 대한 사전 투자와 노력이 전제가 되어야 한다. 요즘 유행하는 인터넷은 물론 트위터, 카카오톡 같은 컴퓨터·스마트폰 활용 기술에도 뒤처지지 말아야 한다. 과거의 경력이나 경험은 분명 유통기간이 정해져 있으므로 제한적이라 할 수 있다.

다음은 나눗셈을 잘해야 한다. 나눗셈은 베풀고 나누는 마음이다. 베푼다고 해서 항상 금전적 지원에만 국한할 필요가 없다. 봉사활동이나 의미 있는 사회활동을 통해 얼마든지 가능하다. 필자의 경우 대기업의 노하우를 중소기업에 전수시키는 일을 사명으로, 글도 쓰고 관련 책도 내며 현장 컨설팅과 교육에 심혈을 기울이다 보니 나름 보람을 느낄 때가 많다. 젊었을 때는 목적을 위해 열심히 뛰지만, 나이가 들어서는 가치지향적인 일을 해야 한다.

마지막으로 곱셈이 제일 중요하다. 곱셈에서는 앞에 있는 숫자가 아무리 커도 영을 곱하면 값이 영으로 나온다. 그러나 2를 곱하면 두 배, 3을 곱하면 세 배의 효과를 가져 오게 된다. 즉 열정이나 도전정신 같은 것은 노력 여하에 따라 그 값이 얼마든지 커질 수 있다. 반대로 이러한 의식이 수반하지 않는 경우 아무리 좋은 계획이라도 행동으로 실천하지 않으면 영이 되어 그 값은 변하지 않는다.

결국 변화와 도전에는 열정이나 추진 에너지가 뒷받침되어야 한다. 자신을 바꾸지 않으면 안 된다는 절실함이 없다면 앞에서 소개한 뺄셈, 덧셈, 나눗셈이 제대로 진행되기 힘들다.

필자의 한 지인은 자기 실제 나이에 70%를 곱한 나이로 삶을 산다. 칠십이 가까웠는데도 40대처럼 일하면서 일 년에 서너 권의 책을 쓰다 보니, 자기 나이와 같은 타를 치는 것을 골프에서는 에이징 슈터Aging shooter라고 하듯, 칠십 이전에 에이징 북스Aging books를 달성할 예정이라고 한다. 복장도 늘 스티브 잡스처럼 청바지에 티셔츠를 입고 운동화 차림으로 다닌다.

진정으로 나이를 초월하여 트리플 30년을 젊게 살려면 꿈과 희망을 잃지 않고 심신의 활력과 자신이 하고 있는 일에 대한 열정을 가져야만 한다. 습관 바꾸기는 꿈과 열정을 전제로 한다. 꿈은 열정이 없으면 그저 꿈으로 끝이 난다. 꿈과 희망은 동사형이어야만 실행이 가능하기 때문이다. 꿈과 희망을 앞세워 순간순간을 꽃처럼 새롭게 피워내는 습관을 들여야 한다.

'열정 인생엔 나이가 없다!'

✦ 인생경영을 위한 셈본식 Q&A

Q 당신은 트리플 30년을 어떻게 준비해야 하는가?

A
- 뺄셈, 어깨에 힘을 빼고 과거의 굴레(지위, 계급)에서 벗어나라.
- 덧셈, 적은 금액이더라도 지속적인 일을 통해 돈을 벌어라.
- 나눗셈, 가치지향적인 일을 하라. 그리고 베풀어라.
- 곱셈, 열정을 가지고 행동하지 않으면 (0을 곱해서는) 아무런 변화도 없다.
- 당장 행동하라.

마음의 텃밭 가꾸기

옛날에 왼쪽 눈이 애꾸눈인 임금님이 있었다. 그는 생전에 자기의 초상화를 남기고 싶어 전국의 화가들을 모두 불러 모은 후 그중 세 명을 최종 선발하여 초상화를 그리도록 하였다. 그러나 그들은 임금님의 애꾸눈 때문에 큰 고민에 빠졌다.

고민 끝에 한 사람은 애꾸눈을 정상적인 눈으로 그렸고, 다른 한 사람은 애꾸눈 부분을 멋있게 처리하여 그렸다. 그리고 마지막 한 사람은 왼쪽으로 몸을 살짝 비켜선 모습을 그려 임금님의 애꾸눈을 정상적인 사람처럼 감쪽같이 둔갑시켰다. 결국 임금은 세 번째 화가의 기가 막힌 지혜와 아이디어에 대해 치하하고 큰 상을 내렸다고 한다.

긍정의 마음은 이처럼 똑같은 상황에서도 상상을 초월하는 지혜나 아이디어를 제공할 수 있는 힘을 가지고 있다. 우리 마음은 자동차 변속기와 비슷하다. 전진 기어를 넣을지 후진 기어를 넣을지는 운전자가 스스로 선택해야 한다. 마찬가지로 우리가 긍정적인 생각을 품고 그에 따른 의사결정을 한다면 어떤 어려움이 닥치더라도 극복하고 전진하여 목적지에 다다를 수 있다. 그러나 부정적인 생각을 갖고 먼저 문제점과 불가능만 생각한다면, 후진 기어를 넣고 성공의 길과는 정반대의 방향으로 가는 것이다.

지금의 내 모습은 내가 생각하고 있는 자화상 그대로이며, 나의 생각에 따라 나의 미래와 운명이 결정된다. 사람은 수많은 생각을 하며 하루를 보낸다. 그중에서 75% 이상이 부정적인 생각이라고 한다. 따라서 생각을 의도적으로 바꾸지 않고 방치하면 부정적으로 흐르기 쉽다. 두려움과 근심과 걱정이 파도처럼 밀려와 결국 삶을 힘들게 만드는 것이다.

어떻게 해야 이런 생각들을 멈출 수 있을까? 인본주의 심리학자 사무엘 스마일즈는 이렇게 말한다.

"생각은 행동을 낳고, 행동은 습관을 만들고, 습관이 쌓이면 성품이 되고, 성품은 그 사람의 운명을 결정한다."

결국 불행과 행복의 키는 환경이 아니라 자기 자신의 생각이다. 부정적인 생각, 쉽게 포기하는 경향, 절망 등에서 벗어나 생각을 긍정적으로 전환해야 한다. 이를 '치환置換의 법칙'이라고 부른다. 즉, 생각의 위치를 살짝 바꾸어주는 지혜가 필요한 것이다.

예를 들어 난치병에 걸린 사람이 마음이 약해져서 '죽는다'고 생각할 때, 뇌에서는 아드레날린이라고 하는 호르몬이 나온다고 한다. 이 아드레날린은 우울증을 일으키는 답답한 기운이요 불순물이다.

하지만 '절대 절망하지 말자. 반드시 극복할 수 있다.'는 희망적인 생각을 가지면 뇌에서 베타엔도르핀이라는 호르몬이 분비된다. 베타엔도르핀이 나오면 마음도 편안해지고 세상이 긍정적으로 느껴지게 된다.

같은 뇌에서 베타엔도르핀이 나오느냐 아드레날린이 나오느냐는 긍정적인 생각을 하느냐 부정적인 생각을 하느냐에 달려 있다. 속상

하고 부정적인 생각을 하면 아드레날린이 나와 몸 전체를 우울로 감싸고 병들게 하지만, 낙천적·긍정적으로 생각하면 능히 암세포도 죽이는 베타엔도르핀이 나와 스스로 즐겁고 행복해진다는 것이다.

그 행복의 조건을 만족시키기 위해서 반드시 해야 할 일이 있다. 그것은 '내 마음의 텃밭'을 가꾸는 것이다. 집 근처 텃밭에서는 분명 심은 대로 거두어들인다. 텃밭에 채소를 심으면 채소를 거두어들이고, 곡식을 심으면 반드시 곡식을 수확한다. 그러나 씨앗을 심지 않은 맨땅에서는 끊임없이 잡초가 자라나는 것처럼, 마음의 텃밭에 씨앗을 심지 않는다면 그곳에는 쓸모없는 잡초만 자라날 것이다.

그렇다면 잡초들을 제거하고 행복해지기 위해서는 어떤 씨앗을 뿌려야 할까?

먼저 긍정적인 씨앗을 뿌려야 한다. 긍정의 씨앗이 마음에 뿌려지면 표정이 바뀐다. 마음에서 나오는 긍정적 바이러스에 의해 말과 행동이 바뀌게 된다. 삶의 목표, 즉 비전의 씨앗도 함께 뿌려야 한다. 뚜렷한 목표와 비전이 있는 사람은 삶의 스타일이 다르다. 내가 지금 행복하지 못한 것은 마음의 텃밭에 자신도 모르는 사이에 불행의 씨앗을 뿌렸거나 아무런 씨앗을 뿌리지 않은 까닭이다. 잡초를 제거하고 긍정과 꿈이라는 씨앗을 뿌린다면 분명 내 인생은 뿌려둔 대로 거두어들일 수 있을 것이다.

Q 행복을 위한 필요조건은?

A 마음에 '텃밭'을 가꾸는 것이다. 아무것도 뿌리지 않아 잡초만 무성한 마음 때문에 인간은 불행해진다. 잡초를 제거하고 밭을 일구고 긍정의 씨앗, 비전의 씨앗을 뿌려라. 마음의 텃밭에 좋은 생각의 씨앗을 뿌리고 잘 가꾸어 나간다면 내 인생은 크게 달라질 수 있다.

나비효과

사람들은 세상을 살아가면서 겪은 사소한 사건이나 만남이 후일 자신의 인생에 큰 변화를 일으킨 계기가 되었음을 알고 놀라곤 한다. 바로 이러한 것을 영화화한 것이 수년 전 우리나라에 소개된 〈나비효과〉이다.

이 영화에서 전개되는 사건들은 영화가 끝이 나도록 손에 땀을 쥐게 한다. 자신의 과거로 조금 거슬러 가면 갈수록 현실로 되돌아오는 충격적인 사건들로 인해 관중들은 화면에서 눈을 뗄 수가 없다.

즉, 작은 나비들인 마이크로Micro가 거대한 매크로Macro를 움직일 수 있다는 것이다. 이러한 현상을 미국의 기상학자인 에드워드 로렌츠는 "나비효과Butterfly effect"라고 명명했다. 예를 들어 "중국 베이징北京에 있는 작은 나비의 날갯짓이 미국 뉴욕에서 허리케인이나 토네이도를 일으킬 수 있다."는 현상을 말한 것이다.

요즘 우리나라에서도 이러한 사회적 현상이 눈에 띄게 나타나고 있다. 월드컵이 개최되었던 2002년 6월 한국 사회는 월드컵 4강이라는 예상치 못한 성과를 거두면서 흥분의 도가니 속에 온 국민이 감격했고 세계는 놀라움을 금치 못했다. 당시 붉은 악마의 주도 하에 도심부터 학교, 공원, 아파트 단지에 이르기까지 연인원 2천여만 명이 길거리 응원에 동원되었다. 세대와 계층, 남녀 차이를 넘어 온 국민이 감동적인 축제문화를 통해 흥분과 열정, 신명, 자신감, 공동체 의식 등을 느꼈다. 더구나 많은 인파가 몰렸지만 사전 약속 없이도 보이지 않는 질서의 룰을 준수함으로써 전 세계의 매스컴으로부터 찬사를 받았다.

사실 거리 응원단은 '공식조직'이 아니었다. 4강전이 펼쳐지는 날에는 일시에 700만 명이 모였으나 누가 동원한 것도 조직적으로 통제한 것도 아니며 정부나 경찰이 나서서 질서를 계도한 것도 아니다. 붉은 악마들의 날갯짓이 엄청난 파급효과를 불러온 것이다.

한편 미국 증권가에서 일어났던 블랙 먼데이, 미국의 정전 사고, 중국의 사스 등으로 인한 전 세계 경제마비와 같은 부정적 사회 현상도, 나비효과와 같은 복잡계複雜系나 카오스 이론으로 설명되고 있다.

인생에도 나비효과는 그대로 적용된다. 소위 '나로부터의 비롯되는 효과'이다. 한 사람의 작은 변화가 엄청난 결과를 가져올 수 있다는 것이다. 나비효과가 적용되고 있는 한 우리에게서 작고 하찮은 일이란 있을 수 없다. 우리가 하는 말 한마디, 행동 하나가 어느 순간 우리에게 거대한 폭풍의 모습으로 되돌아올 수도 있다.

우리나라에서 이론이 아닌 실제 나비로 효과를 본 지방행정의 사례도 있다. 매년 5월이 되면 전라남도 함평에서는 이색적인 행사가 펼쳐진다. 바로 나비와 자연을 소재로 한 '나비축제'이다.

전남 함평 이석형 군수는 진짜 나비를 팔아 함평이라는 지역 경제를 살려 낸 사람이다. 지방 방송국 PD였던 그가 1998년 6월 40세의 나이로 함평 군수에 당선되었을 때 주위에서는 우려의 시선으로 그를 바라봤다. 나이가 젊은 데다 행정 경험도 없다는 이유에서였다.

그러나 이듬해 함평천 주변 1,000만 평의 들판에 심어놓은 보랏빛 자운영과 노란 유채 밭에 '나비축제'를 벌이면서 그는 이 고장의 운명을 바꾸어 놓았다. 평범한 시골지역에 불과 했던 함평에 최근 나비를 보기 위해 연간 300만 명의 관광객이 몰려든다. 관광객이 소비하고 간 돈만 연간 200여억 원에 이른다.

결국 큰 변화도 작은 것에서 출발해야 한다. 일상의 업무 가운데 어떤 작은 것이라도 담당자나 관리자들이 변화 과제를 하나라도 직접 실천하지 못한다면 더 큰 변화를 기대할 수 없다고 생각한다.

변화는 누구에게나 두렵다. '내가 노력한다고 해서 도대체 무엇이 달라질 수 있겠는가'라며 실패의 원인을 주변의 '남의 탓'만으로 돌려서는 결코 원하는 것을 가져올 수가 없다. 원인이나 책임을 남에게 돌리고 나면 자신은 할 일이 아무것도 없기 때문에 아무런 변화도 이루어지지 않는다.

'나부터 변화'라는 날갯짓이 먼저 자신을 완전히 탈바꿈시킬 것이고 이어 조직과 공동체 전체에 엄청난 결과를 가져올 것이다. 그것이 바로 나비효과의 힘이자 무한한 성장과 발전 가능성을 가져다주는 계기가 된다.

간디가 '천 번의 기도보다 한 번의 작은 행동이 더 중요하다.'라고 했듯이 변화는 나부터, 작은 것, 쉬운 것부터 그리고 즉시 행동으로 옮겨질 때From now 비로소 일어난다.

어떤 선택을 하고 해석을 하는 것은 중요한 일이지만 거기에 그친다면 사실 아무 일도 하지 않은 것이다. 변화란 시간이 걸리는 험난한 길일지도 모른다. 그러나 변화라는 작은 날갯짓이 나를 바꾸고 조직과 사회를 변화시키는 원동력이 된다.

나부터 작은 변화의 날갯짓을 시작해보자!

✄ 인생경영을 위한 셈본식 Q&A

Q 조직과 공동체 전체를 움직이는 힘은 어디에서 오는가?

A '나로부터의 작은 변화의 힘'이 세상을 바꿀 수 있는 가장 큰 힘의 원천이자 시발점이다. 나비의 작은 펄럭임이 토네이도처럼 거대한 변화의 소용돌이를 일으키게 된다. 당신의 작은 의지와 행동'만이 조직과 공동체, 나아가 사회 전체를 움직일 수 있다.

노老테크의 시대

　　송나라 때 바닷가에 사는 한 어부가 100길이나 되는 거대한 어망을 짜는 일로 하루하루 소일하고 있었다. 그렇게 큰 어망을 들고 나갈 수도 없고, 갖고 나갔다 해도 칠 수도 없는 어망이었다. 사람들이 물었다.

　　"쓸모없는 망을 뭣하러 그렇게 얽어요?"

　　그러자 "한 올 한 올 맺어나가면 내 목숨이 길어지는데 쓸모가 없다니요?"하고 반문했다. 그리고는 "수족에 힘이 빠져 바다에 못 나가게 된 50세부터 이 망을 짜기 시작해서 지금 70세까지 짠 것이 이것이오. 앞으로 20년은 더 짜나갈 것이오." 했다.

　　송나라 학자 주신중의 『노계론老戒論』에 나온 이야기로 나이가 들수록 무언가 일을 해야만 한다는 교훈이다.

　　최근 우리나라 전역에 노테크 열풍이 불고 있다. 나이에 관계없이 직장인들은 물론, 자영업자도 모두들 노후를 대비하느라 바쁘다. 전문직 종사자들도 더 의미 있고 편한 노후를 준비하기 위해 열심이다. 이러한 배경에는 우리나라가 고령화 사회로 빠르게 달려가는 현실이 있기 때문이다. 우리나라는 이미 고령화 사회로 접어들었고 초고령화 사회 진입도 2025년으로 예상되어 세계에서 가장 빠른 속도로 진행되고 있다. 출산율은 세계 최하위인 반면 고령화가 급진전되어 국가적 재앙으로 다가오고 있는 것이다.

불과 IMF 이전까지만 해도 '노후준비'는 요즘처럼 심각한 의미의 용어는 아니었다. 우리 아버지 세대는 정년퇴직 후 은행에 퇴직금을 넣어 두면 이자만으로도 생활비 걱정 없이 살 수 있어 별다른 노후준비를 하지 않았다. 하지만 90세까지 살게 될 오늘날의 30대는 백 번 양보하여 60세에 은퇴를 한다고 해도 퇴직 후 30년을 더 살게 된다. 본인의 예상보다 오래 사는 것이 소위 장수 리스크다.

보험연구원에 따르면 한국의 장수 리스크는 0.87로 미국, 일본, 영국 등 선진국보다 배 이상 높다. 한국인의 은퇴 후 생존기간이 자신의 예상보다 평균 87% 길다는 의미다. 이에 따라 은퇴 생활비는 인플레이션을 감안할 때 본인 예상보다 두 배가량 더 든다는 계산이 나온다.

실제로 노테크에 대한 관심도는 계속 높아지고 있다. 대한상공회의소는 몇 년 전 노후준비에 대한 설문을 진행한 바 있다. 당시 노테크를 준비한다는 답변은 32%에 불과했다. 그러나 불과 2년 후 노테크를 준비한다는 응답자는 65%로 껑충 뛰었다. 놀라운 변화가 아닐 수 없다.

더구나 직장인 가운데 약 40%가 노후 준비자금으로 최종 소득의 70% 이상을 원하고 있었다. 50% 이상이어야 한다는 응답자는 무려 88%에 달했다. 은퇴 이후 월 200~300만 원 정도의 생활비를 염두에 두고 있음을 엿볼 수 있다.

만약 50세에 직장을 그만두고 80세까지 산다고 했을 경우 월

200~300만 원을 쓴다면 상당한 금액을 모아두어야 한다. 또 퇴직 이전에 노후 대비 자금을 마련해 두지 않았다면 60세 이후 생활고를 해결하기 위해 일을 하는 것과 취미와 소일거리로 직장을 찾는 것과는 하늘과 땅 차이다. 노테크를 하루라도 빨리 시작하라는 이유가 여기에 있다.

그러나 앞에서 이야기한 노테크에 대한 인식의 변화가 필요하다. 전문가들에 의하면 노후 관리를 위한 최고의 재테크는 금액이 적더라도 지속적으로 일을 하면서 소득을 유지하는 것이라고 한다. 지속적 일을 하기 위해서는 무언가 변화시키고 배우려는 노력이 필요하다.

일본에서 백 세 이상 된 노인들에게 인터뷰를 하면서

"이 세상에서 가장 후회가 되는 게 뭐냐?"고 묻자

"이렇게 오래 살 줄 알았다면 70세 정도에서 무엇이라도 계획을 세우고 새로운 것을 배웠을 것"이라는 말을 했다고 한다. 개개인들이 전문성을 가지고 70은 물론 80세까지도 크든 작든 먼저 할 일이 있어야 진정한 노테크라고 할 수 있다. 할 일이 있으면서 취미생활도 하며 건강하게 삶을 유지해야 한다.

한 조사에 의하면 미국의 직장인들은 평생에 직장 이동이 9~12회, 직업의 전환도 3~5회에 이른다고 한다. 직장 이동은 회사가 바뀌는 전사轉社, 업무가 약간 달라지는 전직 정도에 그치지만 커리어 변화는 업무 자체가 크게 바뀌는 것을 말하기 때문에 종전에 살아왔던 방식과는 상당한 차이가 있다. 대부분의 서구인들은 인간 본연의 행복을 추구하며 살아가는 가치관을 지녔기 때문에 이러한 일들을 너무나 당연하게 받아들이며 일과 가정, 취미와 건강, 행복과 만족 등을 잘 조화시키면서 생활하는 사람이 많다.

그러나 우리나라 샐러리맨들의 경우는 전혀 다르다. 해오던 일이 인생의 전부요, 일과 가정은 별개의 문제였다. 가정과 친구, 취미활동 등을 등한시하는 것이 오히려 성공의 필수 요건이 되곤 했다. 이제 개인의 커리어는 기업이나 조직에 의해서 정의되는 것이 아니라 자신의 삶을 살아가는 방식이 되어야 한다. 자신의 선택에 의해서 평생 직업의 여정을 스스로 만들어나가야 하는 것이 진정한 노테크를 준비하는 가장 바람직한 일인지 모른다.

노테크는 빠를수록 좋다. 성공한 노테크가 되기 위해선 넉넉한 노후자금은 물론이고 건강한 몸과 70~80세까지 자신의 일을 할 수 있는 전문성을 키우고 나름대로의 장기를 가져야 한다.

30년의 시간은
지금 내 나이 95살로 보면
3분의 1에 해당하는 기나긴 시간입니다.
만일 내가 퇴직할 때
앞으로 30년을 더 살 수 있다고 생각했다면
난 정말 그렇게 살지는 않았을 것입니다.
그때 나 스스로가 늙었다고,
뭔가를 시작하기엔 늦었다고 생각했던 것이

큰 잘못이었습니다.

나는 지금 95살이지만 정신이 또렷합니다.

앞으로 10년, 20년을 더 살지 모릅니다.

이제 나는 하고 싶었던 어학공부를 시작하려 합
니다.

그 이유는 단 한 가지.

10년 후 맞이하게 될 105번째 생일날 95살 때

왜 아무것도 시작하지 않았는지

후회하지 않기 위해서입니다.

- 「동아일보」 오피니언에서 -

✦ 인생경영을 위한 셈본식 Q&A

Q 당신은 진정한 노후준비, 노老테크를 시작했는가?

A 초고령화 사회 진입, 높은 장수 리스크, 커리어의 붕괴 등 당신의 은퇴 후 30년을 위협하는 요소는 많다. 충분한 노후자금 준비는 물론, 은퇴 이후에도 지속으로 일을 하기 위해 전문성을 키우고 심신을 건강하게 단련하라. 나이가 들어서 노후를 준비해서는 안 된다. 하루라도 빠른 노테크만이 당신의 노후 30년을 보장한다. 지금 바로 시작하라!

커리어 쇼크

　새로운 정보통신 테크놀로지는 21세기 인간문명을 환상적인 유토피아로 이끌 수도 있고, 정반대로 붕괴시킬 수도 있는 양날의 검이라고 할 수 있다. 미국의 저명한 경영 컨설턴트 윌리엄 브리디스는 『Job Shift』란 저서에서 "우리의 Job은 안타깝지만 다음 세대에는 경제생활의 중요한 구성 요소로 존재하지 않으며, 상상하기 어려운 새로운 Job이 출현하겠지만 그것은 오늘날 우리가 알고 있는 Job이란 개념 속에 들어 있지 않다."고 지적해 충격을 준 일이 있다.

　그는 또 현재의 Job이란 개념은 마치 지구상에서 자연 도태되는 생물처럼 급속히 사라지고 있으며, 21세기가 끝날 때쯤 우리 후손들의 눈에는 Job을 잃지 않기 위해, 또 새로운 Job을 찾기 위해 발버둥치는 지금의 모습이 마치 침몰하고 있는 '타이타닉' 호 갑판에서 서로 살려고 처절한 사투를 벌이는 광경처럼 비춰질 것이 틀림없다고 말했다.

　이와 같이 실업 공황 또는 고용 없는 성장 사태를 재촉한 것은 바로 정보통신을 주축으로 한 '테크놀로지' 혁명이다. 이른바 제3의 산업혁명이라고 불리는 엄청난 소용돌이는 기존의 모든 직종과 직무를 축소 또는 소멸시키는 Job Shift 현상을 낳고 있기 때문이다.

더 큰 문제는 모든 사람들이 일생을 통해 끊임없이 노력하고 축적해왔던 경험이나 경력Career이 어느 한순간에 무용지물이 될 위험이 있다는 것이다. 우리나라의 경우는 상시 구조조정이 지속적으로 이루어지고 조기 퇴직이 성행하다 보니 막상 한 분야, 한 직장에서 한쪽만 보고 달려온 직장인들한테는 큰 충격이 아닐 수 없다. 직장을 그만두면서 그야말로 화려했던 과거의 경력이 급작스레 돌연사를 당하는 것이라고 할 수 있다. 이것을 바로 커리어 쇼크Career Shock라고 한다.

실제로 필자가 70년대 말 삼성물산 경리과에 처음 입사하였을 때 가장 부러웠던 사람은 상고를 나와 주산이 8단인 P사원과, 인쇄한 것같이 글씨를 잘 써서 몇 번의 특진을 했던 L사원이었다. 그 당시 PC는 고사하고 계산기조차 없어서 글씨가 악필에 가깝고 주산 실력도 부족했던 나 같은 사람들은 그 때문에 상당히 고전했던 시절이 있었기 때문이다. 그러나 그러한 문제는 계산기가 나오고 PC가 나오자 불과 2~3년 사이에 해소되고 그들의 커리어는 무용지물이 되고 말았다.

일본 게이오 대학의 다카하시 슈스케 교수는 『커리어 쇼크』라는 저서를 통해 우리는 커리어 쇼크의 시대에 살고 있기 때문에 자신의 발상 패턴과 행동 패턴을 과감히 전환하여 '행복한 커리어'를 구축해야 한다는 점을 강조하고 있다.

지금까지 자신의 커리어를 재조명하는 노력 없이 기존의 연장선상에서 생각해온 사람, 커리어를 한 가지로 압축해서 축적해온 사람, 아직은 시간의 여유가 있다고 생각하는 사람 등 다양한 부류의 사람들에게 불시에 닥칠지 모르는 커리어 쇼크에 확실하게 대비할 필요가 있음을 역설하고 있는 것이다.

변화가 극심한 시대에는 단지 커리어를 쌓아 올리는 것이 아니라 좀 더 바람직한 변화를 형성해 가는, 즉 커리어를 갱신시켜 간다는 발상과 행동의 변화가 절실하다. 이제 중요한 것은 사회적인 잣대나 통념에 의존한 선택과 결정이 아닌 자신의 가치관과 동기에 뿌리를 둔 커리어 구축이라는 점이다. 행복한 커리어란 바로 자신의 동기와 능력의 매칭이며 행복한 커리어의 첫걸음은 자신의 퍼스낼리티를 사랑하는 것이다. 그리고 스스로의 커리어를 새로 구축하는 것이다.

이제는 회사가 고용을 보장하지 않는 것이 아니라 개인의 커리어를 보장받지 못하게 됐다. 우리가 평생직장으로 알고, 우리의 일생을 걸고 고생하며 이룩해온 커리어 하나만으로 고용 보장이 되지 않는다는 의미인 것이다.

이에 따라 고용환경도 급격히 변화하고 있다. 이제 개인이 회사가 요구하는 기능과 지식, 능력과 관심을 제공해야 하며 회사는 개인에 대해 다양한 선택의 길을 제시해주어야 하는 시대가 온 것이다.

커리어 쇼크가 현실로 나타날 가능성을 저울질할 시간이 없고, 걱정할 여유가 없다. 우리는 현실을 냉정하고 주의 깊게 돌아보아야 할 중요한 시점에 와 있다는 것을 받아들여야 한다. 그리하여 자신의 몸값Market Value을 높일 수 있는 가치를 창출해내기 위해 무엇을 할 것인지 결정해야 한다.

우리는 회사란 조직에 대해 알게 모르게 잘못 생각하고 있는지 모른다. 회사가 필요로 하는 것은 개인이 아니라 개인이 가지고 있는 능력이다. 어떤 역할을 해줄 수 있는 사람은 많다. 따라서 그 역할을 할 수 있는 사람이 많을수록 개인의 가치는 떨어진다. 때문에 나만이 할 수 있는 역할, 나만이 잘할 수 있는 능력을 창출해야 한다.

지금까지 잘해 왔으니 또 잘 넘어가겠지 하는 안일한 생각이 우리 인생을 어둡게 만든다는 사실을 알아야 한다. 불확실성이라는 지뢰밭을 살아가는 새로운 방식과 다양한 지혜를 터득하여 자신의 경쟁력Career competency을 키워나가야 한다.

✡ 인생경영을 위한 셈본식 Q&A

Q 커리어career가 언제까지 우리를 먹여 살릴 것인가?

A 테크놀로지 혁명 이후 'Job'이란 개념은 지구상에서 급속히 사라지고 있다. 이에 우리가 일생 동안 끊임없는 축적해 온 'Career'는 한순간에 무용지물이 될지 모른다.

이제는 회사에 기대지 않고 스스로가 'Market Value'를 창출해야 한다. 불확실성이 난무하는 세상에서는 다양한 지혜를 터득하여 자신의 경쟁력을 키워나가는 것만이 고용가능성을 높이고 '안정적으로 고용' 되는 길이다.

바보의 벽

10여년 전 일본 출장 중 동경의 한 서점에 들렀다. 동경역 앞에 있는 야에스 북센타는 일본 내서에서도 몇 손가락 안에 드는 대형서점으로 유명하다. 그런데 우리나라에서도 이미 번역 출판된 『바보의 벽』(저자 요로 다케시養老猛司)이라는 책자가 서점의 주요 코너에 즐비하게 진열되어 있었다. 판매부수가 3백만 부를 돌파했다는 이 책은 제목 자체가 주는 강한 임팩트만큼 우리 삶에 있어서 소중한 시사점들을 제시하고 있다.

건축가들에 따르면 근대 이전 서양 건물의 주인공은 단연 벽壁이었다. 대부분의 건물이 먼저 벽을 쌓고 그 위에 지붕을 얹는 방식으로 지어졌기 때문이다. 이런 건축방식은 벽의 역할을 크게 강조해 건물이 외부와 소통할 수 있는 창이나 출입구를 크게 만드는 것을 불가능하게 했다. 인간이 건물을 지배하고 활용하는 것이 아니라 벽이 외부와 내부를 차단하는 새로운 울타리, 새로운 장벽으로 작용해 사람이 건물에 지배당하는 듯한 답답한 느낌을 갖게 했다.

이처럼 인간에게도 보이지 않는 마음의 벽이 있다는 것이다. 이 책은 기타자토北里 대학 약학부 학생들에게 보여 준 BBC 방송의 '임신에서 출산까지'를 추적한 다큐멘터리 프로그램에 대한 얘기부터 시작된다. 이 비디오를 본 대부분의 여학생은 "정말 좋은 공부를 했습니다. 새로운 것을 알게 되었습니다."라고 한 반면, 남학생들은 한결같이 "그런 내용은 보건 공부 시간에 모두 배웠습니다."라고 대답했다.

똑같은 것을 보고서 이같이 상반된 반응을 나타내는 것이다. 이는 자신이 알고 싶지 않은 것에 대해서는 적극적으로 정보를 차단해 버리기 때문이다. 즉 일종의 '바보의 벽'에 갇혀있어, 외부의 정보를 제대로 받아들이지 못하기 때문이다. 위의 예에서 남학생은 세부 사항에 대해서 눈을 감아버리고 '그런 건 다 안다'라고 말하지만 사실은 내용을 피상적으로만 알고 있을 뿐이다.

또 이 책에서는 아주 재미있는 공식 하나를 제시해주고 있다. 뇌에 들어오는 정보를 '입력'이라고 하고, 그 정보에 대한 반응을 '출력'이라고 하여, 이 입출력을 일차방정식으로 표현하면 $Y=aX$다. 여기서 Y는 출력의 값이요, X는 입력(정보), a는 계수가 된다. 계수는 이른바 곱셈의 법칙에 의해서 움직인다. X값이 아무리 커지더라도 계수가 0이면 그 값은 영원히 0이고 계수가 마이너스로 시작되면 정보가 커질수록 마이너스가 커진다. 예를 들어 '마음의 문의 열림 정도나 상대방에 대한 이해도' 등에 다양하게 적용해도 된다. 마음의 문을 닫아버리면 어떠한 이야기도 귀에 들어오지 않는 원리다.

임신출산 비디오를 본 학생들의 반응을 이 방정식에 적용하면, 남학생들의 계수 a의 값은 0이 된다. 즉, 입력은 했으나 계수 a가 0이므로 출력 Y도 0이 되고 만다. 이러한 정보는 행동에 아무런 영향을 끼치지 못한다. 반면 어떤 종교의 교주, 사랑하는 사람이나 존경하는 사람의 이야기 등은 대개 a의 값을 한없이 크게 만든다. 때로는 a가 무한대에 가까워 그 사람의 행동을 절대적으로 지배하게 되는 것이다.

또한 인간이란 편해지고 싶으면 뇌 속의 계수를 고정시켜 두려는 경향을 보인다. 계수 a를 고정시켜 버리는 것, 그것이 바로 일원론으로 표현되는 사고인데, 생각과 사고를 정지시켜 버리면 그것보다 더 편한 게 없다. 요즘 유행하는 변화와 혁신에 가장 큰 걸림돌은 밖의 장애요소보다는 자기 자신의 마음속에 있는 보이지 않는 벽인 것이다.

요즘 우리 주위에는 "내가 하면 선이고 남이 하면 악이다."라는 이분법적 사고가 만연해 있다. 내 중심의 개혁과 변화는 '나와 우리들'만을 위한 아집이고 이는 세상을 상생이 아니라 이원화시켜 나가는 큰 위험요소를 가지고 있다는 것을 명심해야 한다.

우리 뇌에는 꿈과 희망을 실현시켜주는 전원장치가 있다고 한다. 이것은 바로 인류에게 지속적으로 이어져오는 성공 유전자이기도 하다. 긍정적이고 낙천적인 말을 하는 순간 뇌의 전원이 밝게 켜지면서 꿈과 희망에 대한 상상을 확실하게 비행할 수 있도록 도와주기 때문이다.

이러한 사람들의 뇌의 유전자는 긍정 유전자를 늘 가지고 있기 때문에 어떠한 어려운 상황에서도 "나는 이길 수 있다. 나는 성공할 수 있다. 나는 행복하다."라는 말버릇을 가지고 있다. 말버릇은 습관을 바꾸고 긍정과 성공의 삶으로 인생을 변화시켜주기 때문이다.

반면 부정적인 생각과 말버릇을 갖고 있는 사람들은 늘 걱정 속에서 살아간다. 인간의 뇌 속에는 아드레날린이라는 흥분 호르몬과 스트레스 호르몬이 다량 분비되기 때문에 근육과 신경계통까지 영향을 주며 인체를 구성하고 있는 약 60조 개의 세포에 전달되어 신체의 면역력까지 떨어뜨리고, 한숨은 마음을 깎아내리는 대패의 역할을 하고 만다.

스스로의 마음가짐이 자신의 '뇌 팔자'를 좌우하는 것이다. 뇌가 굳어간다고, 흰머리가 늘어간다고 좌절할 이유는 없다. 일생을 통해 파괴되는 뇌세포는 전체의 10% 미만이기 때문에, 노인에게는 뇌세포의 상실보다는 새로운 일을 시작하기에는 나이가 너무 많다고 생각하는 두터운 '마음의 벽'이 더 문제다.

✡ 인생경영을 위한 셈본식 Q&A

Q 스스로를 바보로 만들고 있지는 않은가?

A 요즘 세상에는 눈과 귀를 닫고 사는 사람이 많다. 무엇이든 '선과 악'으로 바라보는 이분법적 사고와 아집이 스스로를 바보로 만들고 세상을 이원화시킨다.

긍정적으로 생각하고 낙천적으로 말하라. 저절로 눈과 귀는 열리고 이를 통한 세상과의 소통이 당신을 성공으로 인도할 것이다.

마음의 벽은 남이 만드는 것이 아니라 자기 스스로가 쌓고 두텁게 만들어 가는 것이다.

습관의 무서운 덫

　열대성 민물고기 피라니아는 "아마존의 저격수"라 불린다. 그만큼 유일한 육식성 민물고기로 잘 알려져 있다.

　피라니아는 원주민 말로 '이빨이 있는 물고기'라는 뜻인데 무리를 지어서 생활하며, 삼각형의 예리한 이빨로 하천을 건너는 소나 양 등을 공격해서 뼈와 가죽을 남기고 모두 먹어 치운다. 우리나라에서도 관상용으로 키우기도 하는데 살아있는 생선 외에도 생닭, 돼지고기, 소고기까지 닥치는 대로 잘 먹는다고 한다.

　이 무섭고 거친 피라니아를 어항이나 수족관에 넣고 한 가지 실험을 해보면 재미있는 일을 발견하게 된다. 실험은 아주 간단하다. 수조의 한쪽에 고기를 매달고 한가운데를 투명한 유리판으로 막는다. 그쪽으로 헤엄쳐 가려던 피라니아는 투명한 유리판에 부딪히고 만다. 처음에는 끊임없이 돌진하지만 번번이 고통만 얻게 된다. 시간이 흐르면서 그들은 차츰 환경에 적응하게 되만다. 깜짝 놀랄 일은 유리판을 치워버린 뒤에 벌어진다. 몇 주 후 유리판을 치워버렸는데도 유리판이 있는 곳을 넘지 않고 되돌아오는 것이다. 녀석들은 이미 넘을 수 없다는 투명한 유리판에 철저히 적응해 버린 것이다. 그 순간 녀석들은 틀림없이 이렇게 외치고 있을 것이다.

"여기가 끝이로군, 나는 여기서 더 갈 수 없어, 더는 해봐야 안 돼!"

많은 사람들은 자기도 모르는 사이에 이 피라니아처럼 어처구니 없이 살아가고 있다.

이러한 현상들을 '자기만의 함정'이나 '습관의 덫'이라고 할 수 있다.

처음엔 실패라는 쓰라린 기억, 타인의 흉내 내기, 노력의 부족 때문에 시작된 한계 긋기가 당연한 도덕률로 굳어지기도 한다. 어느 누가 새로운 것을 시도하지 말라고 강요하지 않았는데도 자신이 알아서 한계를 정하게 되면 드디어 벗어나기 힘든 함정이나 덫에 걸리고 만다.

어느 정도 자신의 목표를 이루었다고 생각하면 그냥 거기에 안주해 버리게 되는 것이 우리들의 모습이다. 다시 새로운 도전의 기회가 생겨도 남을 탓하고, 또 규정이나 머리를 탓하며 도전을 포기하고 살아간다. 한편으로는 이 정도면 만족하다고 생각하기도 한다. 때로는 피라니아처럼 실패가 두려울 수도 있다.

안전지대는 늘 위험이 도사리고 있기 마련이다. 현재라는 맨홀에 빠지거나 사고를 폐쇄하여는 오히려 먼 미래를 어둡게 만들 수 있다. 변화나 혁신이라는 여정에서는 현재라는 덫이나 마음의 굴레에서 과감히 벗어날 필요가 있다. 지금까지 생각의 시스템이 마이너스 시스템이었다면 이를 플러스 시스템으로 바꾸어야 하며, 부정의 시스템을 긍정의 시스템으로 바꿔야 한다.

그러나 안전지대에서 발전지대로 나아가기 위해 그 경계선을 넘으려 할 때마다 내 마음 한편에서 귀에 익은 목소리가 속삭인다.

'그만 둬. 너무 힘들잖아'

'나중에 해도 돼'

'넌 못 해'

'오늘은 그냥 쉬자'

'위험할지도 몰라' 등 어려움 앞에서 누구나의 마음속에 떠오르는 목소리다. 이런 속삭임은 나의 도전을 가로막는 가장 무서운 장애물이다.

탈무드에 다음과 같은 개구리 이야기가 나온다.

개구리 세 마리가 우유 통에 빠졌다.

1번 개구리 : "이크, 난 죽었다! 꼴까닥!"

2번 개구리 : "그래도 조금은 노력해 봐야겠지! 아, 역시 난 안 돼! 꼴까닥!"

3번 개구리 : "흥! 내가 고작해야 이깟 우유 땜에 죽을 것 같아? 포기하면 내가 아니지! 난 기필코 살아서 나갈 거야! 내 운명은 내가 만든다!"

3번 개구리는 두 팔을 위로 휘저었다. 결국 우유가 버터로 변하는 사이 무사히 밖으로 살아나왔다.

그렇다. 우리는 하루에도 몇 번씩 작고 큰 우유 통에 빠진다. 그럴 때마다 내 생각의 시스템이 어떻게 가동되는지에 따라 내 운명은 완전히 달라질 수 있다는 걸 명심하라!

Q 당신의 도전을 가로막는 큰 장애물은 무엇인가?

A 현실에 안주하는 마음은 금새 습관으로 굳어진다. 습관에 젖은 자는 스스로에게 한계를 긋고, 도전은 꿈도 꾸지 않는다. 과감하게 도전하라. 삶의 산소는 크고 작은 도전에서 나온다. 도전하면 스스로 삶의 산소를 만들 수 있고 자기호흡이 가능하다. 인생의 운명은 한 번 더 박차고 일어서는 자만이 바꿀 수 있다

오만과 자만심의 함정

나는 해마다 한두 번 꼭 일본을 다녀왔다. 그때마다 지인도 만나고 반드시 서점에 들려 신간 서적들을 사오는 것을 20년간 해왔다. 지난해 연말에는 동북 대지진 이후 처음으로 동경 출장을 갔다. 마침 하네다공항 도착시간이 저녁이라 밤거리를 차로 이동하게 되었는데 전력난 때문에 가로등이나 네온사인이 꺼져 거리는 컴컴하였고 초겨울 날씨에 인적까지 없다 보니 을씨년스러웠다.

게다가 떠나기 직전에 2011년 12월과 2012년 1월 사이 9.0 규모의 대규모 지진이 올 거라는 한 지진연구소의 예고가 나와 있는 터라 동경에 머무르는 동안 지진에 대한 막연한 불안감을 떨칠 수 없었고 그곳에 머무르는 동안 기분이 찜찜했던 게 사실이다.

마지막 날 아침, 일본에서 학위를 마치고 게이오 대학교수로 있으면서 NHK 방송에서 기업탐방 캐스터로 활동하고 있는 Y형을 만나 식사를 했다. 오랜만에 만나 이런저런 이야기를 하다가 일본 경제에 대한 여러 가지 동향을 들을 수 있었다. 일본은 이제 잃어버린 10년이 아니라 잃어버린 20년이 계속되고 있는데 경제회복이 어렵지 않겠느냐는 부정적인 결론이었다.

이유는 간단했다. Y형이 취재차 현장을 다니면서 많은 경영자나 직원들을 직접 만나 인터뷰도 하고 질문을 할 때마다 공통적으로 느낀 점이 있다는 것이다. 그는 일본이 3가지 자만(오고리)에 빠져있어서 여기에서 빠져나오지 않는 한 회복은 어려울 것이라는 것이었다. 그 3대 자만은 다음과 같다.

첫째, 경영자들의 자만이라고 했다. 이는 경영자들이 잘나가던 70~80년대의 성공신화에 빠져있을 뿐 아니라 대부분 60~70대의 연령이라 변화에 둔하고 새것에 대한 도전의식이 없다 보니 옛날 방식을 그대로 고집할 수밖에 없다는 것이다.

둘째는 기술에 대한 자만심이다. 최첨단의 기술만을 고집하다 보니 선진국 중심의 시장만을 대상으로 삼았는데 그 사이 한국이나 중국 등 후발주자가 아프리카나 남미 시장을 석권하였다. 반면 일본은 미국에서는 리먼 사태, 유럽에서는 작금의 재정위기와 맞닥뜨리게 되면서 큰 타격을 받아 힘을 쓸 수가 없다는 것이다.

셋째는 소비자의 자만심이라고 했다. 이는 소비자들의 눈높이와 만족 수준이 높아져 일상생활에서는 전혀 쓰지도 않는 고기능, 고기술의 제품을 선호하다 보니 기업들이 과잉기술과 필요 없는 기능을 적용하게 되어 결국 활용성은 떨어지고 원가만 높아져 경쟁력이 떨어졌다는 것이다.

물론 이러한 이야기가 일본의 현실을 전부 대변할 수는 없다. 하지만 자만심이나 오만이 경제대국 일본도 스스로를 함정에 빠뜨리고 헤어나지 못하도록 만들어 버렸다는 이야기에 충분히 공감이 갔다. 미국의 이코노미스트지가 "일본은 외부와 경쟁을 하지 않다 보니 엉뚱하게 진화가 되고 있는 갈라파고스 동물처럼 '갈라파고스 신드롬'에 빠져있다."고 한 이유를 알 것 같았다.

또 다른 사례를 보자. 1881년, 미국 청년 조지 이스트만이 사진 필름을 만들어 내면서부터 코닥의 역사는 시작됐다. 한때 16만 명의 직원을 거느리고 세계 필름시장의 2/3 이상을 지배했다. 그러나 130년간 승승장구하던 이 코닥이 결국 파산한 것이다. 특허 기술까지 팔겠다며 필사적인 노력을 했지만 이미 때는 늦었다.

코닥의 몰락은 필름이 필요 없는 디지털 카메라의 등장 때문이다. 그런데 1975년 디지털 카메라를 처음 개발한 사람은 아이러니하게도 코닥의 엔지니어였다. 그걸 본 경영자는 "흥미롭네. 아주 잘했어. 그런데 그것 말고도 할 일 많으니 다른 일해."라고 하면서 사진 역사를 바꾸어 놓은 이 신기술을 외면했다. 오만으로 인한 안이한 판단이 130년이 넘은 글로벌 기업의 몰락으로 이어진 것이다. 코닥의 사례는, 1등이라고 해서 오만하고 자만심에 빠져 현실에 안주하는 것이 얼마나 위험한 일인지를 보여준다.

가속 페달 문제로 야기된 도요타의 치명적인 품질 결함도 10년간 계속돼 왔고, 사망사고도 비정상적으로 많았던 것으로 나타났지만, 도요타는 이런 문제가 제기될 때마다 차량 부품이 아니라 운전자 과실이 문제라는 입장을 굽히지 않았다. '품질은 도요타'라는 자만심에 도취되어 고객의 지적을 무시하고 사태를 키워온 '인재人災'인 것이다.

지금의 애플처럼 전자왕국 일본의 지존임을 자랑하던 소니도 이제는 보험을 팔아 매년 연속되는 적자를 겨우 메꾸는 초라한 회사로 전락하였다. '우리가 세계최강'이라는 오만과 자만심이 이러한 추락의 가장 큰 원인이라는 게 전문가들의 분석이다.

그래서 작은 옷 가게를 세계적인 의류회사로 키운 야니이 타다시柳井正 유니클로 회장은 일본경제 침체의 원인으로 '헝그리 정신'이 사라지고 그 자리에 '오만'이 들어섰기 때문이라고 진단하고 '성공은 하루 만에 잊으라.'고 충고하고 있다.

이처럼 승리에 대한 오만과 자만심은 회사나 조직에 스며드는 순간 재앙으로 다가올 수 있다. 특히 최고 경영자들의 오만이나 자만심에 의한 한순간의 실수는 회사의 몰락까지 가져오는 치명적인 계기가 되기도 한다. 특히 과거의 성공 방식에 집착하는 CEO들은 대부분 쓴맛을 보는 것으로 나타났다고 한다. 이에 대해 미국 경제전문지 포브스는 "사업에 실패한 회사들의 CEO들은 대개 CEO 본인만이 답을 알고 있다는 착각을 한다."면서 실패한 여러 CEO들의 사례를 들어 경고하고 있다.

개인도 마찬가지다. 개인들이 가지고 있어야 할 자존심 그 자체는 좋은 의미이다. 이 자존심을 자부심과 자만심으로 확장해서 생각하면 조금 분명해지는 것 같다. 자부심은 건강한 쪽이고 자만심은 부정적 의미가 크다. 자만심이라는 것은 자신을 스스로 남에게 드러내는 것이고 자신감은 내가 할 수 있다는 능력이 나의 마음이나 몸의 감각에 느낌으로 다가오는 것이다.

따라서 자신감은 열정과 도전이라는 에너지로 성공을 위해 자신을 되돌아보고 평가도 하면서 남을 의식하게 하지만, 자만심은 오만을 낳고 남을 의식하지 못하고 자신의 덫에 걸려 탈출하지 못하게 만든다.

이처럼 개인, 조직, 회사, 국가 어디를 막론하고 변화나 혁신을 가로막는 최대의 걸림돌은 기존 질서와 성공이라는 자만심이다. 성공은 자부심에서 그치는 것이 아니라 자만심으로 전이되어 오만을 가져오는 흐름을 가지고 있다.

2011년 세계 165조의 연간 매출과 16조의 이익을 내어 IT 업계 세계 1위 자리에 등극하고, 휴대전화 매출액에서 노키아를 제친 삼성전자의 CEO가 "항상 깨어 있으려고 노력한다. 아직도 거의 눈을 뜨고 잔다."고 했다. 우리 모두가 곱씹어봐야 할 이야기다.

✡ 인생경영을 위한 셈본식 Q&A

Q 자신감과 자만감의 차이는?

A '자신감'에 의한 열정과 도전의식은 성공을 위한 추진력이 되지만, 그것은 기존 질서와 성공에 의해 언제든지 '자만감'으로 변질된다. 성공에서 오는 자만은 세계의 굴지의 기업마저도 하루아침에 바닥으로 끌어내린다. 개인 역시 한두 번의 성공이 전부가 아님을 알고, 자만심에 빠지지 않도록 안테나를 높게 뽑고 항상 경계해야 한다.

불황극복의 지혜

벌써 20여 년 전의 일이다. 지금은 파나소닉으로 사명을 변경한 마쓰시다 전기松下電氣를 필자가 견학차 방문한 일이 있었다. 회사방문 기념품으로 사장님으로부터 작은 두루마리 족자 하나를 받았다. 출장에서 돌아와 그 족자를 펴보니 일본에서 '경영의 신'이라 불리는 고 마쓰시다 고노쓰케松下 行之助 회장이 요즘처럼 경기가 어렵거나 위기가 닥쳤을 때마다 직원들에게 늘 강조했다는 '불황극복 10훈訓'이었다.

경제는 항시 순환되기 때문에 불황일 때야말로 오히려 자신을 되돌아보고 호황을 대비하여 준비해야만 남들과의 차별화가 가능하고, 불황은 새로운 도약을 위한 절호의 기회라는 것을 강조한 내용이다. 불황극복을 위한 10가지 훈조 중에 몇 가지를 소개한다.

　　제1조, '불황을 좋다.'라고 생각한다.
　　제5조, '종래의 관습, 관행, 상식'을 타파한다.
　　제7조, '인재육성'에 힘을 쏟는다.

어느 기업에서나 불황이 닥치면 맨 먼저 손을 대는 것이 경비 절감이며 그중에서도 접대비, 교통비 그리고 교육비가 제일 먼저 삭감의 대상이 되기 마련이다. 일본에서는 이를 일본어 발음의 앞 글자를 따서 소위 '3K'라고 부른다.

어려울 때 줄이고 축소하는 일은 누구나 쉽게 그리고 제일 먼저 하는 일이다. 그러나 어렵다고 해서 뺄셈만을 계속한다면 경기가 회복될 경우 오히려 남들과의 경쟁에서 더욱 격차가 벌어질 수도 있다. 93년 보잉사가 40%의 인력을 줄였다가 3년 후 경기가 급격하게 회복되자 축소한 인력을 충원하지 못해 재도약의 기회를 잡지 못하고 에어버스에 추월당하고 말았다.

오래된 장수기업이나 강소기업들은 위기를 먹고 성장해왔다. 불황기야말로 회사를 변화시켜 경쟁사와 차별화하는 기회로 삼았다. 위기危機는 곧 기회機會라고 말하지만 불황이라고 해서 뺄셈만을 계속한다면 불황이 지나 호황이 찾아왔을 때는 이미 출발이 늦어, 기회를 잃고 영원히 도태되고 말지 모른다.

위기 때나 불황 때일수록 앞에서 설명한 셈본식으로 경영을 해야 한다. 불황기나 위기 시 최대의 적은 절망이나 포기라고 한다. 그래서 위기일수록 조직원들에게 뺄셈보다는 곱셈을 제일 먼저 시작해야만 한다.

위기의식이나 강한 의지를 가지고 어려움에 도전하는 정신 같은 것은 노력 여하에 따라 그 값이 얼마든지 커질 수 있다. 반대로 이러한 의식이 수반하지 않는다면 사장이 아무리 좋은 변화나 혁신을 시도해도 그 값은 변하지 않거나 도리어 치명적인 화를 부를 수도 있다.

결국 이러한 위기의식이 임직원들에게 공유되고 역경을 이겨내는 도전의식이 조직 내에 조성된 뒤에 경비절감, 재고삭감, 그리고 인원 조정 같은 구조조정이라는 뺄셈을 해야만 모든 조치들이 순조로우면서도 조직에 큰 분란을 일으키지 않고 신속하게 진행될 수 있다.

삼성전자의 이익이 일본 전자업계 10대 업체의 이익 전체를 압도하고 세계 최대의 전자회사가 되었음에도 "지금이 진짜 위기다. 글로벌 일류기업들이 무너지고 있다. 삼성도 언제 어떻게 될지 모른다. 앞으로 10년 내 삼성을 대표하는 사업과 제품은 대부분 사라질 것이다. 다시 시작해야 한다."라고 이건희 회장이 밝힌 것을 보면 위기의식이 얼마나 중요한지를 충분히 깨달을 수 있다. 20년 전 "삼성은 위기다. 자식과 마누라 빼고 다 바꿔라."라는 이건희 회장의 위기경영이 다시 시작되는 것이다.

다음은 나눗셈을 잘해야 한다. 나눗셈은 연봉이나 인센티브 같은 보상의 문제가 가장 핵심이 된다. 회사가 어려울 때 보상의 수준을 바꾸는 절호의 기회가 될 수 있다. 회사에 따라서는 지원부서 인원의 현장배치나, 부서 간 이동 조치도 필요하고, 더구나 급여를 조정하여 일자리를 늘리거나, 고용을 안정시키기 위한 잡 쉐어링Job Sharing 같은 방식도 긴 안목에서 보면 바람직한 방법 중 하나다.

마지막으로 덧셈을 같이 해야만 한다. 장수기업들의 비결을 보면 '불황 시 호황을 대비하고 호황기에는 불황을 대비했다.'고 한다. 결국 회사는 사람이 전부요, 어려워질수록 우수한 인재들의 창의력과 도전정신이 더욱 필요한 게 사실이다. 어렵다고 해서 그나마 데리고 있던 우수한 인재들을 놓치고 나면 결국 회사는 다시는 회복할 수 없는 치명적 손실을 입을지도 모르기 때문이다.

마쓰시다 고노쓰케는 불황기에 오히려 우수한 사람을 데려오는 기회로 삼아야 하고 이때 임직원들에게 교육을 강화해야만 새로운 기회가 왔을 때 확실하게 남보다 앞서 나갈 수 있다는 것을 가르쳤다. 특히 그는 생전에 "첫째도 사람이요, 둘째도 사람이다."라고 하면서 항상 인재양성에 많은 관심을 기울였다.

삼성의 고 이병철 회장도 '아무리 회사가 어려워도 교육비는 절대 손대지 말라.'는 철학을 가지고 있었는데 지금도 삼성에서는 웬만해서는 교육비에 먼저 손대지 않는 것을 원칙으로 하고 있다. 사실 마쓰시다, 소니는 물론 삼성도 초창기에는 몇 명만을 데리고 시작한 작은 중소기업에 불과했지만 이러한 인재경영 철학과 사고가 세계적인 기업으로 성장하는 원동력이 되었다.

수년 전 뉴욕발 금융 위기가 실물경제에 쓰나미처럼 몰려와 우리 경제에 타격을 가했다. 이제 유럽발 재정 위기로 인해 또다시 일부 수출을 주력으로 하는 회사를 제외하면 아직도 우리 기업들은 어려움을 겪고 있다. 그러나 불황이야말로 확실하게 남과 차별화시켜 나갈 수 있는 절호의 기회로 삼아야 한다. 이때 '차이에 의한 경영'을 확실하게 다져놓아야만 호황 시 남다른 성장을 할 수 있기 때문이다.

불황일 때야말로 "보통의 경영자나 관리자들은 잘나갈 때는 거울을 들여다보고 자기도취에 빠지고, 불황일 때는 먼 산을 보고 남의 탓을 하지만, 유능한 경영자나 관리자는 그 반대다."라는 말을 명심해야 할 때가 아닌가 한다. 무조건 줄이고 잘라내기만 해서는 회사나 국가 전체로 봤을 때 미래가 없다.

2012년 3월 결산기에 파나소닉(마쓰시다 전기에서 사명 변경)이 12조 원 이상 손실을 기록하면서 소니 이상으로 충격이 크다. 아마

도 생전에 고노쓰케 회장의 불황기 대처법과 교훈을 제대로 실행하
지 않은 데서 찾아온 불행이 아닐까? 지금 고노쓰케 회장은 지하에
서 크게 분노하고 계실 것 같다.

Q 불황이 닥칠 때 떨고만 있지는 않은가?

A 불황은 위기가 아닌 기회의 장이며 호황은 반드시 되돌아온다. 불황
이라고 해서 빼기만을 한 조직이나 회사가 성공한 예는 없다. 남들이 다
움츠러들어 있는 불황일수록 창의력과 도전정신을 발휘하여, '타인(타
기업)과의 확실한 차별성'을 두는 것만이 되돌아올 호황기를 준비하는
최선의 길이다.

마쓰시다 회장

지금은 파나소닉으로 사명이 바뀌었지만 '마쓰시다 전기' 창업자 마쓰시다 고노쓰케松下幸之助는 생전에 산하 570개 기업에, 종업원 13만 명을 거느린 대기업의 총수였다. 그는 아흔 넷의 나이로 운명할 때까지 일본에서는 물론 세계적으로도 가장 존경받는 경영자였으며 '경영의 신'으로 불리며 왕성한 활동을 계속했다. 그는 아버지의 사업실패로 초등학교 4학년을 중퇴하고 자전거 점포의 점원이 되어 돈을 벌기 시작했다.

하지만 밤이면 어머니가 그리워 눈물을 흘렸던 울보였고, 제대로 먹지 못해 몸이 허약하고 늘 병이 많았다고 한다. 그러던 그가 세계적인 기업의 총수가 되었는데 어느 날 한 직원이 마쓰시다 화장에게 물었다. "회장님은 어떻게 하여 이처럼 큰 성공을 하셨습니까?" 마쓰시다 회장은 자신이 세 가지 하늘의 큰 은혜를 입고 태어났기 때문에 가능했다고 대답했다.

그 세 가지 은혜란
첫째, 지독하게 가난한 것.
둘째, 몸이 허약한 것.
셋째, 제대로 배우지 못한 것이라고 했다.

그 소리를 듣고 깜짝 놀란 직원이 "이 세상의 불행을 모두 갖고 태어나셨는데도 오히려 하늘의 은혜라고 하시니 이해할 수 없습니다."라고 말하자 마쓰시다 회장이 이렇게 대답했다.

"나는 가난 속에 태어났기 때문에 부지런히 일하지 않고서는 잘 살 수 없다는 진리를 깨달았다네. 또 허약하게 태어난 덕분에 건강의 소중함을 일찍이 깨달아 몸을 아끼고 건강에 힘써 지금 90살이 넘었는데도 40대 건강으로 겨울철 냉수마찰을 한다네. 또 초등학교 4학년 때 중퇴했기 때문에 항상 이 세상 모든 사람을 나의 스승으로 받들어 배우는 데 노력하여 많은 지식과 상식을 얻었다네."

마쓰시다 회장은 자신에게 주어진 불행과 시련을 오히려 하늘이 준 은혜로 생각하고 열심히 스스로를 훈련시키고 노력하여 누구보다 값지고 훌륭한 성공을 거둘 수 있었다.

Part **2** 더하기의 장

남들이 달리고 있는데 제자리 뛰기만을 계속 한다면 뒷걸음질이요 결국 후퇴다. 세상의 변화속도에 맞추어 자신도 생각을 바꾸고 변화해야만 한다. 성큼 다가오고 있는 스마트시대에 나의 생각과 행동도 스마트하게 달라져야 하고 자신에 대한 투자를 계속 늘려가야만 한다. 더구나 요즘 유행하는 스마트폰이나 카카오톡, 페이스북 같은 SNS 세상과의 소통도 무시해서는 안 된다.

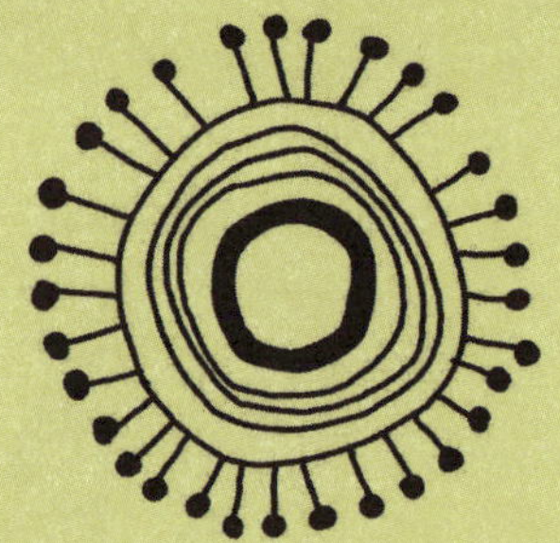

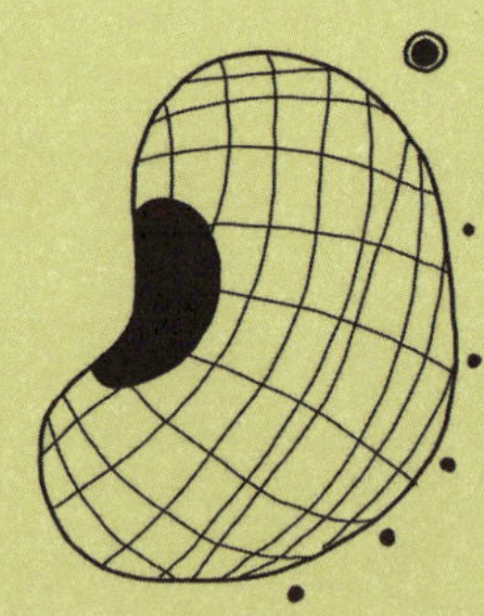

'경찰 백차 1호' 아버지의 호통

내 고향은 몇 년 전 기름 사고가 났던 충남 태안의 시골마을이다. 나의 부친은 우리 마을에서 엄하기로 유명하여 동네에서는 '경찰 백차 1호'로 통했다. 당시만 해도 겨울 같은 농한기에는 할 일이 없다 보니 사람들이 사랑방에 모여앉아 화투를 쳤는데 부친은 이러한 노름을 절대 못하도록 동네를 밤낮으로 순시하기도 하고, 심지어는 불심 검문을 하여 혼쭐을 내기도 했다.

요즘에는 상상할 수도 없는 일이지만 젊은 사람들이 풍기가 문란해진다 하여 동네에서는 아예 연애를 하지 못하도록 단속하기도 했다. 하필이면 사촌 누이가 동네에서 최초로 연애결혼을 하는 바람에 그 결혼식에 가족 친지들이 한 사람도 가지 못하도록 철저히 통제하는 해프닝도 있어 애를 먹은 일도 있었다.

젊은 사람들이 길을 지나가다가 어른들에게 인사를 제대로 안하면 그 자리에서 불호령이 떨어지고 동네에서 문제가 생기거나 다툼이 일어나면 우리 부친이 경찰의 역할을 도맡아 일일이 시시비비를 가리고 잘못한 측에 대해서는 반드시 바로잡도록 훈계하였다.

이러한 역할은 집안에서도 예외가 없었다. 무려 8남매를 둔 우리 집은 조카들을 포함 아이들만 열셋이 같이 살았다. 아이들끼리 싸움을 하거나 예의에서 벗어나면 가차 없이 집단 기합이 떨어졌다. 이러한 학습의 효과 덕분에 지금도 우리 형제들은 한 번도 형제간에 말다툼을 하거나 예의를 크게 벗어나는 일을 해본 기억이 없다.

부친의 보이지 않는 DNA를 물려받았는지 나는 집안에서 이러한 원칙과 기준을 정하고 실천해 왔다. 두 아이들이 다 결혼하여 손자들까지 있지만 지금까지 아이들은 집안의 일에 원칙을 지키고 남에게 피해를 주지 않는 것을 제일 중요시하고 있다.

예를 들면 '최선最善을 다하는 마음'이 우리 집 가훈이다. 나는 이 가훈대로 아이들에게 특별히 어떤 것을 강요하지 않으려고 노력한다. 하지만 내가 꼭 한 가지 아이들에게 강요하는 것이 있다. 그것은 바로 우리 집 가훈대로 "최선을 다했는가?"라는 질문을 던지는 나의 물음에 답해야 하는 것이다.

그래서 필자는 직장에서 부하를 평가할 때도 판단 기준은 "최선을 다 했는가?"라는 물음에 초점을 맞춘다. 따라서 결과가 좋지 않더라도 최선을 다했다면 꾸짖거나 질책하기보다는 용기를 북돋아 준다. 그리고 잘못된 부분에 대해서는 원칙대로 지적하고 충고를 해준다. 이러한 기준은 물론 나 자신에게도 엄격히 적용하려고 노력했었다.

그러나 우리 사회를 보면 사뭇 다른 모습들이 너무 많다. 많이 알려지지 않았지만, 가시고기 못지않은 부성애를 가진 동물이 있다. 남극에 사는 황제펭귄이다. 황제펭귄은 한겨울에 알을 하나 낳는다. 알을 낳은 엄마 펭귄은 자식들에게 먹일 양식을 준비하러 먼 바다로 떠나기에 앞서, 아빠 펭귄에게 그 알을 맡긴다.

남극은 영하 40℃ 이하의 극한에 시속 100km의 강풍이 몰아치기 때문에, 실수로 알을 떨어뜨려 2~3초 만이라도 추위에 노출되면 알은 터진다. 알을 넘겨받은 아빠 펭귄은 그 알을 발 위에 올려놓고 2개월 이상 남극의 매서운 추위와 눈보라 속에서 눕지도 엎드리지도 못한 채, 마치 동상처럼 꼿꼿이 서서 알을 품으며 60여 일을 견딘다.

먹지 못하고 알 품기에만 매달린 아빠 펭귄은 지방이 다 빠져서 원래 체중의 절반 정도밖에 안 된다. 태어난 이후에도 자식들이 배가 고프다고 보채면 아빠 펭귄들은 위 속에 가지고 있던 마지막 비상식량까지 토해서 자식들에게 먹인다.

대한민국 부모들도 황제펭귄 못지않다. 결혼을 하여 자식이 생기면 아이들 위주로 인생이 재편된다. 살인적인 수준의 사교육비를 쓰고 그것도 성에 안 차면 아예 해외로 보낸다. 기러기 아빠들의 생이별이 시작되는 것이다. 그러나 교육이 끝났다 해도 끝이 아니다. 직장을 알아 봐야하고 결혼 때가 되면 빚을 내서라도 혼수는 물론 살 집까지 장만해줘야 한다. 문제는 또 다른 것이 기다린다. 손자를 봐주어야 하고 빈 냉장고를 가끔 채워주다 못해 심지어는 카드까지도 내준다.

그러나 이런 식으로 부모의 열성적인 역할을 다했다 해서 돌아오는 것은 무엇일까? 부모는 자식들에게 때로는 이기적이어야 하고 경찰의 역할도 필요하다. "부모는 기대야 할 존재가 아니라 기댈 필요가 없도록 해주는 존재다."라는 말이 있다. 상공에서 맴도는 헬리콥터처럼 부모가 감싸고 헌신할수록 애들은 남의 도움 없이는 아무것도 할 수 없는 사람이 되기 십상이다. 부모는 어디까지나 고기를 잡아주기보다 잡는 법을 알려주는 역할, 곁에서 최소한으로 도와주고 조언해

주는 컨설턴트 역할에 만족해야 한다.

우리사회가 다양화되고 가치관의 많은 변화가 진행되고 있지만 직장이나 가정에서 꼭 존재해야할 것들이 사라지고 있다. 잘못을 해도 꼬집어 이야기해주기보다 무관심이요, 정해진 룰이나 원칙을 벗어나도 나무라거나 호통을 치는 일들이 별로 보이질 않는다.

선진국은 국민소득이라는 숫자로 상징되기보다는 원칙을 지키고 예측이 가능한 사회라는 점이 부각된다. 우리나라가 선진 사회가 되려면 질책과 잘못에 대한 이 나라 아버지들의 호통이 부활해야만 하지 않을까?

✩ 인생경영을 위한 셈본식 Q&A

Q 자녀에 대한 열정이 잘못되지는 않았는가?

A 동물의 세계이든 인간의 세계이든 부모의 헌신적인 희생과 노력은 감동적이다. 하지만 과도한 열성으로 인해 자녀를 망치고 있지는 않은지 돌아볼 필요가 있다.

요즘 아이들은 나약하다는 이야기가 많이 나온다. 하지만 전적으로 아이들의 잘못이라기보다는 그저 꽁꽁 감싸고 나약하게 키운 부모의 잘못에서 온다. 호통을 쳐야 할 때는 호통을 치는 부모가 되자. 애정이 담긴 한 번의 호통이 아이를 한층 강하게 성장시킬 것이다.

마음의 문

세상에는 수많은 문이 있다. 쪽문, 창문, 대문, 성문, 자동차문…
이러한 문들은 인생을 살아가는 데 있어서 아주 유용하다. 밖이
시끄러울 때는 창문을 닫으면 되고, 날씨가 더울 때는 베란다 문을
활짝 열면 시원한 바람이 방안에 들어온다. 또 도둑이 못 들어오게
하기 위해서는 대문을 굳게 걸어 잠그면 된다. 이러한 문들은 손잡이
나 문고리가 있어서 쉽게 여닫을 수 있고 밖에서도 다른 사람이 열
수 있어서 편리하다.

19세기 영국의 윌리암 홀먼 헌트라는 화가가 그린 그림 중에
〈등불을 든 예수〉라는 작품이 있다. 한밤중 정원에서 그리스도가 한
손에 등불을 들고, 다른 손으로 문을 두드리는 그림이다.

그러나 예수가 두드리는 이 문에는 다른 문과는 달리 문고리가 없
다. 혹자는 문을 잘못 그렸다고 생각할지 모르지만 사실 이 그림은
'마음의 문'을 그린 그림으로 유명하다.

사람의 마음에도 문이 있다. 그러나 '마음의 문'은 보통의 문들과
달라서 손잡이나 문고리가 없기 때문에 안에서 열어주지 않으면 열
수가 없다. 마음의 문은 사람마다 각양각색으로 어떤 사람은 처음부
터 아예 열어젖히지만, 어떤 사람은 꼭 닫아 놓아 아무리 노크를 해
도 열리지 않는 사람도 있다.

인간이 다른 동물들과 다르게 가지고 있는 특권 중에는 의사표현이나 전달방법이 아주 다양하다는 점이 있다. 그런데 대부분의 사람들은 이러한 커뮤니케이션 방법이 말에 의해서 전달되는 것으로 생각하는데 실제는 그렇지 않다. 의사전달 시 70:30이라는 법칙이 있다. 의사전달의 방법에서 언어가 차지하는 것은 겨우 30%에 불과하고 실제로는 말 이외의 방법, 즉 표정·제스처·분위기·느낌 등에 의해서 전달되는 것이 70%가 된다는 것이다. 그런데 이 30%의 언어적 표현 중에서도 단지 말에 의한 것은 7%에 불과하고 나머지는 언어의 억양, 톤, 크기 등에 의해 의사가 전달된다는 것이다.

어느 교수가 대학생들한테 '대화'하자고 하니까 모두 자리를 피해버렸다고 한다. 그 교수는 항상 일방통행식 대화를 해왔을 뿐만 아니라 대놓고 화를 내기로 유명한 교수였기 때문이었다. 공감하며 잘

들어주는 경청의 능력이 없다는 말은 자신만의 사고와 세계에 갇혀 다른 사람의 말은 듣지 않고, 타인에게 관심을 기울일 필요를 느끼지 못하는 상태를 의미한다.

세계적인 커뮤니케이션 전문가인 로래리 바커와 키티 왓슨은 20년 이상을 '경청'과 인간의 듣는 습관에 관해 연구해온 사람들이다. 그들은 연구를 통해 '말을 하는 입이 아니라 말을 듣는 귀'가 모든 대화의 성패를 좌우한다는 사실을 밝혀냈다. 이처럼 최강의 설득은 '경청'에서 시작된다. 커뮤니케이션에서 경청이 중요하다는 것은 대부분 인식하고 있다. 그러나 막상 잘 실천되지 않는 것이 경청이다.

미국의 고든Gorden 교수는 오랫동안 정신과를 찾아오는 환자들에 대한 임상실험과 처방을 통해커뮤니케이션을 보다 효과적으로 수행할 수 있는 행동의 방법을 '행동의 창'이라는 모델로 정립했다. 고든 교수의 모델은 40년 이상 전 세계 43개국에서 5백만 명 이상에게 교육과정을 통해 지속적으로 전파되었는데 필자도 두 번이나 이 프로그램에 참여했고 지금은 하나둘씩 습관의 변화를 가져오고 있다. 이 모델에서는 마음의 창문을 여는 가장 확실한 방법이 적극적 '경청Active listening'이라는 사실을 제시하고 있다.

그러나 사람들이 가지고 있는 마음의 창의 소유자는 자기 자신이다. 나 자신의 마음의 문이 어느 정도 열려있느냐에 따라서 개인은 물론 가정, 직장, 사회 전체가 달라진다. 마음의 문의 크기와 열림의 정도에 따라서 세상은 많은 변화가 가능하다.

뒤엉킨 세대 간 갈등, 양극화 문제, 지역감정 문제, 서로를 마주만 보고 달리는 국회, 이분법二分法적 접근에 의한 사회의 많은 이슈들도 자세히 들여다보면 결국 서로 먼저 마음의 문을 굳게 닫아 놓고 상대방이 먼저 열길 바라는 욕심에서 비롯되는 것은 아닐까? 자신이 가진 마음의 문이 얼마나 열렸느냐에 의해서 인생은 분명 달라진다.

❈ 인생경영을 위한 셈본식 Q&A

Q 당신은 상대방의 말을 얼마나 경청하는가?

A 갈등을 해결하는 최선의 방법은 화해와 타협일 것이다. 하지만 근래 대부분의 갈등은 더 힘이 센 쪽의 강압에 의해 해결되고 사회 각계각층에서 골은 깊어져만 간다.

항상 상대방의 이야기에 귀를 기울이는 습관을 갖자. 말을 했다고 다 말한 것이 아니다. 상대방이 들은 만큼만 말한 것이다. 그리고 나와 다른 의견이 나왔을 때는 상대방의 입장을 먼저 한 번 생각한 후, 자신의 생각을 말하자.

젊은 늙은이 늙은 젊은이

"실례지만 연세가 어떻게 되세요?"

나이를 묻는 것은 외국에서는 금기시되어 있지만 우리나라 사람들은 나이를 꼭 묻는다. 누구나 나이가 들게 되면 세월의 나이테에 마음이 뭉클해지고 거울을 볼 때마다 늘어가는 흰머리와 주름살에 한숨이 절로 나온다. 지하철이나 버스만 타면 빈자리를 찾게 되고, 신문을 읽을 때면 돋보기를 찾게 되는 것이다.

급기야 술도 약해지고 만사에 관심도 줄어든다. 이렇게 되면 "나도 예전 같지 않아. 왕년에는 한가닥 했는데…" 하며 한숨이 절로 나온다.

반면 나이에 관계없이 언제나 청춘인 사람들도 있다. 늘 유쾌한 얼굴로 피부도 번드르르하며, 비슷한 나이 대 친구들보다 훨씬 젊어 보이는 사람들, 세상 걱정 하나 없는 듯이 신나게 사는 사람들도 있다. 육십 대 노인 같은 삼십 대 '젊은 늙은이'가 있는가 하면, 삼십 대 같은 육십 대의 '늙은 젊은이'도 있다. 나이를 먹는 것은 똑같지만, 그들의 인생은 천지 차이다.

사람의 나이는 대개 다섯 가지 정도로 분별할 수 있다. 첫째는 자신의 실제 실령實齡이며, 둘째는 법령法齡으로 실제 나이와 다른 주민

등록상의 나이를 말한다. 그리고 셋째는 면령面齡이다. 눈에 보이는 나이로 얼굴보다 나이가 어려 보이는 사람이 있는가 하면, 나이가 보기보다 훨씬 더 들어 보이는 사람도 있다. 넷째는 육체령肉體齡, 즉 건강연령이다. 이십 대에 사오십 대의 체력을 소유한 사람이 있는가 하면, 칠순의 나이에 사십 대 체력을 가진 사람들도 많다. 마지막으로는 정신령精神齡으로 철이 든 나이다.

이 중에서도 정신령은 실제 먹은 나이에 크게 구애받지 않을 수 있는 나이다. 이러한 나이라는 한계나 덫을 뛰어넘어 사는 사람들은 의외로 많다.

시바타 도요는 올해 102세 할머니이다. 도요가 자신의 장례비용으로 모아둔 100만 엔을 털어 출간한 첫 시집『약해지지 마』는 100만 부가 넘게 판매되어 지금 일본열도를 감동시키고 있다.

1911년 도치기 시에서 부유한 가정의 외동딸로 태어난 도요는 열 살 무렵 가세가 기울어져 갑자기 학교를 그만두었다. 이후 전통 여관과 요리점 등에서 허드렛일을 하면서 더부살이를 했다. 그런 와중에 이혼의 아픔도 겪었다. 33세에 요리사 시바타 에이키치와 재혼해 외아들을 낳았고 그 후 재봉 등 부업을 해가며 정직하게 살아왔다. 1992년 남편과 사별한 후 그녀는 우쓰노미야 시내에서 20년 가까이 홀로 생활하고 있다.

그 질곡 같은 인생을 헤치고 100여 년을 살아온 그녀가 잔잔하게 들려주는 얘기에 사람들은 감동을 먹고 저마다 삶을 추스를 수 있는 힘을 얻는다. 그리고 2011년 9월 만 100세를 기념하여 두 번째 시집『100세』를 출간하였다. 그 손으로 써낸 평범한 이야기가 지금 초고

령 사회의 공포에 떨고 있는 일본인들을 위로하고 있다. 이제 그녀의
위로가 현해탄을 건너와 우리에게도 나지막한 목소리로 말을 건다.

> 약해지지 마
> 있잖아, 불행하다고
> 한숨짓지 마
> 햇살과 산들바람은
> 한쪽 편만 들지 않아
> 꿈은
> 평등하게 꿀 수 있는 거야
> 나도 괴로운 일 많았지만
> 살아 있어 좋았어
> 너도 약해지지 마

일생을 통해 파괴되는 뇌세포는 10% 미만이기 때문에 노인에게
는 뇌세포의 상실보다는 새로운 일을 시작하기에는 나이가 너무 많
다고 생각하는 '마음의 덫'이 더 문제라고 한다. 이처럼 나이가 들어
도 젊은 시절의 패기가 오히려 굳건해지고 좋아하는 일에 대한 정열,
이런 마음만 있다면 나이는 숫자에 불과하다.

'젊은 늙은이'보다 더 놀랄 일이 있다. 우리 사회에 '애 늙은이'들
이 급격하게 늘어 가고 있다는 사실이다. 국민 6천 명을 대상으로 조
사한 결과, 50대 아버지가 10대 아들보다 체력이 더 좋은 것으로 나
타났다는 것이다.

아버지는 평소에 꾸준히 운동을 하여 몸을 단련했지만 아들은 늘 공부에 매달리고 컴퓨터와 동고동락하느라 체력단련을 소홀히 한 까닭이다. 갈수록 쇠잔해지는 아버지보다 생기발랄해야 할 아들의 체력이 뒤진다는 사실은 우리나라 사람들의 건강관리에 빨간 신호등이 켜진 것이라 할 수 있다.

늘 변신과 도전을 두려워하지 않는 칠순의 청춘 서상록 씨는 70대에 새하늘공원 주식회사 회장으로 재직 중이다. 대기업 부회장이라는 화려했던 경력을 뒤로하고 롯데호텔에서 5년 동안 웨이터 생활을 한 바 있고, 대통령 선거에도 출마했었다. 지금도 인라인 스케이트를 즐기며 힘차고 유쾌한 인생 후반전을 사업으로, 탤런트로, 유명 강사로 뛰고 있다.

'나이를 거꾸로 먹는 건강법'의 저자 히노하라 시게아키 박사는 금년 102세(1911년 생)로 3년 전 한국에도 다녀갔다. 그는 "어떤 일도 생각하기 나름, 늙는다는 것은 쇠약해지는 것이 아니라 성숙해지는 것이며 진정한 늙음과 젊음은 마음에 있다."고 말한다.

즉 우리가 진정으로 늙는 것은 세월의 나이 때문이 아니라 영혼이 탁해지거나 죽어가기 때문이라는 것이다. 내면에 잠재해 있는 젊음의 에너지는 영혼이 얼마나 생동하느냐에 따라 활력이 달라지며 젊음의 에너지를 끊임없이 자극할 수 있도록 영혼을 맑고 젊게 잘 간직한다면 진정으로 젊게 살 수 있다는 얘기이다.

진정으로 나이를 초월하여 젊게 살고자 꿈과 희망을 잃지 않고, 심신의 건강한 활력과 자신이 하고 있는 일에 대한 열정을 갖는다면 누구나 나이를 잊고 정말 신바람 나는 여생을 즐길 수 있을 것이다.

　"청년이란 생의 어떤 기간이 아니라 마음의 상태에 의해 결정된다. 붉은 뺨이나 입술이 아니라 굳센 의지, 상상, 감정, 생명력에 달렸다. 청년은 용기로 비겁을 이기며, 모험으로 앞일을 안다."고 맥아더 장군은 말했다. 육체적 젊음뿐만 아니라 정신적·영적으로 활기에 찬 젊은이가 많아야 진정 선진화된 사회가 될 수 있다.

✡ 인생경영을 위한 셈본식 Q&A

Q 스스로 '나이'라는 선을 긋지는 않았는가?

A 　'나이'라는 말이 무색해지는 세상이다. 칠팔십 대에도 정력적으로 활동하는 '젊은 늙은이'가 있는 반면, 체력이 자기 아버지보다도 못한 '늙은 젊은이'도 있다. 진정한 늙고 젊음은 신체가 아닌 자신의 의지와 열정이 결정하는 것이다. 본인 스스로 '나는 이제 늙었다'고 단정 짓고, 여생의 무한한 가능성을 포기하는 우를 범하지 말자.

대나무 마디와 계기 契機

    푸른 잎과 곧은 줄기로 굽히지 않는 꿋꿋한 지조와 절개를 상징하는 대나무는 옛날부터 청빈한 선비의 정신이나 삶에 일치하는 것으로 인식되어 사군자 중에서 특히 사랑받는 대상이었다.

    대나무에는 마디가 있고, 마디가 있음으로써 단단하다. 대나무의 마디를 일컬어 옛사람들은 '포절지무심 抱節之無心'이라 하여 "대나무는 속은 비어있어도 허식이 없고 단단한 마디에 의해 절도를 지킨다."라고 했다. 대나무의 마디는 바람이 불어도 쓰러지지 않고 곧게 서 있을 수 있게 하는 지지대 역할을 한다. 만일 대나무가 마디 없이 하나의 줄기로만 되어 있다면 거센 폭풍우가 아닌 작은 바람에도 쉽게 부러지고 말 것이다.

    예로부터 성격이 바르고 곧은 사람을 '대쪽 같다.'라고 했다. 대나무는 어떠한 조건에서도 휘거나 구부러지게 자라지 않으며 작게 쪼개기 전에는 잘 휘지도 않는다. 그리고 마디가 많으면 많을수록 휘거나 구부러지지 않는 특성도 있다.

    이러한 의미에서 우리의 삶을 곧잘 대나무에 비유하게 된다. 흐르는 물처럼 순조롭게 보이는 인생에도 때로는 대나무처럼 하나의 단절이 오는 시련의 시기가 있다. 그러한 시련을 어떤 삶의 계기나, 고

비라고 부른다. 그리고 크고 작은 계기들이 모여서 사람을 윤택하게
하거나 풍요롭게 한다. 이러한 삶의 계기는 우연히 오기도 하지만 대
부분의 경우 삶의 계기는 더 강해지기 위해서 얼마든지 의도적으로
만들어갈 수 있다.

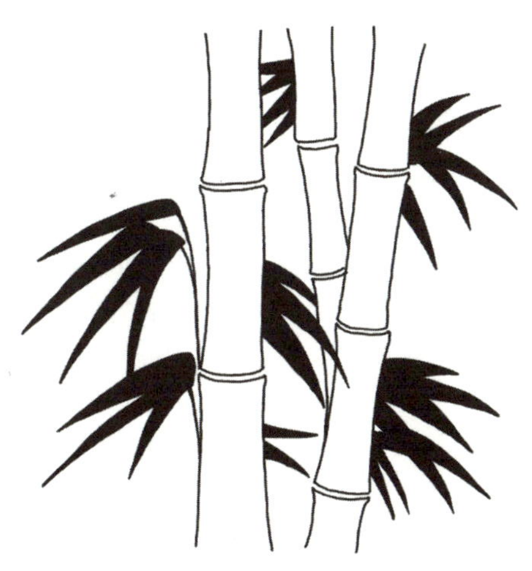

　일본 사람들은 이러한 대나무 마디를 '후시메節目'라 하는데 그들
은 연설이나 강의를 할 때 이 단어를 자주 사용한다. 특히 인생 역
정에서 어려움이나 고통을 이겨내고 새로 일어나는 계기契機의 의미
로 자주 비유한다.
　삶의 마디는 크게 두 가지로 나누어볼 수 있다. 하나는 사회적인
계기이고, 다른 하나는 개인적인 계기이다. 전자의 경우는 진학이나
취직, 결혼이나 승진, 출산, 이사 등이 있다. 이러한 사회적인 계기는
자신의 의지에 의해 발생하기도 하지만 자신의 의지와는 전혀 상관

없이 발생하는 경우도 있다.

반면에 개인적인 계기는 누구를 만나거나 여행을 떠나거나 자신의 특기를 계발하는 등 모든 활동들이 전적으로 자신에게 달려 있는 것들이다. 즉 도전의식을 가지고 자신이 하고자 하는 행동을 스스로 선택하여 그 선택에 따라 자신의 변화를 스스로 이끌어낼 수 있다.

인생의 마디는 이러한 계기들이 모여서 만들어진다. 마디가 많으면 많을수록 바람에 꺾이지 않는 대나무처럼 우리의 삶도 계기가 많으면 많을수록 그만큼 풍요로워질 수 있다. 삶은 끊임없이 자신의 마디를 만들고 창조해가는 과정이다. 성공한 사람들에게는 공통된 특징이 있는데 역경이나 어려운 고비들이 있을 때마다 좌절하지 않고 오히려 성공의 계기로 삼아 끊임없이 도전했다는 것이 바로 그것이다.

기업 경영도 마찬가지로 대나무에 비유할 수 있다. 얼마 전 모 일간지에 '대나무 경영론'이 소개된 일이 있다. 평소 눈 덮인 산을 오르내리며 눈여겨 봐뒀던 자연의 섭리를 생존경쟁이 치열한 기업 경영에 접목시킨 것이다. 그 장본인은 32년째 스즈키자동차 CEO를 역임하며 일본 재계에서 '큰 어른'대접을 받는 팔순의 스즈키 오사무鈴木修 회장이다. 최근 본인 블로그를 통해 '대나무 경영론'을 설파하고 있다.

스즈키는 매출 1조 엔에서 2조 엔을 달성할 때까지 12년이 걸렸지만 2조 엔에서 3조 5,000억 엔까지는 불과 4년밖에 걸리지 않았다. 고속 성장을 거듭하다 보니 자신에 대한 성찰과 미래에 대한 준비가 소홀했던 측면을 부인할 수 없다며 이같이 말했다.

"대나무는 마디마디 절節을 만들어 자연의 시련에 미리 대비합니다. 나뭇가지 위에 수북이 눈이 쌓이는 겨울에도 휘어지거나 부러지지 않고 꼿꼿하게 뻗어나갈 수 있는 것도 사전에 준비를 철저하게 해놓는 지혜 때문입니다.”

그는 매출 3조 엔을 돌파했던 2007년 말 중역회의에서 대나무 그림을 직접 그리고, 잘나갈 때 더 조심하자고 강조했다. 그러나 회사 내부에서 더 철저하게 대비하지 못했고 불길한 예감은 미국발 금융위기가 닥치면서 그대로 들어맞았다. 대나무에 비유하자면 마디마디 절(사전 준비) 간격이 지나치게 벌어짐으로써 나뭇가지(경영 상태)를 제대로 유지하지 못하고 자연의 거센 변화(글로벌 위기)에 휘청거리게 됐다는 반성이다.

스즈키 회장은 “겨울 설산雪山을 오르내리다 보면 눈의 무게를 이기지 못하고 부러지거나 휘어져 있는 삼나무 모습이 여기저기에서 눈에 띈다.”며 미리 마디를 만들어 대비하는 대나무와 비교해서 이해하기 쉽게 이야기한 것이다. 대나무 경영의 결실이라고나 할까, 미국발 위기 속에서도 적자를 내지 않고 순이익이 늘어난 회사는 일본 완성차 8개 업체 중 스즈키자동차와 혼다자동차뿐이었다.

그는 “최고경영자는 기업을 성장시켜야 하는 책임도 있지만 대나무가 단단한 마디를 만들면서 성장하듯이 30년, 50년 뒤를 내다보고 내실도 잘 다져나가지 않으면 안 된다. 수십 년간 경영에 참여해왔지만 요즘도 반성하면서 하루하루를 보내고 있다.”고 블로그에서 자신의 소회를 밝혔다.

대나무의 지혜나 ‘대나무경영’에서 보여주는 교훈은 최근 실적 축포를 터뜨리며 글로벌 위기에서 벗어났다고 자축하는 한국 대기업들이 귀담아 들어야 할 대목이다. 더구나 요즘 기업은 물론 공공기관까지 유행하고 있는 '변화와 혁신'이라는 바람도 '쓰나미식'으로 한꺼번에 몰려왔다가 상처만 남기고 사라져서는 안 된다. 언제 더 세찬 바람이 다가올지 모르기 때문이다.

변화나 혁신의 추진이야말로 일시적 유행이나 캠페인으로 그칠 것이 아니라 지속적인 추진이 필요하며, 진통이나 저항이 있을수록 이를 극복해나가는 인고忍苦의 과정관리가 더욱 중요한 게 아닐까?

❈ 인생경영을 위한 셈본식 Q&A

Q 당신을 성공으로 이끌 계기를 마련하였는가?

A 대나무는 가늘고 기다랗지만 절대 꺾이지 않는다. 모진 태풍이 지나가더라도 대나무밭은 멀쩡하다.

우리는 살면서 수많은 고비와 마주친다. 그때 죽은 나뭇가지처럼 부러질 것인지, 그 고비를 대나무의 마디와 같은 계기로 만들 것인지는 순전히 본인의 의지에 달렸다. 대나무의 마디와 같은 단단한 의지만 있다면 세상 모든 풍파를 이겨내고 성공으로 쉬이 다가설 수 있을 것이다.

해병대 캠프의 추억

얼마 전 필자가 가입한 '서울 이업종 연합회'에서 주관하는 행사에 참여하기 위해 대부도에 갔다. 그런데 일정 중에 해병대 훈련이 포함되어 있었다.

먼저 아침 7시 기상과 함께 해안구보로 몸을 풀었다. 아침식사가 끝나자마자 해상 고무보트 훈련이 이어졌다. 100kg이 넘는 보트를 열 명이 머리에 이고 구령과 함께 이동했다. 그러다가 보트를 머리에 올린 채 선착순 달리기를 했다. 1등을 제외한 팀들은 가차 없이 얼차려에 처해졌다.

이어서 5개조로 팀을 편성하여 보트 경주대회가 이루어졌다. 모두가 생전 처음 타보는 것이라 노를 젓는 일부터 방향을 잡는 방법이나 방향을 트는 요령에 대해 너무 서투를 수밖에 없었다. 그런데 뜻밖에도 필자가 소속된 팀이 연거푸 1등을 하였다. 그것도 2등을 20여 미터 이상 따돌린 일방적인 승부였다.

또 하나의 도전 프로그램인 보트 아래로 몸을 통과하여 위로 타고 올라오는 훈련이 계속되었다. 필자도 장교 출신이라 유격훈련을 많이 받은 경험이 있었지만 결코 쉬운 일은 아니었다. 진흙탕 물을 마시고 옷은 땀과 뻘, 바닷물에 뒤범벅이 되고 몸에 상처도 나 있었다. 비록 육체적으로는 힘들었지만 끝나고 나니 무사히 해냈다는 자부심과 보람을 느낄 수 있는 감동의 순간이었다.

힘든 훈련이 끝나고 시상식 겸 퇴소식이 이어졌다. 우리 팀이 '최우수 팀'으로 뽑혀 표창을 받았다. 시상식이 끝나고 나서 수료식이 이어졌고, 훈련본부장의 축사가 이어졌다. 처음에는 다들 수고 많았다는 간단한 인사말로 끝날 거라고 생각했는데 훈련본부장의 축사는 우리들의 마음을 사로잡았다. 다들 피곤한 가운데서도, 이번 해병대 전략캠프 훈련을 기업경영과 비교하는 본부장의 현실감 있는 말에 귀를 기울였고 강의실 분위기에는 긴장감까지 흘렀다.

본부장님이 훈련과정을 뒤에서 유심히 본 결과 1등한 팀과 꼴찌를 한 팀은 분명한 특징이 있다는 것이었다.

"일등한 팀은 첫째, 가고자 하는 목표가 분명했습니다. 따라서 목표지점과 가장 가까운 길을 선점해서 제일 먼저 출발이 가능했습니다.

둘째, 경험이 있는 한 사람의 리더가 앞장서서 지휘하고 있었습니다. 따라서 행동이 일사불란했고 문제가 생겼을 때도 일단 가면서 해결을 하고 있었습니다.

셋째, 개인플레이 보다 팀워크가 아주 좋았습니다. 모두 처음 만난 사람들이었지만 좌우측 강약조절이 잘 되었고 모두 큰소리로 하나, 둘 하는 구호가 통일되었기 때문에 파도치는 물결의 흐름을 잘 이용해 보트가 한 방향으로 빠르게 전진할 수 있었습니다.

더 중요한 것은 서로 칭찬하고 격려하면서 끝난 뒤에도 파이팅을 외치면서 서로 수고했다는 말들을 잊지 않았습니다."

반면에 꼴찌팀은

"목표가 분명치 않았고, 승부욕도 없었다는 것입니다. 그리고 확실한 리더가 없어 우왕좌왕했고, 팀보다 각자 개인플레이를 하다 보니 보트가 좌우로 흔들려 한 방향으로 전진하지 못했다는 것입니다. 더구나 남의 탓만 하는 분위기에 휩싸여 시합이 끝나도 칭찬과 격려보다는 서로의 잘못과 책임만을 따지고 있었습니다."

본부장의 의미 있는 이야기는 계속되었다.

"조직의 성공요인은 리더의 강력한 추진력과 모든 사람이 한 방향으로 전진할 수 있도록 팀워크를 갖추기 위한 끊임없는 직원교육입니다. 이를 위해 리더는 변화를 향해 앞장서고 솔선해야 합니다."

짧은 1박 2일의 훈련 기간에 참 많은 것을 새삼 느낄 수 있었고 해병대의 정신에서 비롯되는 '1등만이 살아남는다.'는 교훈을 제대로 실천해야 한다는 것을 다시금 깨달을 수 있었다.

✙ 인생경영을 위한 셈본식 Q&A

Q 일등 기업이 되기 위해 꼭 필요한 것은?

A 첫째, 목표를 확실히 세우고 정진한다.
둘째, 경험이 많은 리더를 일사불란하게 따른다.
셋째, 항상 개인이 아닌 팀을 먼저 생각한다.
넷째, 서로에 대해 끊임없이 칭찬하고 격려한다.

나_{Me} 주식회사

"향후 10~15년 안에 현재 화이트칼라 직업의 90% 이상이 사라지거나 완전히 새로운 형태로 바뀔 것을 확신한다."

미래학자 톰 피터스는 신경제 기본요소는 조직이 아닌 개인이라고 전제하면서 효율적인 관리라는 명목 아래 업무를 지정하고 통제하던 시대는 지났다고 말한다. 대신 독립적인 개인 계약자에 의해 자율적으로 비즈니스 업무가 시행되는 시대가 다가왔다는 것이다. 결국 21세기 정보화 시대에는 '개인 의지의 힘'에 의해서 조직과 사회가 변화되어 가는 흐름이 도래한 것이다.

세계를 움직이는 50인의 한 사람이자 런던 비즈니스 스쿨의 교수인 찰스 핸디의 책 『코끼리와 벼룩』은 마흔아홉 되는 생일날에 이제까지 본인이 근무하던 직장을 스스로 사직하고 프리랜서로 독립적 생활을 시작하는 내용으로 시작하고 있다.

벼룩은 스스로의 힘으로 몸길이의 열세 배나 점프하여 높게 튀어오르는 힘을 가지고 있다고 한다. 벼룩은 뛰는 데 적합한 뒷다리와 정보를 재빨리 찾아내는 특수한 감각 기관을 갖추고 있다. 이들은 제 발로 20세기의 주인공이었던 코끼리에서 벗어나 개인적으로 독립 선언을 한 프리랜서에 비할 수 있다. 거대한 조직이나 기업을 코끼리에 비유했는데, 앞으로는 젊은 나이에 기업에 입사하여 경험을 쌓은 후 코끼리로부터 벗어나 자신의 생활과 삶을 추구하는 벼룩으로 변신해야한다는 것을 역설하고 있다.

요즘 우리 생활 속에서 가장 큰 변화 중의 하나는 직업에 대한 개념이 많이 바뀌고 있다는 것이다. IMF 이후 감원 선풍이 일어나고 평생직장의 개념이 깨지면서 직장이나 직업의 개념이 새롭게 변화되고 있는 것이다. 얼마 전까지만 해도 일반적으로 좋은 직장이란 어느 회사나 기관에 입사하여 조직에 올인하고 정년이 되는 해에 은퇴하는 것이었다. 이러한 평생직장의 개념 탓에 직장을 그만둔다는 것은 최악의 경우를 당하는 것으로 여겨졌고, 정년이 되는 나이까지 근무하는 것이 사회의 일반적인 상식이었다.

그러나 우리나라의 많은 기업들이 다운사이징, 아웃소싱, 분사화를 통해 조직질서의 파괴를 진행해 왔고 이러한 변화는 앞으로 더욱 가속화될 것임에 틀림없다. 특히 한 조직 속에서도 전문 계약직, 사내 기업가, 위임 계약직과 같은 '개인 사업가' 형태로 고용방식의 변화가 급진전되어 가고 있다.

서린바이오 사이언스㈜ 황을문 회장은 중소기업의 대표이지만 수년 동안 직원들의 기氣를 살리는 경영기법을 고민해왔다고 한다. 그러고 나서 '마음경영'이라는 깨달음을 얻었다. 좋은 회사를 만들려면 직원의 마음을 얻고 그들을 행복하게 하는 방법이 최선이라고 생각했기 때문이다. 나아가 임직원 스스로 자기 삶의 주체가 되어 '자기경영'에 앞장설 때 자발성과 창조성이 솟구치게 된다고 믿었다.

그는 자기경영에 대해 이렇게 강조한다. "우리는 누구나 자기 삶의 최고경영자다. 우리가 하는 일은 노동이 아니며 일 자체가 창조적 행위라는 사실을 깨닫는 순간, 나는 삶의 작품을 완성해 나가는 삶의 예술가인 것이다. 그래서 나는 회사는 사람의 마음을 경영해야 성공할 수 있다고 믿는다."

이제 자기 스스로를 자기가 관리해야만 하는 '나 주식회사 시대'로 치닫고 있는 지금, 더 이상 회사나 조직이 자신을 끝까지 보장해 주리라는 생각을 갖는다는 것은 어리석은 일이다. 조직 속에 갇힌 '나'를 스스로 꺼내오는 수밖에 달리 방도가 없다. 회사에 충성을 외치면서 평생 먹을거리를 해결하던 시대는 끝났다. 더 이상 평생직장이란 개념이 없다는 뜻이다.

우리나라에서도 '1인 기업'에 대한 관심은 꾸준히 높아져왔다. 소호SOHO, Small Office Home Office 창업자들이 많이 늘어가고 있고, 정부도 '1인 기업' 육성에 팔을 걷고 나섰다. '1인 기업' 중에서도 창의적인 아이디어와 기술, 전문지식 등을 바탕으로 설립된 것만을 묶어 '1인 창조기업'으로 규정하고, 관련 분야 창업에 지원을 집중하겠다는 것이다. 남다른 아이디어와 기술만 있으면 누구나 기업을 세우고 이를 바탕으로 돈을 벌 수 있도록 돕겠다는 취지다.

이제 기업들도 성과와 충성심에 대한 대가로 안정된 직장을 제공하는 것만으로는 유능한 인재를 끌어들일 수 없을 뿐더러 무조건적인 열정과 헌신성도 기대할 수 없다. 개개인들이 나만이 가지고 내세울 수 있는 핵심역량 브랜드를 정의하고 키우고 당당하게 조직에서 이를 내세울 수 있어야 한다. 자신의 경력이나 삶을 관리해 줄 수 있는 사람은 자기 자신밖에 없다. 어떻게 보면 개개인이 전문성을 가진

‘소사장’ 또는 ‘개인 사업가’로서의 역할을 수행해야 하는 시대로 변화해 가고 있는 것이다.

바로 당신이 성공의 주인이요 자신이 CEO가 되어 ‘자신을 경영’을 해야만 하는 시대가 된 것이다. 회사가 나의 고객이고, 내가 하는 모든 일은 프로젝트다. 회사가 나를 고용한 것이 아니라 나의 고객인 회사가 ‘나 주식회사’의 서비스를 구매한 것이다. 내가 하는 모든 프로젝트에 ‘와우~’라는 탄사가 쏟아질 수 있도록 서로가 구매하고 싶어 하고, 서로가 먼저 계약하고 싶은 ‘나 주식회사’가 되지 않으면 안 되는 시대가 성큼 다가오고 있다.

✡ 인생경영을 위한 셈본식 Q&A

Q ‘나’라는 기업을 잘 준비하고 있는가?

A 직업에 대한 개념과 풍속도가 하루가 다르게 바뀌는 요즘이다. 직업은 언제든지 바뀔 수 있으며, 누구든지 최고경영자가 될 수 있다. 이 모든 것은 본인의 역량과 열정에 달린 것이다. 자기 자신이 하나의 기업이라는 생각을 가지고 적극적으로 스스로를 경영하자.

‘나 주식회사’가 상장된다는 것이 곧 계약의 성립이요, 취업이다.

말의 힘과 글의 힘

말과 글 중에 어느 쪽 힘이 더 셀까? 생각하기 나름이겠지만 분명 글보다 말이 더 많은 세상인 것 같다. 그래서 혹자는 '말세'라고 농담 삼아 이야기 한다.

파리의 마라보 다리에서 "저는 날 때부터 장님입니다."라는 팻말을 목에 걸고 구걸하는 걸인이 있었다. 그 걸인을 본 시인 '로제 카이유'는 팻말에 쓰여 있는 글을 다른 글로 바꾸어 주었다. 그리고 얼마 후 다시 걸인을 만났다. 걸인은 반색하면서 말했다.

"선생님이 글을 바꾸어 주신 후 하루 10프랑이던 수입이 50프랑이나 올랐습니다. 그 연유가 무엇입니까?" 카이유가 대답했다.

"예, "곧 봄이 온다고 해도 저는 그 봄을 볼 수가 없습니다."라고 바꾸었을 뿐입니다."

이처럼 한 줄의 글이 자신의 행동을 변화시키고, 세상을 바꿀 수도 있다.

법정스님은 평생 동안 무소유를 세상에 남기고 입적하셨지만, 종교와 사상을 초월하여 온 국민들이 스님의 정신과 사상을 계속 이어받을 수 있는 것은 무엇보다도 『무소유』를 비롯한 30여 권이 넘는 책의 힘이 아닌가 생각한다.

특히 '마지막 마무리'라는 글을 통해 무소유를 남기고 가신 뒤에도 마음의 한구석을 풍요롭게 해주고 있다. 설령 출판된 책들의 절판을 유언으로 남기셨다 하더라도 한번 글과 책으로 남겨진 스님의 사상과 가르침은 아무리 세월이 흐르더라도 영원히 남게 된다.

글은 종이 위의 잉크 자국이 아니다. 글은 생각이요, 사상이요, 영향력이요, 역사요, 힘이 된다. 말로 자신의 생각과 사상을 전할 수 있지만 지속적 영향력에서 글이나 책을 따를 수 없다.

이러한 예가 바로 이순신 장군의 『난중일기』다. 난중일기는 충무공 이순신이 임진왜란이 일어난 해부터 시작하여 전쟁이 끝나는 순간을 앞에 두고 노량해전에서 전사하기까지 7년간의 일을 기록한 일기이다. 전쟁 전의 상황과 임진왜란 당시의 전황을 알 수 있는 객관적 사료로서의 가치도 있지만, 제삿날에도 공무에 임하는 열정과 진지와 병영관리에 태만하거나 소홀한 부하를 문책·처벌하는 엄중함은 물론 개인적인 고뇌와 번민, 친지들과 관련한 내용까지도 상세히 기록되어 있다.

당대에는 이순신 장군 외에도 권율, 원균과 같은 장수가 있었다. 그러나 기록을 남기지 않은 두 분은 그저 유명한 장수로만 남아 있을 뿐이다. 기록이 없다 보니 일부는 역사학자들에 의해 오해와 왜곡된 해석까지도 나오게 되어 때로는 잘못된 평가를 받기도 한다.

말이란 원래 "내가 한 말이 전부 말이 아니다. 상대방이 알아들은 이야기만 말일 뿐이다."라는 이야기를 들은 적이 있다. 심지어 어느 CEO는 본인이 한 말의 2%만 정확하게 직원들에게 전달되더라는 실토를 들은 일도 있다.

말은 잘못하면 자극을 만들어 내고, 때로는 큰 상처를 주기도 한다. 글은 소리 없이 잔잔한 감동을 자아내고, 보고 싶으면 다시 꺼내서 되새길 수도 있다. 혹시 자기가 쓴 글로 인해 상처를 받더라도 작은 노력으로 금방 치유될 수도 있다. 한 예를 들어보자.

필자는 모임이 꽤 많은 편인데 그중에서도 거의 빠지지 않고 꼬박꼬박 나가는 '에세이 클럽'이라는 모임이 있다. 이 모임은 책을 쓰고 싶은 열정이 있는 사람들이 주요 구성원이다. 수십 년간 직장인이나 경영자로 살아오면서 산전수전 겪은 이야기들을 책으로 펴내려는 왕초보들도 꽤나 많다. 매월 한 번씩 모여서 수필계의 대부 격인 손광성 선생님을 모시고 글쓰기 연습도 하고 직접 써온 글을 하나하나 교정 받는다.

멤버 중에 이 모임의 산파역인 양병무 박사가 있다. 이 분은 이미 책을 40여 권이나 출간하였고 베스트셀러가 된 『주식회사 장성군』의 저자이자 학자이며, 사이버대학의 부총장까지 역임하신 분이다.

그런데 이분이 학습지 업계 메이저 회사의 CEO로 갑자기 자리를 옮기셨다. 다들 축하는 해드렸지만 내심 글도 많이 쓰시고 다양한 경험을 가진 분이라도 큰 회사의 조직 관리를 잘 해낼 수 있을까 하는 우려의 마음을 갖지 않을 수 없었다.

그러나 우려는 완전히 빗나갔다. 글의 힘으로 조직을 완전히 장악하고 직원들과의 참신한 소통방식을 통해 신선한 바람을 불러일으키면서 새로운 각오와 열정이 넘치는 조직으로 바꾸어 놓은 것이었다. 과거의 CEO의 소통이 마주앉자마자 호통이나 치고, 이래라 저래라 업무지시 일변도였다면 지금은 대부분의 소통을 글을 통해서 실천하고 있다는 것이었다.

취임사나 조회사는 물론이고 매주 한 번씩 '재능 가족 행복이야기'라는 글을 전 직원들에게 보냄으로써 진솔한 소통이 자주 이루어지다 보니, 간부회의나 지점 순시가 있을 때는 1분만 이야기하고 나머지 두서너 시간을 듣기만 하는 경청 리더십을 발휘하고 있다는 것이다.

더구나 직원들이 그동안의 저서를 통해 CEO의 생각하는 방식이나 철학을 대부분 알고 있었던 것도 큰 도움이 되고 있다고 한다. 조직 분위기가 완전히 달라졌고, 귀가 열린 CEO의 새로운 리더십과 역할에 직원들은 감동을 했다.

글의 힘은 참으로 대단하다. 필자의 경우도 대기업을 퇴직한 후 컨설팅과 교육을 하고 있지만 전체 강의 의뢰 건수의 70~80%가 과거 열 권의 졸저나 신문, 잡지에 기고한 글을 보고 연락이 오는 경우이고, 컨설팅의 경우도 책을 읽어보고 의뢰해오는 경우가 반 이상을 점하고 있다. 책이나 글을 통해 소통이 되다 보니 별도의 마케팅 활동이 없이도 지금의 일을 해낼 수 있다고 확신한다.

그 나라 문화수준을 알아보려면 서점을 가보면 알 수 있다는 말이 있다. 선진국에는 책이나 글을 쓰는 사람이 많고, 책을 읽는 사람도 많은 게 사실이다. 연애편지 써본 게 글쓰기의 전부였던 필자의 경험을 비추어볼 때 글을 쓰고 책을 쓴다는 것은 꼭 전문가의 영역만은 아닌 것 같다.

누구나 지속적인 노력과 열정만 있다면 가능한 일이다. 누구든지 살아온 길을 되돌아보면 몇 권의 책을 쓸 수 있는 소재를 가지고 있다. 평생에 단 한 권의 책이라도 써서 세상에 기록으로 남긴다면, 먼 훗날까지 자신의 살아온 경험과 역사를 세상에 남길 수 있다. 글의 대단한 힘을 바탕으로 한 번 도전장을 내미는 것은 어떨까.

✡ 인생경영을 위한 셈본식 Q&A

Q 지속적으로 글을 쓰고 있는가?

A 누군가에게 말을 하는 것은 쉽지만 글을 써서 보여준다는 것은 쉽지 않다. 글을 쓴다는 것 자체를 이미 꺼리기 때문이다. 우리는 하루에도 수 없이 많은 말을 하지만 몇 글자 적는 것은 하지 않는다.

명심하자. 인류 문명이 현재에 이르게 된 것은 글이 있었기 때문이다. 매일매일 조금이라도 꾸준히 글을 쓰는 습관을 가지자. 정리되지 못한 지루한 말보다는 정성이 깃든 몇 글자의 글이 상대를 감동시킬 수 있다.

진정한 부모의 역할

요즘 우리나라 하늘에는 헬리콥터가 꼭 차 있다고 한다. 아이들의 교육 현장뿐만 아니라 성인 자녀의 취업이나 직장에까지, 심지어는 결혼 생활까지 늘 헬리콥터처럼 자녀 곁을 맴돌며 조언과 간섭을 멈추지 않는 이른바 '헬리콥터 부모'들이 늘어나고 있다. 더욱 문제가 되는 것은 취업 후 회사생활에 직접 또는 간접적으로 끼어들어 자식에 대한 관리와 통제를 멈추지 않는다는 사실이다.

모 은행 상품개발부에 근무하는 A씨는 올 초부터 부서 회식에 아예 참여하지 않는다. 그녀의 아버지가 회사에 전화를 걸어 "우리 딸은 술이 약하니 회식에 데려가지 말라."고 엄포를 놓았기 때문이다. 아버지는 딸이 입사 3년차임에도 직장생활의 일거수일투족을 챙긴다. 출근할 때 회사에 늦을까 봐 지하철역까지 차를 태워주고, 늦잠을 자는 날은 아예 회사까지 데려다 준다. 그것도 모자라 회사 업무가 동료에 비해 과중하지는 않은지 늘 노심초사한다.

한 통신회사 신입사원 B씨가 첫 야근을 한 다음날 B씨의 어머니는 인사팀에 전화를 걸어 "우리 애가 몸도 약한데 왜 야근을 시키느냐?"고 따졌다. 또 부서 회식을 한 뒤엔 "무슨 회식을 그렇게 늦게까지 하느냐?"고 부서장에게 항의했다. 이 회사 인사담당자들은 누가 회사에 근무를 하는지 착각할 정도라고 고충을 털어놓는다.

이런 이야기는 다른 나라 이야기가 아니다. 우리 주변에 너무 많은 사람들이 헬리콥터 부모가 되어가고 있다. 필자도 몇 개월 전 신입사원 면접을 볼 기회가 있었다. 대개 면접 시에는 자기소개를 간단하게 하도록 되어있다. 그런데 한 학생이 얼굴이 빨개지더니 자기소개를 못하고 안절부절못하는 것이었다. 당황해서 그런가 보다 하고 맨 나중에 기회를 주었으나 역시 말을 더듬으며 제대로 하지 못했다. 면접이 끝날 때쯤 그 이유를 물어보았다. 그 대답은 전혀 의외의 내용이었다.

"사실 저는 오늘 면접에 오기 싫었는데 엄마가 면접이라도 꼭 보라고 해서 엄마 차를 타고 억지로 오다 보니 준비를 하지 못했습니다."

누가 취업을 하는 사람인지 주객이 전도되어버린 것이다.

최근 취업 포털사이트 인쿠르트가 취업준비생을 둔 부모들을 대상으로 조사한 결과에 따르면 응답자의 절반가량인 46%가 "자녀의 취업 준비에 관여하고 있다."고 답했다. 헬리콥터 부모들은 '요람에서 무덤까지' 자녀들을 보호하고 간섭한다. 이들은 자식의 교육에 대한 철저한 관리는 물론, 자녀의 대학 신입생 설명회에도 참석하고 수강신청에도 관여한다.

자녀가 성인이 된 이후에도 혼자 두면 왠지 불안해서 과보호를 하고 있는 것이다. 이들은 자녀 대신 취업 정보를 알아보는 것에 그치지 않고 이력서나 자기소개서를 함께 작성하거나 취업 박람회는 물론 면접장까지 따라가기도 한다. 입사시험 출제 정보를 수집하는 것은 기본이다.

　헬리콥터 부모가 확산되는 원인은 다양하지만 저출산과 우리 사회의 지나친 경쟁심리 때문이라는 분석이 많다. 요즘은 자녀를 한 명만 두는 게 보통이고, 많아야 두 명이기 때문에 경쟁에서 이기려면 '내 아이는 남들과 달라야 한다.'는 인식이 팽배해 있는 것이다. 헬리콥터 부모를 둔 젊은 직장인은 주로 1980년 전후에 태어난 'Y세대'다. 핵가족과 경제적으로 풍족한 환경이 특징인 세대다. 가족 구성원이 네 명을 넘지 않는 가정에서 왕자님, 공주님 대접을 받으며 자라 부모 의존적인 성향이 크다. 더욱 우려스러운 것은 우리나라 직장사회에서 '미성숙 우울증' 신드롬이 퍼지고 있다는 사실이다.

　미성숙 우울증은 사회 초년생에 해당하는 20~30대가 겪는 우울증의 하나로 정식 의학용어는 아니지만 일본 사회에서 이 문제가 심각해지면서 일본 언론이 자주 쓰고 있다. 요즘 젊은 세대들이 원하는 업무를 맡지 못하거나 심적인 부담이 되는 강압적인 지시가 내려오면 곧잘 스트레스 증상이나 우울증을 호소하면서 이직하거나 아예 취업을 기피하는 현상을 말한다.

　필자와 친하게 지내는 친구가 있다. 그 친구는 IMF때 '사오정'이라는 말대로 사십 대 후반 나이에 명퇴로 직장을 그만두었다. 그러다 보니 아이들에 대한 관심은 더욱 커질 수밖에 없었다. 그런데 큰 아들이 대학을 졸업하고도 2년여 동안 취업을 하지 못하자 답답한 마음에 필자에게 보냈다. 면담을 해보니 2년간 대기업만 30여 번 지원하여 계속 낙방의 고배를 마시면서도 대기업을 포기하지 않고 있었다.

　필자는 여러 가지 성공사례를 들어가며 중소기업 취업을 권했다.

몇 달 후 괜찮은 건설 회사에 취업을 했다고 아버지는 마냥 즐거워했고 술 한 잔을 꼭 사겠다고 약속을 했다. 문제는 그 술을 얻어먹기 전에 아들 녀석이 그 직장을 갑자기 그만둬 버렸고, 그만둔 이유를 물었더니 엉뚱하게도 '부장님이 싫어서'라는 이유였다고 했다.

일본 경제주간지 '도요게이자이東洋經濟' '미성숙 우울증'을 보이는 사람들은 일반 사회활동에는 크게 어려움이 없으나 직무 관련 스트레스를 받으면 내성이 약해 일을 쉽게 그만둬 버리는 특성을 보인다고 지적했다. 요즘 회사원들은 쉽게 사표를 낸다. 업무 실패의 원인을 자기 자신에서 찾기보다 직장 내 구성원에게 돌린다. 회사에 적응하지 못하는 것은 자신에게 문제가 있기 때문이 아니라 회사가 유독 '나'에게만 가혹하기 때문이라고 생각한다.

요즘 신세대 직장인들은 조금만 힘들어도 회사 문을 뛰쳐나가기 일쑤이다. 근본적인 이유는 20~30대 직장인들은 단군 이래 경제적으로 가장 윤택한 시기를 보낸 세대로 세상풍파를 경험하지 못해 스트레스에 대한 면역력이 없고, 이를 극복하는 심리적 복원력Resilience이 취약한 데 있다고 한다.

그러나 더 큰 이유는 10대 후반이 되면 자녀들이 정신적으로 독립해야 하는데 많은 헬리콥터 부모들이 이를 가로막고 있기 때문이다. 이런 식으로 부모의 헌신적이고도 열성적인 역할이 도리어 부메랑처럼 문제가 되어 자기에게 돌아와 또 다른 고민거리를 만들어 내고 만다.

최근 20년 동안 집 근처 체육관에서 이른 새벽 아침마다 운동을 같이 하던 선배를 오랜만에 만났다.

"형님 웬일로 이렇게 오래만이에요?"라고 묻자

"음, 아침 시간에 꼭 할일이 있어서."

"무슨 일인데요?"

"매일 아침 운동할 그 시간에 둘째 딸 회사 출근을 내가 시켜야 하거든."

"예?"

Q 다 자란 자녀들을 위해 보내는 시간이 많지는 않은가?

A 요즘 부모들은 다 자란 자녀들에게 허비하는 시간이 많다. 성인이 된 자녀의 일거수일투족에 간섭을 하는 것이다. 이는 부모와 자녀 모두에게 해가 된다. 자녀는 성인이 되었음에도 부모 없이는 아무것도 할 수 없으며, 부모는 자녀에게 온 신경을 집중하느라 노테크는 꿈도 꾸지 못하는 것이다.

부모는 고기를 잡아주기보다는 잡는 법을 알려주는 컨설턴트 역할에 만족하고, 자신의 노후를 제대로 준비해야 한다. 은퇴 후에도 끊임없이 일을 하는 모습을 보여준다면 자녀 역시 스스로 깨닫고 알아서 자신의 일을 해나가는 제대로 된 성인이 될 수 있다.

마음의 노숙자

몸이 멀쩡하고 일하는 데 문제가 없지만 마음의 의지가 망가져 제대로 기능을 하지 못하는 사람들이 요새 너무나 많다. 소위 '마음의 노숙자'들이다.

이들이 노숙자와 다른 점은 부모의 집이나 자신의 집에서 기거한다는 것뿐이다. 이러한 마음의 노숙자들이 우리사회에 점점 늘어나고 있다는 것은 고령화는 물론 출산율이 떨어져 경제인구가 줄어들고 있는 판에 사회적 문제가 아닐 수 없다. 더구나 더 큰 문제는 이러한 사람들이 젊은 일부 계층에 국한되지 않고 노년층까지 다양화되고 있다는 것이다.

가장 심각한 것이 '한국형 히끼고모리'이다. 원래 이 말은 '방안에 틀어박히다'라는 뜻인 '히키코모루'의 명사형이다. 일본 후생성이 '6개월 이상 자기 방에서 나오지 않는 사람'으로 기준을 제시한 히끼고모리ひきこもり는 일본의 경제가 버블 붕괴 후 고용환경이 악화된 상황에서 취업과 일에 대한 의욕을 상실한 사람들이 늘어나면서 본격적으로 증가했으며 이들은 자립심이 없다 보니 캥거루처럼 부모에게 의지해 생활한다.

이들은 일체의 사회적인 관계를 거부하고 방안이나 집에서 거의 나오지 않고 지내며, 다른 사람과 대화하지 않고, 낮에는 자고 밤에 일어나 TV나 비디오를 보며 인터넷에 탐닉하는 행태를 보인다. 히끼고모리는 일본에서 1970년대에 처음 등장한 것으로 알려졌으나 지금은 인구의 1% 선인 백만 명을 훨씬 넘다 보니 경제는 물론 사회적으로 심각한 문제가 되고 있다.

문제는 이러한 유형의 젊은이들이 한국에도 급격하게 늘고 있다는 사실이다. 이들은 일시적으로 할 일이 없는 실업자들과는 또 다르다.

아예 부모들이 숙식을 제공해야 하고 그늘과 보호 속에서 살면서도 세끼를 집에서 먹는 것 외에 스스로 하는 것은 아무것도 없다. 이들은 몸만 성할 뿐 길거리 노숙자와 크게 다를 게 없다.

공공조직은 물론 직장 내에서도 마음의 노숙자들이 많아지고 있다. 이런 사람들은 소위 밥값을 제대로 하지 못하고 조직에서 무임승차Free rider하면서 사는 사람들이다. 일례로 '패러사이트 미들Parasite middle'이란 말이 있다. 이 말은 기생충, 기생동물, 남의 둥지에 알을 낳는 뻐꾸기를 뜻하는 'Parasite'와 조직의 중간관리자를 뜻하는 'Middle'의 합성어이다. 중간관리직이지만 의사결정을 하지 않고 방관만 하면서 옛날이야기만 하는 45세 이상의 관리자를 지칭하는 말이다. 정보를 제공해도 소용이 없고, 보고서를 올려도 제대로 읽지도 않는다. 자신이 해야 할 일도 태연하게 부하에게 맡기고, 지시에 대해서도 위에서 시키니 어쩔 수 없다고 책임 회피적인 발언만 하는 관리자들이나 고참 사원들이다.

또 한 부류는 구조조정이나 명예퇴직으로 인한 조기 퇴직자들이다. 서양의 직장인들은 일생 동안 일을 하기 위해 수없이 직장이나 직업을 바꾸기도 한다. 그러나 우리나라 샐러리맨들의 경우는 해오던 일이 인생의 전부요, 일과 가정은 별개의 문제였다. 이들은 회사를 나오긴 했지만 딱히 할 일이 없다. 결국 매일 집에서 눈칫밥을 먹을 수는 없기에 정처 없이 밖을 헤매야 하는 노숙자처럼 되어버린다. 한참 일할 나이에 이런 사람들이 계속 늘어만 가고 있는 현실은 안타깝기 그지없다.

이밖에도 우리 주위에 노숙자들은 또 있다. 일과는 거리가 멀고 엉뚱한 도박이나 경마, 심지어는 주식이나 복권에 빠져서 정상적인 생활을 못하는 사람들이다. 가정은 파괴되고 외부 사람들과의 관계도 단절된 채 혼자 살아가는 사람들은 거리의 노숙자와 큰 차이가 없다.

바닥을 치면 일어서는 것은 비단 주식시세만이 아니다. 삶도 마찬가지다. 만약 바닥을 쳤다면 자리를 털고 일어나 얼굴 씻고, 수염도 깎고 공사판 잡일이든 청소일이든 찬밥 더운밥 안 가리고 두 손 걸어붙이며 나서야 한다. 어떠한 일이든 그 일을 통해서 노숙자의 신분을 털고 일어나야 한다.

마음의 노숙자들이 일어서려면 스스로 변화하려는 자신의 노력이 가장 중요하다. 또한 부모들도 자식들에게 무조건 껴안고 베풀기보다는 이들에게 자립심을 키워주고, 스스로 일어서도록 채찍을 가해야만 한다. 아울러 정부도 무조건 베풀기만 하는 무상복지가 아니라 일을 통해 일어서도록 하는 복지정책을 적극 시행해야 한다.

일본에서 마쓰시다 고노쓰께, 혼다 소이치로와 함께 3대 '경영의 신'이라 불리는 교세라 이나모리 가즈오 회장은 '왜 일하는가?'라는 물음에 이렇게 답하고 있다.

"일을 한다는 것은 자기 스스로를 단련하고 마음을 갈고 닦으며, 삶의 가치를 발견하기 위한 가장 소중한 행위다."

✤ 인생경영을 위한 셈본식 Q&A

Q 심리적 노숙을 하는 사람들이 주위에 있지는 않은가?

A 신체는 멀쩡하지만 마음이 망가져 자기가 해야 할 일을 제대로 하지 못하는 사람들이 늘고 있다. 일에 대한 의지를 상실하고 가정에 붙어 살거나, 직장 생활을 하더라도 자신을 역할을 전혀 못하는 사람들이다.

과도한 관심 때문에 자립하지 못하는 자녀가 '마음의 노숙'에서 벗어나게 하는 것은 물론, 주위에 그런 사람이 있다면 적극 도와야 할 것이다. 진정한 노테크는 '가치 있는 일'을 하는 것임을 잊지 말자.

일하는 벌과 노는 벌

벌은 어떤 벌들을 모아놓아도 전체의 20%는 열심히 꿀을 따고, 60%는 대충대충, 나머지 20%는 꿀 한 번 따오는 일 없이 늘 놀고먹는다고 한다. 또한 개미 사회에서도 놀고먹는 20%의 이 개미들을 제거해줘도 새로운 20%의 놀고먹는 개미가 생겨난다고 한다. 이러한 이야기는 단지 곤충들만의 이야기일까? 사회나 조직에도 이와 유사한 법칙이 존재하고 있다. 소설가 이순원 씨의 글에 다음과 같은 벌에 대한 우화가 있다.

한 마을에 벌을 치는 두 사람이 살았다. 같은 일을 하다 보니 알게 모르게 경쟁할 수밖에 없었는데, 두 사람 다 벌통을 하나씩만 가지고 있었다. 한 사람은 욕심이 많았고 다른 한 사람은 너그러운 사람이었다. 이들 두 사람이 가지고 있는 벌통엔 각각 천 마리의 벌이 들어있었다. 천 마리의 벌 중 2백 마리는 아침부터 저녁까지 열심히 꿀을 따오지만, 6백 마리는 대충대충 꿀을 따오고, 나머지 2백 마리는 제대로 꿀 한 번 따오는 적 없이 빈둥빈둥 놀고만 먹는 것이었다.

욕심 많은 주인은 마치 자기의 꿀을 놀고먹는 벌들이 도둑질해가는 것처럼 생각되어 놀고먹는 벌 2백 마리를 벌통 밖으로 쫓아버렸다. 쫓겨난 벌들은 갈 데가 없자 모두 옆집 벌통으로 들어왔다. 그래서 이쪽 집 벌통엔 8백 마리의 벌이 있고, 저쪽 집 벌통엔 천 2백 마리의 벌이 있게 되었다.

가을이 되어 참 이상한 일이 벌어졌다. 욕심 많은 집 사람의 벌통엔 겨우 8백 마리의 벌이 먹을 꿀이 들어있었고, 이쪽 집 벌통엔 천 2백 마리의 벌이 먹을 꿀이 가득 들어 있는 것이었다. 욕심 많은 사람은 벌통 안을 자세히 살펴봤더니 8백 마리의 벌 가운데 160마리만 열심히 꿀을 따오고, 480마리는 대충대충 꿀을 따오고, 다시 160마리는 놀고먹고 있었다. 욕심 많은 사람이 저쪽 집 벌통에 몰래 가 보았더니 거기엔 천 2백 마리의 벌 가운데 240마리가 열심히 꿀을 따오고, 720마리는 대충대충 따오고, 240마리는 놀고먹는 것이었다. 전체에서 놀고먹는 20%는 변화가 없었던 것이다.

회사 조직에서도 이와 유사한 비율의 법칙이 있다. 아무리 우수한 집단이라고 해도 그렇고, 그렇지 않은 집단이라고 하더라도 ABC 룰이 적용된다. 예를 들어 우수한 사람들만으로 구성한 집단이라 해도 일정 시간이 지나면 구성원들은 ABC로 분류된다. 따라서 선진기업들은 이러한 문제를 해결하기 위해서 성과나 역량에 따라 처우나 보상을 달리하는 '성과주의 인사제도'를 도입하고 조직 구성원들을 한 틀이 아닌 유형에 따라 인사관리를 하고 있다.

글로벌 기업들은 성과 부진자를 'C-Player'라고 부른다. 우수한 운동선수들을 스카우트할 때 'A-Player'로 부른 데서 나온 말이다. 'C-Player'인 성과 부진자들을 제대로 관리하지 않을 경우 조직성과의 질이 떨어져 경쟁력을 상실하게 될 우려가 있다. 이들은 업무를 제대로 소화하지 못하기 때문에 다른 구성원들이 이들의 업무까지 떠맡게 될 소지가 있고 성과가 좋은 구성원들의 조직 분위기까지 떨어뜨릴 수 있다. 이 때문에 성과 부진자는 어떤 식으로든 관리를 해야 한다.

필자가 현장에서 컨설팅을 하거나 인사제도 진단을 나갈 때마다 놀라는 일이 있다. 회사들은 신입사원이나 중견사원을 입사시키는 입구入口는 여러 방법으로 관리하고 있지만, 퇴직하는 출구出口를 전혀 관리하지 못하고 있다는 사실이다. 입구만 있고 출구가 없다 보니 인사적체가 생기면서 고임금, 고직급 구성원들이 해마다 늘고 있는 반면, 생산성이나 효율은 점점 떨어질 수밖에 없다. 신입직원은 아예 신규채용이 동결된 지 오래고 인원구성 비율을 보면 항아리형이나 역피라미드형으로 되어있어 조직에 심각한 문제가 발생하고 있다.

단적인 예를 하나 들어보자.

모 자동차 국내영업본부에는 이른바 '012부대'라는 것이 있다. 무슨 특수 조직처럼 들리지만, 1년 내내 차를 한 대도 못 팔거나(0) 한두(1~2) 대밖에 못 파는 영업사원들을 칭하는 말이다. 문제는 이 '012부대'의 규모가 갈수록 커지고 있고, 이미 012부대 규모는 전체 영업사원의 10%를 넘어설 추세다. 더 큰 문제는 차를 한 대도 팔지 못한 영업사원도 연봉의 70%를 기본급으로 가져가고 있다는 데에 있다. 그렇다고 판매실적이 부진하다는 이유로 이들을 해고할 수도 없다. 법적으로도 한계가 있고 노조의 눈치를 봐야 하기 때문이다.

출구관리 제도를 보이지 않는 손에 의해 작동시키는 인사관리제도가 바로 GE나 삼성의 인사제도다. '하위 10%를 관리해야 한다.'는 주장은 제너럴 일렉트릭GE의 전 회장인 잭 웰치의 '활성화 곡선Vital Curve'에서 잘 엿볼 수 있다. GE 회장으로 부임한 잭 웰치는 거대한 공룡을 살리기 위해 조직 구성원을 상위Top 20%, 중추부 70%, 하위 Bottom 10%로 나누었다. 상위 20%는 핵심인재로 구분해 중점 관리하고 중간 70%는 육성했다. 그러나 나머지 하위 10%의 성과 부진자들에 대해서는 직급에 관계없이 '상시퇴출제도'를 운영하여 조직의 신진대사를 촉진시키고 있다.

인력의 활력 곡선 Vital Curve

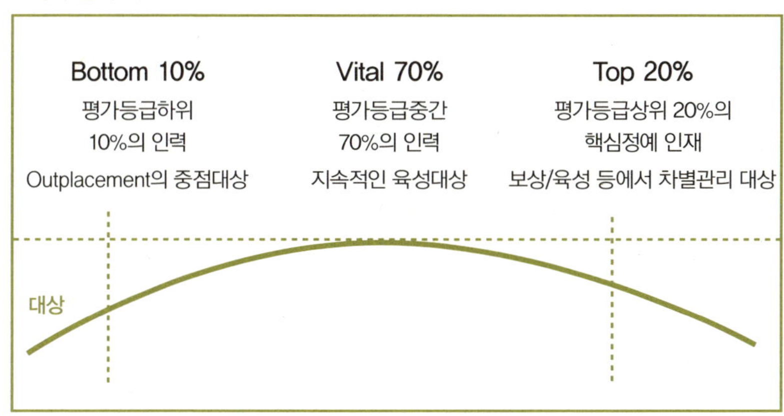

발췌 : 잭웰지의 「끝없는 도전과 용기」

'메기론'은 경쟁원리를 기본으로 하는 삼성의 인력관리 원칙의 핵심이다. 미꾸라지를 키우는 논 두 곳 중 한쪽에는 포식자인 메기를 넣고 다른 한쪽은 미꾸라지만 놔두면 어느 쪽 미꾸라지가 더 자랄까? 메기를 넣은 논의 미꾸라지들이 더 통통하게 살찐다. 이들은 메기에게 잡아먹히지 않기 위해 더 많이 먹고 더 많이 운동하기 때문이다.

이러한 제도를 버스 운전사식으로 비유하면 이해하기 쉽다. 버스에 일정한 인원을 태우고 가다가 정거장마다 사람이 타는 만큼 내려보내는 보이지 않는 손Invisable hand이 있는 것이다. 즉 버스 기사는 정거장마다 문을 열고 닫기만 하는데 일정 손님이 소리없이 자기 목적지에 다다르면 스스로 하차를 한다. 그리고 다른 손님들이 다시 승차한다.

GE나 삼성은 확실하게 ABC인재관리 시스템이다. 그 많은 사람들이 능력이 없어서 나가는 것이 아니다. 경쟁시스템을 통해서 소리없이 내보내기도 하고 스스로가 나가기도 하면서 버스처럼 계속 달려가고 있는 것이다.

일반 회사에서 하위 10%를 쉽게 내보내기란 쉬운 일이 아니다. 법적 제약도 많고 노조가 있는 회사의 경우 더욱 어렵다. 특히 평가 기준이 엉터리라면 누구도 승복하지 않는다. 이를 위해서는 성과 부진자 관리원칙을 명확히 한 다음 그 내용을 직원들 모두가 공유해야 한다.

회사가 성과 부진자를 관리하는 이유는 퇴출이 목적이 아니라, 궁극적으로 성과주의 문화를 구축하기 위한 점이라는 사실도 명확하게 알려주어야 한다. 그래야 조직의 혼란을 막을 수 있다.

어느 조직이든 꼭 내보내야 할 사람들이 있다. 요즘 기업현장을 가보면 조직에 기여하지 못하고 봉급만 축내는 사람들이 회사에 안주하고 있는데도 이를 처리하지 못해 전전긍긍하는 회사들이 너무나 많다.

입사를 정하는 입구관리도 중요하지만 처음부터 버스기사처럼 손님을 갈아 태울 출구가 있는 인사제도가 어떤 형태로든 꼭 필요한 시점인 것 같다.

Q 조직에 효율적인 인사제도를 적용하였는가?

A 중소기업의 입구만 있고 출구는 없는 비효율적 인사제도는 회사에 고임금, 고직급이라는 부담을 늘리고 성과 부진자들은 사내 분위기를 해친다. 당신이 관리자 입장에 있다면 회사 구성원에게 성과 부진자 관리는 퇴출이 목적이 아닌, 성과주의 문화 구축이라는 사실을 항시 교육시키고 출구가 명확한 인사제도 확립에 힘을 써야 할 것이다.

하인리히 법칙의 경고

"우리의 사랑은 바람과 같아서 볼 수는 없지만 느낄 수는 있다.

당신에게 감사해. 로즈, 약속해… 살아남겠다고… 약속해 줘… 로즈… 약속해 줘…"

영화 〈타이타닉〉에서 초호화선이 두 동강이 난 채 바다 속으로 침몰하기 직전 17세 소녀 로즈와 청년 잭이 사랑을 확인하는 대화 중 하나다.

아울러 아수라장 속에서 끝까지 키를 잡고 배와 함께 죽음을 맞이하는 선장과 그대로 침대 속에서 죽음을 맞이하는 어느 노부부, 또 배의 교향악단 연주자들이 끝까지 연주를 하는 장면들은 잊을 수 없는 기억들이다.

하지만 영화의 한 장면일 뿐, 타이타닉호의 침몰은 상식상으로는 있을 수 없는 초대형 사고였다. 거대한 빙산과 충돌했으니 인간의 힘으로 어쩔 수 없는 천재天災라고 치부하면 할 말이 없다. 그러나 수많은 사람들이 타이타닉호의 사고를 파헤친 결과 타이타닉호의 사고는 처음부터 끝까지 인재人災였던 것으로 밝혀졌다.

타이타닉호의 함장으로서 62세의 백전노장이자 부호였던 에드워드 스미스는 당대 최고의 함장이었고, 당시 그 배는 어디에도 비길 데

없는 뛰어난 기술과 화려함, 최고의 안전성을 보장하며 멋지게 첫 항해를 시작했다. 하지만 항해 몇 일전에 출발한 유람선으로부터 빙산을 주의하라는 무선 경고를 열 차례 이상 받았고 당일에도 일곱 차례의 경고가 있었지만 '닥쳐' 이 한마디로 경고나 우려를 무시해버린 스미스 선장은 기수를 약간 남쪽으로 돌린 채 과속을 했다. 더구나 그날 오후, 타이타닉호가 지나가는 항해경로에 커다란 빙산이 놓여 있다는 아메리카호의 메시지조차도 타이타닉호에 전해지지 않았다.

타이타닉호는 선체의 바닥 부분에 모두 16개의 방수구역이 있었는데, 이 중 4개까지 물이 들어와도 침몰하지 않게 설계되어 결코 침몰하지 않는 '불침선不沈船'이라 불렸기 때문에 화려한 외관을 이유로 배에 실려 있었던 구명보트는 불과 20척밖에 안 되었다.

사고가 난 이후의 대응은 한심하기까지 했다. 배가 침몰할 당시 구명보트 두 개는 여전히 배에 매달려 있었고, 구명보트의 정원에 훨씬 못 미치는 사람을 태워 1,178명 정원에 겨우 711명만 탔다. 심지어는 여성과 아이들을 우선 배려한다는 명분 때문에 빈자리에 남성들을 태우지도 않았다.

빙산과 충돌한 지 약 2시간 40분 후에 타이타닉호는 1,513명의 목숨과 함께 차가운 바다 속으로 가라앉았다. 이 사고는 지금까지도 사상 최악의 해난사고로 기록되고 있다.

"제비가 낮게 날면 곧 비가 온다."는 말이 있다. 이는 먹이인 잠자리가 공중의 습기에 날개가 젖지 않으려고 낮게 날기 때문에 제비도 낮게 난다는 것이다. 지진이나 화산폭발 같은 자연재해도 갑자기 일어나는 것이 아니다.

천재지변 사전에 뱀이나 쥐들은 여러 징조들이 있다는 사실을 안다. 중국 쓰촨성의 지진 때 두꺼비들의 대이동이 있었듯이 대부분의 동물들은 그 징조를 미리 알아차리고 대피하지만 유독 만물의 영장이라고 자칭하는 인간들만이 알지 못한다.

한 번의 대형사고가 일어나기 전에는 여러 번의 작은 사고가 지나가고 여러 가지 잠재적인 징후들이 앞서거니 뒤서거니 하면서 우연처럼 겹쳐지면 큰 사고로 이어진다.

이처럼 '중대한 사고가 나기 전에는 반드시 어떤 징조가 있기 마련'이라는 법칙이 하인리히 '1:29:300'의 법칙이다.

즉 큰 재난이 한 번 일어나기 전에는 29번의 경미한 사고가 있었고 29번의 사고가 발생하기 전에는 300회에 이르는 징후가 있었다는 것이다.

1920년대 미국의 트래블러스 보험사의 통계담당자였던 하인리히는 노동재해가 발생하는 과정에 대해 7만여 건의 실증연구를 실시하면서 이를 우연히 발견했다고 한다.

실패의 전조를 무시해 일어난 대형 참사의 대표적 사례로는 삼풍백화점 붕괴사고가 손꼽힌다. 백화점 직원들은 건물 붕괴(1) 전에 나타난 붕괴 조짐에 대해 수십 차례 경고(29)를 했다. 백화점은 부실 건축물이었다. 구조적인 건축 하도급 비리 사슬 때문에 철근과 콘크리트에 들어가야 할 비용이 뇌물로 둔갑해 시공업체와 공무원의 호주머니로 들어갔다(300).

요컨대 삼풍백화점 붕괴사고 전에 30가지 정도의 작은 실패가 이미 있었으며 사고 직전에는 300가지의 징후가 보인다는 하인리히 법칙을 무시해서 일어난 인재인 셈이다.

요즘 과거에는 생각지 못했던 대형 사고나 사건들이 국내외에서 줄을 잇고 있다. 그중 하나가 일본의 원전사고다. 지금은 전문가의 시대다. 그러나 지식이나 경험이 많은 전문가에게도 맹점이 있다. 세계 최고라는 일본 전문가들의 오만이 오히려 넓은 시야나 참신한 아이디어를 가로막아 저주curse of experts를 받고 있는지 모를 일이다.

개인의 경우도 안전의식은 항상 최악의 가능성을 염두에 두고 대비해야 한다.

예를 들어 산행도 계절에 따른 각기 다른 준비가 있어야 한다. 무박산행이나 야간산행은 일반산행과는 다른 준비가 필요하며 장시간 장거리 산행의 경우도 단순 산행과는 또 다른 준비가 있어야 한다.

"예전에도 그렇게 해왔는데 설마 무슨 일이 일어나겠느냐?"는 식의 안일한 태도는 항상 사고를 부르게 마련이다.

하인리히 법칙처럼 회사나 조직에서의 위기는 어느 날 갑자기 찾아오는 것이 아니라 반드시 예견할 수 있는 경고성 전조나 징후를 동반하므로 평소에 조금만 관심과 주의를 기울인다면 그러한 사고를 사전에 충분히 예방할 수 있다.

아주 작은 부분의 각종 위험요소를 세심하게 살피고 관리하는 것, 이전의 사고와 실패의 원인을 철저히 분석하여 추후 유사한 사고가 재발되지 않도록 유비무환有備無患의 자세로 임하는 것만이 또다시 닥칠 수 있는 사고의 위기를 막을 수 있는 최선의 방법이다.

"위기는 새벽의 도둑처럼 몰래 찾아들어온다고 하지만 작은 증후가 나타날 때 사전에 대비하고 준비한다면 무서울게 없지 않을까?

우리는 그 일이 일어날 것이라는 사실을 모르기 때문이 아니라, 그런 일이 일어나지 않을 것이라는 막연한 믿음 때문에 위험에 처하게 된다."는 마크 트웨인의 명언은 귀담아 들을 필요가 있다.

✩ 인생경영을 위한 셈본식 Q&A

Q 갑작스러운 사고에 대해 늘 대비하는가?

A 사실 위기나 사고는 갑자기 닥치는 것이 아니다. 이전에 수십, 수백 번의 징조를 동반한다. 자신이 어느 분야의 전문가이더라도 위기가 언제 올지, 위기에 어떻게 대응해야 할지는 완벽히 알 수 없다. 평소 끊임없는 주의를 통해 위기를 예방하는 것이 최선인 것이다.

피터 드러커

경영의 아버지라 불리는 피터 드러커는 '최후의 경영 르네상스'라는 칭호만큼이나 다양한 분야에서 방대한 연구와 미래 비전을 제시하였으며 96세로 타계하기까지 무려 39권의 명저를 남겼다. 그는 유능한 경영자, 혹은 위대한 리더가 되기 위해 필요한 것은 천재적인 능력이 아니라 고된 작업을 반복해서 수행할 수 있는 성실함이라고 말했다.

이는 비단 경영자뿐만 아니라 지식경제 시대를 살아갈 모든 사람에게 유용한 비전과 교훈을 담고 있다고 할 수 있다.

또한 피터 드러커는 지식근로자가 목표를 달성하기 위해 익혀야 할 습관적인 능력이 있다고 했다.

이것은 근로자들에게 미미하더라고 그들만의 시간을 주어야 하고 그들의 강점을 살려 성과를 내도록 하며 우월한 성과가 월등한 결과로 연결될 수 있도록 하고 스스로 목표달성을 위한 의사결정을 내릴 수 있도록 해야 한다고 말했다.

즉, 맡은 일을 먼저 고려하는 것이 아니라 사용가능한 시간을 고려하여 실제 사용시간을 먼저 기록 → 관리 → 통합하여 내가 무엇을 공헌할 수 있을까?를 도출하게 하여 조직의 가치를 창출하게 하여야 한다고 했다.

이를 위하여 자신이 가진 지식의 산출물의 유용성에 관심을 가져야 하며 이를 통하여 조직 내 커뮤니케이션, 팀워크, 자기계발, 인재 육성 등 강점을 찾아야 한다고 하였다.

피터 드러커는 모든 경영자들에게 각자가 시간을 어떻게 사용하고 있는지에 대해 정확히 기록해보라고 권유한다. 그러면서 이 작업이 결코 쉽지 않기 때문에 끝까지 하는 사람은 거의 없다는 말도 덧붙였다.

"나는 내 비서에게 9개월마다 한 번씩 3주라는 기간 동안 내가 일한 시간을 통계 내달라고 부탁하곤 합니다. 하지만 이미 5~6년이 지난 지금까지도 나는 그 결과를 보면 '이럴 수가! 내가 시간을 허비하고 있다는 사실을 알고 있긴 하지만 설마 이 정도라니! 이건 말도 안 돼!'라며 화를 냅니다. 나보다 좋은 결과를 낼 수 있는 사람이 있는지 정말 궁금하군요."

자신이 가지고 있는 나약함과 허점, 실수 등을 스스로 공개하고 인정하기 위해서는 대단한 용기가 필요하다. 자기 자신을 깊숙이 들여다보며 철저히 비판할 수 있는 사람은 장 자크 루소나 톨스토이 정도의 대가여야 한다는 드러커의 말에 충분히 동감한다.

이처럼 피터 드러커는 생전에 나이에 관계 없이 식지 않는 열정과 자기 개발을 통해 수많은 업적을 남겼다. 특히 청년 시절부터 음악, 통계학, 역사학, 일본 미술, 경제학 등 3~4년마다 주제를 변경하면서 공부를 했다. 결국 젊었을 때의 이런 습관이 60년 이상 지속되었다. 그래서 저서의 절반이 60세가 지나서 쓴 책들이다.

Part 3 빼기의 장

그릇이나 컵은 비우지 않으면 아무 것도 채울 수가 없다. 인간의 마음이나 의식도 매한가지다. 과거나 현재는 미래라는 빈칸이 기다리고 있기 때문에 중요하고, 새로운 미래로 가는 발판이 된다. 하지만 과거에 화려했던 경력이나 지위에 발목이 잡혀 남은 생을 위해 아무것도 못하는 사람도 많다. 성공한 사람일수록 또 다른 삶으로 가는 위해서는 과거에 대한 집착과 안 좋았던 습관부터 과감히 떨쳐 버려야 한다.

minus

안락 속의 위험

키위Kiwi새의 자만심

"누가 너를 새라고 할까
날개는 있어도 날지 않는 걸
모두에게 펼쳐진 하늘이지만
각자 자기 햇살 모으기에 바쁜 세월
한평생 어둠에 부리를 묻고
슬픔을 쪼며 혼절한 영혼
이따금 심연의 땅에서 꽃을 피워보려 하면 할수록
더 깊이 더 멀리 추락하는 순백의 꿈
땅만 파헤치는 긴 체념의 함정을
무엇으로 벗을까
푸른 하늘 날아오르게 할
은빛 날개 간질여주고 싶어."

앞의 시처럼 키위새는 날개가 있어도 날지를 못한다. 그러나 키위새도 원래는 독수리처럼 창공을 날던 새였다.

이 새는 부엉이나 올빼미처럼 야행성이라 낮에는 은신하다가 밤이 되면 '키~위~' 하는 소리를 내며 활동하고 땅을 파 굼벵이 같은 조그만 벌레들을 잡아먹으며 사는 초라한 신세가 되고 말았다. 현재는 멸종의 위기에 있다 보니 뉴질랜드의 국조國鳥로 지정되어 철저하게 보호받고 있다.

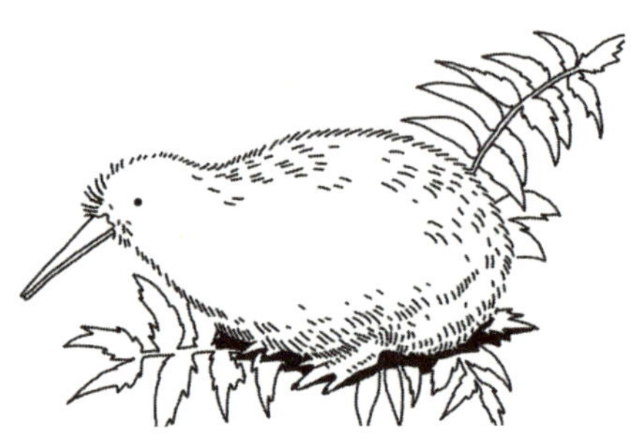

뉴질랜드는 이 지구상에 포유류가 생성되기도 전인 수억만 년 전 큰 대륙의 일부였던 곤두아나 랜드에서 떨어져 나와 오랜 세월 동안 고립된 섬으로 존재해온 까닭에 이곳에는 다른 대륙과는 달리 독자적인 진화의 길을 걸어온 특이한 동물과 식물들이 많다.

이곳 원주민인 마오리들이 태평양의 어디선가 약 천 년 전 이곳에 이주해오기 전까지 포유류가 존재하지 않았다.

그래서 키위새들에게는 천적이 없고, 풍부한 먹이 덕분에 날아다닐 필요가 없다 보니 아예 날개가 퇴화되어 버렸다. 날지 못하는 키위새들은 이곳에 마오리족이 이주하게 되면서 재앙을 맞게 되었다. 사람들과 함께 이주해온 개, 고양이, 돼지, 들쥐와 같은 포유류들은 순식간에 이곳의 키위새들을 멸종위기로 내몰았다. 비대하고 동작이 둔한 이 새들은 새로운 침입자들의 공격에 전혀 무방비일 수밖에 없었다.

거의 유사한 이야기가 있다. 루이스 캐럼이 쓴 동화『이상한 나라의 앨리스』에 나오는 도도새 이야기다.

도도새는 인도양 가운데 있는 작은 섬 모리셔스에 살고 있는 새다. 자연환경이 에덴동산처럼 아름다운 곳이라 먹이가 많고 천적이 없어서 날아 다닐 필요 없이 여기저기 널려져 있는 먹이를 먹으면 되고 먹이가 풍족하다 보니 먹이를 잡으려 애쓸 필요도 없었다.

그런데 포르투갈 선원들이 이 섬에 처음 발을 디디게 되면서 재앙이 닥치게 되었다. 도도새는 날 줄도 도망갈 줄도 몰랐다. 그저 멍청이 사람들을 바라볼 뿐이었다.

더구나 사람들이 잡아도 가만히 있었다. 사람이 무엇인지도 몰랐다. 그래서 포르투갈 선원들은 이 새 이름을 '도도'라고 붙였다. '멍청이, 바보'라는 뜻이었다. 사람들이 이 섬을 발견한 이후 본격적으로 이주하여 살기 시작하자 다 잡혀먹고 결국 이 새들은 멸종되고 말았다.

원래 인간은 편하고 그동안 해왔던 대로 살아가는 방식을 추구하게 마련이다. 그러나 편하고 안락함이 좋은 것만은 절대 아니다. 안락 속에는 위험이 도사리고 있다.

불안이나 긴장은 신체적 안전에 위협이 되지만 지나친 불안감이나 긴장으로 인해 실제적인 위험에 대한 반응으로 생기는 공포와는 구별된다. 일상생활에서 어느 정도 불안이 나타나는 것은 불가피하며, 이것은 오히려 정상의 궤도를 달려가는 데 도움을 준다.

과도한 스트레스와는 다른 '건전한 긴장감이나 불안감'은 새로운 동기를 불러일으키는 방아쇠 역할을 한다. 오히려 큰 성공은 불안 속에서 잉태한다. 반면에 한번 성공했다고 거기에서 멈추고 만다면 더는 안전지대가 아니다.

헤라클레토스의 말처럼 "이 세상에 모든 것은 변한다."는 것과 "개인이든 기업이든 국가든 환경과 변화에 적응하지 못하면 결국 쇠망의 길을 걸을 수밖에 없다."는 것을 부정할 수가 없다.

우리는 지금 단절의 시대斷絶의 시대時代에 살고 있다. 과거에 성공을 가져왔던 경험이나 화려했던 경력이 급변하는 새로운 경영환경 하에서는 더 이상 힘을 발휘할 수 없게 되는 것처럼 간부나 리더들이 변화를 하지 못하면 앞에서 이야기한 키위새나 공룡이 쇠락하는 모습처럼 원래의 모습을 유지할 수가 없다.

지금 세계에는 개인은 물론 조직이나 회사, 나아가 국가경제에 이르기까지 '경쟁력이 없으면 퇴출'이라는 거센 회오리바람이 불고 있다.

요즘의 샐러리맨, 특히 간부들이 과거처럼 조직의 보호를 받으며 살아간다는 것은 이미 옛날이야기가 되어버렸고 경쟁력과 생존이라는 잣대와 공식 앞에 변화와 위기를 강요받으면서 살고 있는 것이다. 변화의 시대에는 익숙한 곳, 그 밖에 답이 있는지 모른다. 따라서 익숙한 것들과의 이별연습이 곧 변화의 시작이다.

Q 안락함 속에서 질식사 하고 있지는 않은가?

A 안락함을 찾는 것은 인간의 본능이지만 평소에 적절한 긴장과 불안을 유지시키지 않는다면 삶은 나태하고 무기력해진다. 자신이 편하고 좋으면 그 안에서 나오려고 하지 않기에 삶은 이산화탄소로 가득 차버린다. 항상 과도하지 않은 긴장을 유지하고, 시대가 요구하는 경쟁력을 키워야만 치열한 경쟁 사회에서 도태되지 않는다.

계영배戒盈杯의 교훈

　얼마 전 KBS에서 일요일에 방영하는 <진품명품>에 조선 시대에 백자로 만들어진 계영배라는 술잔이 출품되었다. 새삼 우리 조상들의 지혜가 놀라웠다. 계영배戒盈盃라는 술잔은 노자의 도덕경道德經에 나오는 말로서 술잔의 7부까지만 채워야지 그 이상을 부으면 이미 부은 술마저도 순식간에 사라져 버리는, 즉 '넘침을 경계하는 잔'이라는 의미를 가지고 있다.

　과음을 경계하기 위해 술이 일정 이상 차오르면 모두 새어나가도록 만든 과유불급過猶不及의 의미를 일깨워주는 절주배節酒杯이며 인간의 끝없는 욕망을 경계하며 나누고, 억제하고 적당히 만족할 줄 아라는 삶의 지혜가 담긴 교훈적인 잔이다.

　이 신비한 술잔은 조선시대 거상 임상옥이 갖고 있던 '계영배'라는 도자기 이야기로도 유명하다. 이는 한 도공의 인생 역정이 빚어낸 영물이었다. 전설에 따르면 도공의 이름은 유명옥으로 탁월한 재주를 가진 자였다. 그는 마치 도를 닦듯이 자연을 관찰했고, 수없는 시도 끝에 마침내 하얀 눈의 빛을 머금은 백자를 만들어 왕에게 진상하기에 이르렀다.

　그 후 돈방석에 앉은 유명옥은 유명세를 이기지 못하고 주위의 꼬임에 넘어가 주색잡기에 빠지게 됐다. 술독에 빠진 그의 작품은 더이상 예전 같지 않았다. 자신만의 예술혼은 찾아볼 수 없었고 교만한 기교만 부리다가 얼마 못 가 시장의 주정뱅이로 전락하고 말았다. 재물을 모두 탕진한 그는 다시 스승을 찾아가 눈물로 참회하고 새로운 삶을 시작한다. 한동안 세상을 등지고 두문불출하며 고심 끝에 무언가를 만들기 시작했다. 어느 날 유명옥이 스승께 작은 술잔을 바쳤는데 그것이 바로 계영배였다. 자족함을 알지 못하고 넘치면 모두 잃는다는 유명옥의 뼈저린 깨우침과 장인정신의 혼이 담겨 있는 명품이었던 것이다.

계영배에 얽힌 또 하나의 유명한 이야기가 있다. 조선시대의 거상 임상옥의 수중에 들어간 계영배에 얽힌 스토리는 이렇다. 계영배의 참뜻을 알지 못한 임상옥이 술을 계영배에 몇 번이나 담아도 모두 사라지자, 진노하며 요망한 물건이라 하여 잔을 깨버리고 만다.

그러자 그 안에 혼을 담은 도공 유명옥도 함께 죽어 임상옥이 크게 뉘우쳤다는 전설 같은 이야기다. 이후 그는 돈과 지위, 명예 그리고 사랑도 전체의 7부까지만 채우고 그 이상은 절제하거나 양보하는 삶의 태도에 참된 행복과 성공이 있음을 깨닫게 되고, 인간의 욕심을 경계하라는 지혜를 얻게 되어 마침내 조선 최대의 거상이 된다.

'학력과 도력은 반비례한다'는 말이 있다. 예술과 도의 세계에 학력이 무슨 소용이 있겠는가. 각자의 영역에는 적정선을 지켜야 할, 보이지 않는 계영배가 있다. 유유히 흐르는 물처럼 술 또한 잔에 반쯤 찰랑거릴 때가 아름답다. 진정 어린 혼이 담긴 예술작품은 비록 그 형태가 사라지더라도 시대를 초월해 그 참다운 가치가 영원히 남게 된다. 계영배의 전설은 비움이 얼마나 큰 만족인가를 일깨워준다. 마음을 비우고 살아가는 것이 정말 필요하지만 사실 이를 제대로 실천하고 산다는 것은 절대 쉬운 일은 아니다.

요즘 우리 주변을 둘러보면 계영배 정신이 점점 사라진다는 느낌이 들어 쓸쓸해진다. 특히 최근 언론 매체에 불미스러운 일로 오르내리는 인사들의 면면을 보면 더욱 그렇다. 그들을 보면 다들 평범한 사람들은 감히 근접하지 못할 커다란 업적이나 공을 남겼고 개인적 명예를 차지하였다.

하지만 스스로 만족하고 절제하는 사람들은 찾기 어렵다. 대부분이 명예나 권력을 얻은 것에 그치지 않고 부富까지 챙기려다 모두 잃어버리고, 심지어는 감옥 신세를 지는 우를 범하는 경우가 대부분이다.

"쌀뒤주에 사는 쥐가 쌀을 아끼다가 굶어 죽었다."는 우스갯소리가 있다. 요즘 월가의 탐욕을 비판하는 99%의 반란이 거세게 일고 있는데 우리나라도 예외가 될 수 없다. 세상살이가 끝없는 물욕으로 진행되다 보면 결국 욕망의 노예가 되어 서로 배려하고 나누고 섬기지 않고 서로 파괴하고 지배하려는 현실과 마주하게 된다. 그럴 때일수록 계영배의 교훈을 되새기고 우리가 나아갈 길에 대해 고민해 볼 필요가 있다. 조금만 조금만 하는 욕망이 우리가 가진 모든 것을 앗아가 최악의 결과를 가져올 수 있는 것이다.

계영배와 마찬가지로 연꽃도 비슷하다. 법정스님의 글 중에 나온 연꽃에 대한 비유를 보면 다음과 같다.

빗방울이 연잎에 고이면 연잎은
한동안 물방울의 유동으로 일렁이다가
어느만큼 고이면 수정처럼
투명한 물을 미련 없이 쏟아 버린다.
그 물이 아래 연잎에 떨어지면
거기에서 또 일렁이다가
도르르 연못으로 비워 버린다.
이런 광경을 무심히 지켜보면서,
연잎은 자신이 감당할 만한 무게만을 싣고
있다가 그 이상이 되면 비워버리는구나!

아리스토텔레스도 중용을 통하여 행복을 달성할 수 있다고 하였다. 그 말을 해석하면 계영배의 교훈과 일맥상통한다. 아리스토텔레스의 중용처럼 절제하고 부족한 듯 사는 것이 삶의 지혜라는 것을 계영배라는 도자기를 통하여 새삼 배운다. 넘쳐나는 정보의 홍수 속에서도 우리는 항상 자신의 마음을 다스리는 도구가 있어야 하겠다.

더구나 빠르게 진행되고 있는 정보화시대의 산업구조 속에서는 '내가 누구인가?'라는 자아 정체성을 잃어가고 있는 것은 아닌지 스스로 반성하는 기회도 필요하다. 중용의 삶, 계영배의 삶으로 서로 배려하고 나누고 섬기며 더불어 사는 아름다운 지혜가 현재 심각한 양극화, 고물가, 청년실업 등이 겹쳐 경제적으로 매우 어려운 상황에서 돌파구를 여는 길 중의 하나임에 틀림없다.

어쩌면 계영배의 깊은 교훈은 국민 일인당 GNP 2만 불의 선진국 문턱에서 제자리 뛰기만을 하고 있는 '대한민국호'에게 가장 필요한 덕목인지도 모른다.

✦ 인생경영을 위한 셈본식 Q&A

Q 넘치는 욕심에 스스로를 잃고 말 것인가?

A 누구나 인정하는 명예와 권력을 얻고도 욕심 때문에 망가지는 사람들을 흔히 볼 수 있다. 곡간이나 재물이 가득하기 때문에 반드시 행복해지지는 않는다. 현대는 물욕이 넘치는 시대이다. 끊임없이 절제하고 '내가 누구인가?'라는 질문에 답하며 자아정체성을 찾는 것만이 스스로를 망치지 않는 길이다.

멋지게 헤어지는 연습

30년 전 삼성에 입사한 동기생들이 부부 동반으로 모처럼 한자리에 모였다. 입사 이후 지금까지 같은 회사에 근무하는 동기생들은 200여 명 중 겨우 네 명에 지나지 않았고 같이 몸담았던 조직에서 뿔뿔이 헤어져 만난 모습들은 아주 다양했다. 자영업을 하는 사람, 직장을 옮겨 임원으로 근무하는 사람, 아무일도 하지 않고 있는 무소속 등인데 무소속이 가장 많았다.

외모를 보니 아랫배는 나오고, 머리숱이 숭숭 빠진 모습, 백발이 성성한 머리들을 하고 있었다. 앞만 보고 겁 없이 달려만 왔던 계급장이자 자화상이다.

저녁 식사를 끝내고 돌아가며 자기 근황을 이야기하는 순서가 되었다. 스스로가 팔불출八不出이라 자칭하면서 와이프 자랑하는 친구, 자식·손자 자랑하는 친구도 있었지만 대부분이 이제 힘든 여정을 걸어왔으니 잠시 쉬기도 하면서 건강하게 오래 사는 방법에 관한 관심이나 취미들이 공통의 화젯거리였다.

마지막으로 전자계열사에서 부장으로 근무하다 약 10년 전 그만둔 친구에게 차례가 왔다. 머리숱이 거의 없고 평소 말이 없었던 L친구가 마이크를 잡자 "서울시에서 가장 친절한 택시기사, 나는 행

"

복한 사내입니다."라고 입을 열면서 5개월 전부터 택시기사로 딴 세상을 살아가고 있는 이야기를 시작했다.

그 순간 동기들 사이에서 "오우~~" 하는 동정인지 감탄인지 모를 소리가 들렸다. 하루 12시간 일을 하고 104,000원을 사납금으로 입금해야 하는데 모두 입금하고 나면 월급이 100여만 원이 나오고 모자라면 월급에서 그 금액만큼 공제하고 나온단다.

그런데 자신은 택시 운전을 하다 보니 새로운 사실을 알게 되었다는 것이다. 다 아는 이야기이지만 누구나 기피한다는 3D^{Dirty, Difficulty, Dangerous}라는 것이 있는데 택시기사를 하면서 뉴 3D를 발견했다는 것이다. 우리들은 택시기사라는 게 그렇게 어려운 직업이니 당연한 이야기겠다 싶었는데 우리들의 상상을 초월하는 이야기였다.

첫 번째 Delight. 회사 다닐 때는 상사, 때로는 부하의 눈치도 보아야 하고, 스트레스가 여러 가지로 많았는데 택시 운전하다 보니 그런 것에 신경을 안 써도 되더라는 것이었다. 대신 손님을 발견하면 매우 기뻐진다는 것이었다. 기뻐지는 것이 또 나만이 아니더라는 것이었다. 손님들은 대개 오래 기다리다 택시를 타면 이렇게 말한다고 했다.

"어디 있다 이제야 나타났느냐? 20분이나 택시 못 잡고 있었는데…"

그러면 자기도 이렇게 대꾸를 한다고 했다. "어디 있다 이제 나타나셨소! 난 손님이 없어 30분을 헤맸는데…"

두 번째 Dynamic. 회사 다닐 적에는 매일 같은 사무실에 출근하며 같은 자리에서 같은 일을 하다가 회의가 있을 때도 근처에서만

뱅뱅 돌아야 했다. 그런데 30년 동안 못 가 봤던 청와대, 국회의사
당을 비롯하여 서울 시내와 근교 이곳저곳을 다 가 보고, 어린애부
터 거동이 불편한 노인들까지 만날 수 있고 온갖 세상살이 얘기를
다 들어 볼 수 있으니 절로 역동적이 될 수밖에 없다는 사실을 발견
했다는 것이었다.

셋째 Developing. 회사 다닐 적에는 행여 자기계발을 하려면 업
무 시간보다 더 일찍 출근하여 학원 등록하고 시작하더라도 작심삼
일이 많았는데 요즈음은 하루에도 몇 번씩이나 테이프를 틀어놓고,
영어, 일본어, 중국어를 공부할 수 있어서 일본 손님, 중국 손님들과
대충 의사소통은 하고 있다는 것이었다.

게다가 젊은 손님이라도 타면, 그 친구들이 내 이야기를 듣고는
감탄을 하면서 자기도 반성을 하고 앞으로 공부 열심히 하겠노라고
할 때 우쭐해지기도 하니 기분이 좋을 수밖에 없다는 것이었다. Self-
Developing도 되고, 남을 Development하게 하는 일이라는 것을 깨
닫고 있노라고 말했다. 때로는 좋아하는 음악도 마음껏 들을 수 있으
니 이보다 더 좋은 직업이 있으면 말해보라는 투였다.

그날 모두 차례가 끝나고 노래 몇 곡을 부르고 헤어졌는데, 그날
의 장원은 단연 그 친구였다. 참으로 대단한 변신이요, 우리 모두를
부끄럽게 하는 모습이었다.

크고 있어보이는 것들을 좋아하고, 체면을 따지고 남의 이목을
중요시했던 우리들의 커리어 속에서는 도저히 상상할 수 없는 일이
었기 때문이다.

그러고 보니 6개월 전쯤, 이 친구가 입사 30주년 부부동반 모임에

서 마이크를 잡더니 난데없이 펴운 조병화 시인의 「헤어지는 연습을
하며」라는 시 한 수를 외웠던 것이 기억난다. 이미 그는 세상을 바꾸
는 연습을 계속하고 있었던 것이다.

헤어지는 연습을 하며 사세
떠나는 연습을 하며 사세
서로 다하지 못하고 시간이 되려니
인생이 그러하거니와
세상에 와서 알아야 할 일은
떠나는 일일세.

- 중략 -

실로 스스로의 쓸쓸한 투쟁이었으며
스스로의 쓸쓸한 노래이었으나
작별을 하는 절차를 배우며 사세
작별을 하는 방법을 배우며 사세
작별을 하는 말을 배우며 사세

- 하략 -

처음에는 다들 무슨 뜻인가 의아하게 생각했다. 그 친구의 말은 빼기부터 잘해야 한다는 것이었다. 이제 대기업의 화려함, 생각, 습관을 빨리 버리고 마음을 비워, 다가오는 낯선 변화를 의연하게 받아들이자는 이야기였다. 낯선 곳에 새로운 답이 있다고나 할까? 그는 이 시의 내용대로 그동안의 생각이나 행동과 완전히 이별하고 다른 세상과 결혼을 한 것이다.

✿ 인생경영을 위한 셈본식 Q&A

Q 화려했던 과거와 손을 놓기가 두려운가?

A 아무리 휘황찬란했더라도 과거는 과거일 뿐이다. 과거에 발목이 잡히면 급변하는 시대를 감당할 수 없다. '새 술은 새 부대에 담으라.'는 말이 있다. 화려했던 과거에 작별을 고하고 새 몸, 새 마음으로 새로운 일을 시작하라.

먼저 비우고, 버리는 연습부터 해야한다.

하산下山의 기술

최근 일본 사회에서 '등산과 하산의 논쟁'이 일고 있다. '하산론'은 일본이 이미 세계 2위 경제대국이라는 산꼭대기에 올랐으니 안전하게 하산로를 밟아 내려가자는 '탈성장론'의 은유적 표현이다.

일본의 저명한 작가 이쓰키 히로유키五木寬之가 지난해 말 펴낸 수필집 『하산下山의 사상』이 베스트셀러에 오르면서 '등산(성장)이냐 하산(탈성장)이냐'를 둘러싼 논란에 불이 붙은 것이다.

"누구든 산에 올라 정상에 도착하면 하산할 수밖에 없고, 일본은 정상에 올라섰으니 내리막길을 얼마나 능숙하게 내려갈 것인지가 중요하다."는 내용의 이 책은 출간 이후 두 달여 만에 20만부가 팔리면서 장기 베스트셀러 대열에 올라 있다.

일본은 20년에 걸친 장기불황에 저출산, 고령화로 경제 활력이 줄어들면서 세계 2위이던 국내 총생산GDP이 2010년 중국에 추월당했고, 2011년에는 인도에 3위 자리를 내주었다. 더구나 동일본 대지진과 후쿠시마 원전사고를 겪으면서 무역수지가 31년 만에 적자를 기록했다. 세계를 호령하던 도요타가 세계 1위 자리를 내주었고, 2012년 3월 결산기에 소니는 4년 연속 적자를 내면서 1만 명 해고를 결정하는 한편, 급기야 파나소닉(전 마쓰시다 전기)까지 10조 이상의 적자를 내는 등 전자왕국의 명성에도 크게 금이 가기 시작했다.

저자는 이처럼 일본이 이미 오래전에 하산의 시대에 접어들었음에도 과거의 성공의 덫에 빠진 채 이를 인정하지 않으려는 태도에 문제가 있다고 꼬집는다. "내일을 상상하는 것이 두렵고 불안하기에 우리가 모두 알고 있고, 느끼고 있음에도 모르는 척할 뿐이라는 것"이다.

저자는 이처럼 현실을 받아들이지 않으려는 태도는 "태평양전쟁 말기 오키나와까지 미군이 상륙했음에도 패전을 상상조차 하지 않았던 제국주의 국민정서"와 다를 바 없다고 안타까워한다.

그러나 인터넷 공간에서는 하산론이 '세대 간 논쟁'으로 비화되고 있다. 트위터를 비롯한 소셜미디어 등에서는 "젊은이들은 등산로 입구는커녕 산을 제대로 본 적도 없는데 벌써 하산하자고 하는 것은 노년세대의 보신주의"라는 비판이 올라오고 있다. 고도성장 시대를 향유한 노년층의 '배부른 소리'라는 냉소들이 섞여 있다. "더 성장하지 않으면 지금 생활수준도 유지할 수 없다."는 반대의 성장론 주장도 여전히 강하다.

등산이냐 하산이냐, 즉 성장과 분배에 대한 논쟁은 벌써 우리나라에서도 논란이 일고 이슈화되고 있다. 산 정상에서 제대로 내려오는 법을 배워야 한다는 일본이 가야할 길이라면 아직 정상을 향해 등산 중이고, 또 성취해야 할 목표가 남아있는 한국으로선 20년쯤 뒤 한국이 겪을 우리의 현재일지 모른다.

"산은 준비하지 않은 자를 용서하지 않는다."는 말이 있다. 어떤 분야에서건 정상에 오르는 경험은 감격적이다. 문제는 언제까지나 정상에 머무를 수 없다는 사실, 누구나 하산을 해야 하고 또한 모두가 안전한 하산을 기대하고 있다는 사실이다.

등산 못지않게 하산에도 기술이 필요하다. 하산은 등산만큼이나 힘든 것이다. 걷기가 쉽다고 해서 함부로 달리듯이 내려오면 위험천만이다. 실제로 에베레스트같이 높은 산에서의 사고와 조난은 등산 때보다 하산 시에 많다. 빠른 속도로 하산할 경우 곧잘 길을 잃어버리기도 하고 균형을 잃어 추락하기도 쉽다.

하산 시에는 체중과 배낭의 하중 때문에 무릎관절이나 발목에 갑작스럽게 충격이 가해지기 때문에 무릎 통증이 생기고 물집 등의 원인이 된다. 뿐만 아니라 척추에 충격이 가해지고, 오랫동안 하산한 다음에는 두통을 일으키기도 한다. 하산 시에는 경사가 급할수록 걷기의 속도를 늦추어야 한다. 하산 시는 먼저 여분의 양말을 신고 등산화는 끈을 꼭 매어 발이 놀지 않도록 해야 한다. 이와 같이 산을 안전하게 내려오는 데는 등산 못지않은 하산의 기술이 필요하다.

또한, 하산이란 그저 산을 내려오는 것으로 절대 끝나지 않는다. 전문 산악인들이 험난한 알프스나 히말라야를 정복하고 하산하는 것, 그게 끝이 아니다. 또 더 가파르고 힘든 다른 산의 정복을 위해 하산 후에 끊임없이 체력을 보강하고 고된 훈련을 거듭하여 새로운 도전의 기회를 갖게 된다. 다시 오르기 위해서는 하산이 필요하다.

이처럼 인생이나 직장생활도 '떠날 때 아름다운 모습'으로 박수를 받으며 떠난다는 것은 결코 쉬운 일이 아니다. 기업이나 정부조직의 수장이라면 떠날 때 더욱더 아름다운 모습으로 떠나려는 생각을 하지만 많은 사람들이 인고의 산행을 거쳐 정상에 오른 뒤에는 자만과 과욕으로 하산 길을 소홀이 해 쌓아놓은 업적과 명성을 송두리째 날려 보내는 경우가 허다하다. '떠나는 뒷모습이 아름다운 사람'으로서 잘나갈 때 박수를 받으며 떠나기란 쉽지 않은 일이다.

그 예로 대부분의 우리나라 대통령들이 외국의 대통령들과는 달리 하산 길을 잘못 택하는 바람에 퇴임 후 참담한 모습으로 은둔하는 경우가 많았고 심지어는 저격, 자살이라는 극한 상황까지 가게 된 불행한 역사를 가지고 있다. 이로 인해 국민들의 기억 속에는 그동안의 업적은 아예 통째로 사라지고 부정적 이미지와 실패의 스토리만 남아 있는 경우가 대부분이다.

우리 직장인들도 마찬가지다. 잘나가는 것을 목표로 앞만 보고 무조건 달리기만 하다가 퇴직을 하거나 중도 하차할 경우 낭떠러지 같은 커리어 단절을 맞이하는 위기를 겪게 된다. 산의 정상을 오르기 전에 하산의 준비를 염두에 두어야 한다. 퇴직이란 인생의 끝이 아니라 시작이다. 지금부터라도 하산하는 기술을 연마하여 새로운 길을 만들고 출발할 수 있는 방법을 미리 준비해야만 한다. '하산은 끝이 아니라 새로운 출발을 기약하는 기술이요 다음의 등산을 준비한다'는 사실을 터득하는 것이 제2, 제3의 인생을 살아가는 지혜가 아닐까?

특히 직장에서나 사회에서 잘나갈 때는 앞만보고 달리기 쉽다. 그러나 아무리 잘나가는 사람일지라도 끝이나 정상이 있다. 막상 하산할 때 문제가 생겨 때늦은 후회를 하는 경우가 너무 많다. 이러한 사람들을 위해 고은 시인은 짧지만 강력한 메세지를 던진다.

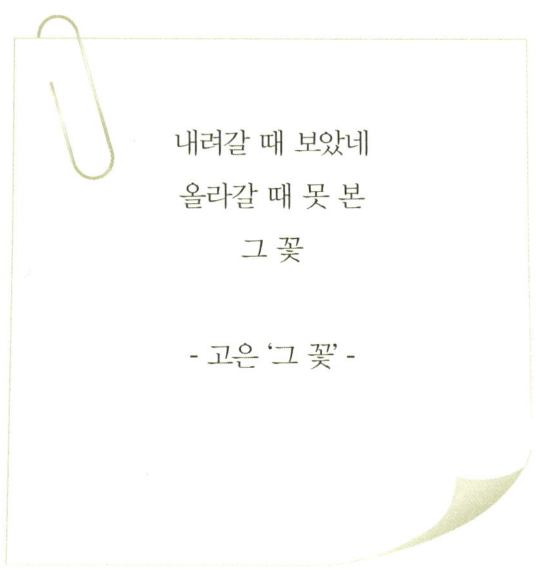

✽ 인생경영을 위한 셈본식 Q&A

Q 내려올 준비를 제대로 하였는가?

A 우리는 앞과 위만 보며 달려왔다. 그렇기에 정상에 오르면 어찌할 바를 모르고, 내려올 때에는 실수하고 다치기도 한다. '필생의 목표'라는 산에 오르기 전부터 하산을 준비하자. 하산은 끝이 아니라 새로운 출발의 기약이요, 다음 등반의 준비임을 잊지 말아야 한다.

일본 닛코日光의 세 마리 원숭이

　일본의 닛코日光는 동경 근교에 있는 최고의 관광명소로 이름나 있다. 그곳에는 일본의 단풍을 만끽하는 곳으로도 유명한데 일본을 통일하고 막부시대를 연 도쿠가와 이에야스를 신으로 모신 곳, 도쇼궁東照宮이 있다.

　이 도쇼궁에서 가장 유명한 것이 바로 세 마리의 원숭이 조각상三猿이다. 이 원숭이들은 눈을 양손으로 가린 미자루, 입을 손으로 막은 이와자루, 귀를 양손으로 막은 키카자루로 사루猿는 일본어로 원숭이를 뜻한다. 이게 앞에 미루라는 동사와 연결되면서 발음이 자루로 변했다. 그런데 자루라는 말은 일본어로 '하지 않는다'는 뜻이므로 즉 보지도, 말하지도, 듣지도 말라는 처세술을 나타내고 그것을 원숭이로 표현한 것이다.

　우리나라의 "시집을 가면 3년 동안은 장님, 3년은 귀머거리, 3년은 벙어리가 되라"는 시집살이 3계명과 비슷하다. 사람이 살아가는 데 필요한 처세술을 은유적으로 표현한 것이다.

　일본에는 도쿠가와 이에야스德川家康시대에 앞서 15세기 말부터 약 100년 동안 계속된 전국시대가 있었다. 전국에서 300명에 이르는 군웅이 할거하여 각축을 벌이던 난세에 다케다 신겐武田信玄, 오다 노부나가織田信長, 도요토미 히데요시豊信秀吉, 도쿠가와 이에야스가 두각을 나타내었고 이들 중에서 노부나가와 히데요시가 한때 천하의 패권을 잡았었다.

　그러나 최후의 승자는 이에야스였다. 그가 일본 역사를 통하여 나름대로 그토록 추앙받고 있는 원인은 어디에 있었을까? 이에야스는 천재적인 자질을 가진 것도 아니다. 시대가 그에게 유리하게 작용한 것도 결코 아니다. 오로지 남이 견디지 못할 일을 참고, 남이 할 수 없는 일을 성취시킨 인내, 고난과 위기 속에서 배양된 지혜, 판단력·행동력·조직력이 그를 천하인天下人으로 끌어올린 것이다. 이것이 바로 승자의 조건이었다.

　한때는 오다 노부나가에게 머리를 숙였고, 이어서 도요토미 히데요시에게도 굴복했으나 일본을 평정한 것은 결국 인내의 달인 도쿠가와 이에야스였다.

　지금, 우리나라는 여러 면에서 어려움을 겪고 있다. 정치가 방향을 잃고 경제가 난관에 처해 있으며 사회가 좌우와 동서로 나뉘면서 혼미하다. 이것은 반드시 극복해야 할 과제다. 난세를 이긴 이에야스의 삶과 세 마리의 원숭이는 우리에게 타산지석他山之石이 될 수 있을 것이다.

우리나라의 국민들은 성격이 유별나다. 성격이 급하기도 하려니와 한미 FTA나 촛불집회에서 보듯이 감정이 이성을 지배하기도 하고, 작은 일에 너무 집착하고 흥분하다가도 언제 그랬냐는 듯 잊어버리기도 한다. 우리나라도 이제 경제대국이니 남한테 양보와 아량을 보이는 것도 필요하다. 글로벌 시대를 살아가려면 우리의 목소리만 높여서는 안 되며, 기다림과 여유도 있어야만 한다. 우리에게는 인고의 지혜가 필요한 시기이다.

✦ 인생경영을 위한 셈본식 Q&A

Q 조급함에 중요한 선택을 그르치지는 않았는가?

A 이 시대를 살아가는 사람들은 수많은 난관과 마주한다. 그때마다 섣부른 판단을 하여 일을 망치는 사람들이 많다. 한 번 생각하고 두 번 생각하고 세 번 생각하라. 조급함을 버리고 고민 끝에 내린 결정이 당신의 평생을 좌우할 것이다.

이 또한 지나가리라

노예해방을 이룬 미국의 16대 대통령 링컨의 좌우명座右銘이 "이 또한 지나가리라Soon it shall also come to pass!"였다고 한다. 좀 이상한 좌우명라고 생각할 수 있다. 그는 어려서부터 대통령이 되기까지 너무 많은 고통과 실패를 겪고서 좌우명이 '이 또한 지나가리라'가 되었다고 한다.

아브라함 링컨은 '이 또한 지나가리라'라는 믿음으로 꿈을 포기하지 않고 쉰 세 살에 드디어 미국의 대통령에 당선되었으니 그의 좌우명은 기나긴 고난을 극복할 수 있는 힘이 되었던 것이다.

그는 미국 대통령 중에 가장 위대한 업적을 남겼으며, 인류 역사상 세계 대학생들로부터 가장 존경하는 인물로 뽑힌 사람으로 절망할 수밖에 없는 많은 고난 속에서도 '이 또한 지나가리라'라는 희망으로 꿋꿋이 버티고 이를 극복해 나갔다.

우리가 그토록 간절히 원하는 '행복'이란 도대체 뭘까? 안타깝게도 우리 모두는 행복을 꿈꾸고 이를 좇아 한없이 숨 가쁘게 달려가지만 정작 자신이 원하는 행복이 무엇인지는 알지 못한다.

그래서 『주홍글씨』를 쓴 나타니엘 호손은 "행복은 나비와 같다. 쫓아다닐 때는 붙잡을 수 없지만 조용히 앉아 있으면 당신의 어깨 위에 내려앉는다."라고 했다. 행복이란 손쉽게 성취하거나 소유할 수 있는 것이 아니라, 자기 스스로 찾아내야만 하고 찾아내더라도 잠시 즐길 수밖에 없는 것 같다.

철학자들은 오래전부터 행복이야말로 인간존재의 궁극적인 목적이라고 생각해 왔다. 아리스토텔레스도 '행복이 최고의 선'이라고까지 불렀다. 그렇다면 '무엇이 평범한 한 사람의 인생을 값지고 행복하게 만드는 것일까?' 종교적 신념? 아니면 돈? 혹은 명예? 누구나 쉽게 풀지 못하는 숙제다.

누구나 한 번쯤 '사는 게 왜 이렇게 힘들지?' '이렇게 열심히 일하는데도 나는 왜 즐겁지 않을까?' 생각해봤을 것이다. 그리고 우리가 그토록 간절히 원하는 '행복'이란 도대체 뭘까? 안타깝게도 우리 모두는 행복을 꿈꾼다고 말하지만 정작 자신이 원하는 행복이 무엇인지 알지 못한다. 그래서 진정한 행복을 위해 지금 당장 무엇을 실천해야 할지도 알지 못한다.

영국 레스터 대학 애드리안 화이트 교수는 2009년 7월 27일 전 세계 178개국의 '행복지도'를 발표했다. 덴마크(1위)를 비롯 스위스(2위), 오스트리아(3위), 아이슬란드(4위) 등 유럽의 중소국가들이 상위권을 휩쓸었다. 그러나 부국이자 최강국인 미국은 23위에, 일본은 90위에 불과했고 10대 강국이라는 한국은 102위에 그쳤다.

이 자료에 의하면 물질적으로 풍요롭다고 해서 반드시 행복한 것은 역시 아니었다. 화이트 교수는 "1인당 GDP가 3만 1,500달러에 달하는 경제대국 일본의 행복 순위가 90위인 반면 1인당 GDP가 1,400달러밖에 안 되는 히말라야의 작은 나라 부탄은 8위에 올

랐다."라고 밝혔다. 분명 행복은 지갑의 두께나 부富의 순서와 직결되
지는 않는다.

원래 행복의 사전적 의미는 '마음에 차지 않거나 모자라는 것이
없어 기쁘고 넉넉하고 푸근함, 또는 그런 상태'이다. 여기서 우리는 또
한 가지 행복의 중요한 비밀을 알아차릴 수 있다. 오직 나 자신, 곧 내
마음의 소리가 행복의 기준이요 행복 그 자체가 된다는 사실이다. 그
렇다면 어떻게 행복해질 수 있을까?

행복이라는 단어를 구글에서 검색하면 1억 페이지가 넘을 정도로
행복은 관심의 대상이요 중요하다. 전 세계 42개 언어로 번역 출간
되어 아마존닷컴에서만 4,000만 부라는 기록적인 판매부수를 올린
『행복』이라는 저서에서 작가 스펜서 존슨은 "나 자신을 소중히 여길
때에만 진정한 행복을 찾을 수 있고, 성공은 행복에 뒤이어 찾아오는
것이며, 내가 행복해야만 온 세상이 행복해진다."라고 설파하고 있다.
이 책은 바쁜 일상 속에서 무언가 소중한 것이 빠진 것 같은 허전
한 마음을 안고 살아가는 현대인들에게 따뜻한 감동과 함께 소중한
지혜를 전달해 준다. 결국 "내가 행복하면 온 세상이 행복하고 내가
불행하면 온 세상이 불행해진다!"는 진리를 명심해야 한다. 진정한
행복은 나 자신으로부터 비롯되는 것이다. 행복에 있어 중요한 것은
타인의 시선이 아닌 자기 스스로 매기는 가치다.

보통 사람들이 행복이란 환경적 요인에 의해 결정된다고 누구나
생각하고 있으나 실은 부모님의 재산 등 환경적 요인은 겨우 10% 정
도밖에 영향을 미치지 못한다고 한다. 많은 부분을 차지하는 50%

는 타고난 성품이나 외모, 체력 같은 유전적 요인으로 결정되지만 나머지 40%는 자신의 후천적 노력으로 얼마든지 달성할 수 있다는 것이다.

자신의 성공이나 행복을 위해 인생을 드라이브할 때 스스로가 운전수이자 책임자다. 결국 인생에서의 진정한 성공은 스스로가 얼마나 행복을 느낄 수 있느냐에 달려 있기 때문이다. 자신이 가지고 있는 마음의 창문을 활짝 열어놓아야 행복이라는 손님이 가까이 다가오게 된다는 사실을 기억할 필요가 있다.

결국 권력이나 명예도, 또 실패와 치욕, 가난과 증오도 모두 우리 곁에 잠시 머물다 가는 것이기 때문에 사소한 일에 너무 기뻐하거나 실망할 필요가 없다. 앞을 가로막고 있는 고난과 고통이 있다고 하여도, 희망을 가지고 포기하지 않는다면 우리도 절망의 돌산에서 희망의 반석을 캐낼 수 있을 것이다. 지금 고난과 절망이 가로막고 있다면 이 말을 다시 한 번 되새겨 볼 필요가 있다.

'이 또한 지나가리라'

"이 또한 곧 지나가리라." Soon it shall also come to pass!
이 말은 유대인의 '미드라쉬Midrash'의 '다윗왕의 반지'
에서 나왔다.
다윗 왕이 어느 날 궁중의 세공인을 불러 명했다.

'날 위해 아름다운 반지를 하나 만들되 거기에 내가 전쟁에서 큰 승리를 거두어 환호할 때 교만하지 않게 하고, 내가 큰 절망에 빠져 낙심할 때 결코 좌절하지 않고 스스로에게 용기와 희망을 줄 수 있는 글귀를 새겨 넣으라.'

이에 세공인은 아름다운 반지를 만들었지만, 정작 거기에 새길 글귀가 떠오르지 않아 고민 끝에 지혜롭기로 소문난 다윗의 아들인 솔로몬 왕자를 찾아가 도움을 청했다.

이때 솔로몬 왕자가 일러준 글귀가 '이 또한 지나가리라'였다는 것이다.

✡ 인생경영을 위한 셈본식 Q&A

Q 행복에 집착하고 있지는 않은가?

A 행복은 부와 명예로 얻을 수 있는 것이 아니며, 본인의 마음먹기에 따라 모습을 드러내는 하나의 가치이다. 함부로 행복이란 것을 정의 내리고 그것에 집착한다면 행복은 언제든지 불행으로 뒤바뀔 수 있다는 것을 명심하자.

다꽝(단무지)도사 이야기

　　일본에 이런 이야기가 있다. 손님이 방문했을 때 단무지 몇 조각을 내놓고 손님이 다 먹으면 하산토록 해서 '다꽝도사'라는 별명을 얻게 된 선승禪僧에 관한 이야기다. 한번은 도쿄 제국대학 철학부의 한 교수가 다꽝도사의 명성을 듣고 그를 시험하기 위해 방문했다. 하지만 선승은 쉽게 그 교수를 만나주지 않았다. 마침내 면담이 허락된 날 교수가 자리에 앉자 선승은 교수의 찻잔에 아무 말 없이 차를 따랐다. 그런데 차가 잔에 가득 차 넘쳐도 선승은 계속 차를 따랐다. 놀란 교수가 선승을 만류하며 말했다.

　　"스님! 차가 넘치고 있습니다."

　　선승이 차 따르는 것을 멈추더니 드디어 교수에게 말했다.

　　"그대는 마치 차가 넘쳐흐르는 찻잔과 같아서 내가 아무리 좋은 이야기를 해도 그대의 머릿속에는 내 이야기가 남아 있을 자리가 없는 것 같습니다. 그러니 이제 하산하시지요."

　　이처럼 변화의 과정에서 제일 중요한 것이 마음 비우기나, 힘 빼기라고 할 수 있다. 우리나라 축구선수들이 결정적인 골 찬스에 골을 넣지 못하고 실축하는 것도 그 순간 힘을 빼지 못하기 때문이고,

복싱에서나 야구의 경우들처럼 힘을 빼야만 결정타가 나올 수 있는 것과 같다.

오늘날 현대병도 대개 못 먹어서 생기는 것이 아니라 너무 잘 먹어서 생긴다. 그러니 비워내야 한다. 체하고 설사하는 것은 음식이 너무 많이 들어온 것에 대한 몸의 자연스러운 대응이다. 그렇게라도 비워내야 전체적인 밸런스를 다시 잡을 수 있기 때문이다.

법정스님은 버리고 비우는 것을 우리에게 가르쳐주었다. 『버리고 떠나기』에 이런 말이 나온다. '버리고 비우는 일은 결코 소극적인 삶이 아니라 지혜로운 삶의 선택이다. 버리고 비우지 않으면 새것이 들어설 수 없다. 공간이나 여백은 그저 비어있는 것이 아니라 본질과 실상을 지켜주고 있는 것이다.'

자연으로서의 몸은 거짓말하지 않는다. 하지만 이것은 비단 몸의 문제만이 아니다. 모든 그릇이나 쓰레기통 같은 용기도 먼저 비우지 않으면 아무것도 더 이상 채울 수 없듯이 변화의 시작은 먼저 비우고, 지금까지의 습관이나 관행을 바꾸는 데서 시작된다.

『무지개 원리』라는 책으로 유명해진 차동엽 신부가 바보 예찬론이라 할 수 있는 『바보의 ZONE』이라는 책을 쓰면서 바보의 지혜를 얻기 위해 많은 책을 읽고 유명 인사들을 만났지만 그 숨통을 뻥 뚫어준 것이 김수환 추기경의 자화상에 붙여진 이름 '바보야'였다고 한다. 약간 비스듬히 동그란 얼굴에 눈, 코, 입이 그려진 이 그림은 2009년 2월 추기경께서 선종하신 이후 여러 언론 매체를 통하여 세간에 알려져 이제는 신비감을 잃었지만, 그 당시에는 신선한 충격이었다고 한다. 취재 기자들이 자화상 밑에서 짐짓 의아해하는 표정으로 추기경에게 물었다.

"왜 자화상에 '바보야'라고 쓰셨습니까?"

추기경은 쑥스러워하며 오히려 되물었다고 한다.

"내가 바보 같지 않나요? 있는 그대로 인간으로서, 제가 잘났으면 뭐 그리 잘났고 크면 얼마나 크며, 알면 얼마나 알겠습니까? 안다고 나대고, 어디 가서 대접받길 바라는 게 바보지, 그러고 보면 내가 제일 바보같이 산 것 같아요!"

이 말은 오늘에 이르기까지 두고두고 회자되고 있다. 그 덕인지 바보는 지탄의 언사가 아니라 오히려 요즘 들어서 기분 좋은 말이 되었다. 추기경의 바보 이야기는 비움으로 꽉 채워진 좋은 사례임에 틀림없다.

변화의 시작은 새로운 선택에서부터 출발한다. 우리는 매일 선택을 하며 살지만 그 선택들은 작게는 자신의 운명을 바꿀 수 있고, 크게는 회사의 미래를 결정할 수도 있다. 특히 습관을 바꾸는 일은 기존의 생각과 틀을 깨는 고통을 수반하기 때문에 그리 쉽지 않은 일이다. 습관을 바꾸려면 우선 마음을 비우는 일부터 시작해야 한다. 지금까지는 각자 나름대로 합리적인 이유와 방식으로 세상을 살아왔기 때문이다.

그 다음은 행동으로 옮겨야만 한다. 어떤 선택을 하고 해석하는 것은 중요한 일이지만 거기에 그친다면 사실 아무 일도 하지 않은 것이나 다름없다.

소설가 이문열 씨의 『필론의 돼지』에 이와 유사한 이야기가 있다. 필론이 한 번은 배를 타고 여행을 했다. 배가 바다 한가운데서 큰

폭풍우를 만나자 사람들이 우왕좌왕하는 통에 배 안은 곧 아수라장
이 됐다. 울부짖는 사람, 기도하는 사람, 뗏목을 엮는 사람…. 필론
은 현자賢者인 자신이 거기서 해야 할 일을 생각해보았다. 도무지 마
땅한 생각이 떠오르지 않았다.

그런데 그 배 선창에는 돼지 한 마리가 사람들의 소동에는 아랑
곳 않고 편안하게 잠을 자고 있었다. 결국 필론이 할 수 있었던 행동
은 그 돼지 흉내를 내는 것뿐이었다. 결국 현자는 전혀 아무것도 모
르는 돼지와 다름없었다.

✵ 인생경영을 위한 셈본식 Q&A

Q 바보가 되는 것이 두려운가?

A 머릿속이 온통 지식으로 꽉 차 있어 잘난 척하지 않으면 못 견뎌 하
는 사람들을 종종 본다. 과연 그러한 지식 중에 자신이 살아가는 데 필
요한 것은 얼마나 될까?

이따금은 바보처럼 굴어 보라. 머리와 마음을 다 비우고 세상을 있
는 그대로 담아라. 진정한 채움은 완전히 비우고서야 비로소 가능한 것
이다.

다름과 틀림의 차이

　남자와 여자가 결혼하는 것은 화성에서 온 남자와 금성에서 온 여자가 지구에서 사는 것과 같다고 한다. 서로가 문화가 다른 가정에서 살다가 같이 사는 것이 결코 쉽지 않으므로 부부 사이에서도 상대를 서로 존중하고 인정해야 하는데, 우리 사회나 조직에서는 나만 홀로 존중받고, 인정받고 싶어 하는 경우가 너무나 많다.

　나와 생각이 다르거나, 나와 조건이 다른 것을 두고 '나와 틀리다'라고 생각한다면, 무의식적으로 '나는 옳고, 그 사람은 옳지 않다.'는 편견에 빠져 모든 상황을 아전인수 격으로 해석하게 되며 평생을 우물 안 개구리로 살아가게 된다.

　지인 중에, 정말 남과의 '다름Different'을 존중하거나 인정하지 못하고 내 생각과 다르기만 하면 서슴없이 '틀렸다Wrong'라고 하는 사람이 있다. 불혹의 나이를 훌쩍 넘어 곧 60에 가까워 가는데, 그 사람 주변의 친구들은 하나둘씩 떨어져 나가고 있다.

　왜 일까? 그 이유는 단순하다. 언제나 나와 같은 생각이 아니더라도 '다름'을 인정해야 하나 '틀렸다'라고 하여 언쟁이 자주 일고 만나는 사람마다 부딪치기 때문이다.

다른 사람이 어떤 얘기를 하더라도 존중해주고, 경청해주고, 혹 자기와 생각이 다르다면, "아주 좋은 생각이야. 근데 나는 이런 생각도 있어!" 하면서 그도 이기고 나도 이기는 화법을 구사하는 노력이 필요하다.

세계적인 인사관리 분야 컨설팅그룹의 하나인 Mercer는 장차 10년 내에 HR Human Resource 분야에 가장 큰 영향을 미칠 주요한 변화 중의 하나로 기업 구성원들의 다양성을 선정한 바 있다. 다양성 문제는 갈등의 원인으로 볼 것이 아니라 적극적으로 관리해서 화합과 조직 경쟁력의 원천으로 삼는 지혜가 필요한 시대가 다가오고 있는 것이다.

다양성에 대해서 다음과 같은 재미있는 우화가 있다.

동물도시 외곽의 작은 지역에서 기린이 가족에게 맞는 새집을 지었다. 높은 천정과 큰 현관문, 2층에 시원하게 나있는 창문들은 햇빛이 잘 들었고 좁은 복도는 공간을 절약하면서도 편리하여 그해 전국 기린 주택 상을 받기까지 하였다.

어느 날 평소 친하게 지내던 코끼리가 놀러오면서 문제가 발생했다. 서로 반가워서 인사를 하고 기린이 코끼리를 안으로 들어오라고 했지만 코끼리는 현관문을 들어갈 수 없었다. 애써 코끼리가 현관문을 들어가자 문은 뿌지직하고 부서졌다. 더구나 기린이 2층 자랑을 늘어놓는 바람에 코끼리가 2층에 올라가려고 계단을 밟자마자 무거운 체중을 못 이긴 계단이 무너져버린 것이다.

이 이야기는 다양성 관리 분야에서 세계적으로 존경받고 있는 다양성전문가 루스벨트 토머스 주니어가 쓴 『Building a house for diversity』 책자의 서두에서 '다양성 관리의 개념'을 쉽게 이해할 수 있도록 돕는 스토리 중 일부이다. 사실 기업과 같은 조직은 이러한 장벽을 사전에 예상하지 못하다가 갑자기 문제가 닥치면 당혹해 하는 때가 많다.

IMF 이후 글로벌화는 물론 외국기업들과의 빈번한 M&A나 합작 투자, 다양한 구성원의 증가, 개인 가치관의 변화 등으로 향후 기업들은 지금보다 훨씬 복잡한 인력 구성을 보일 것이다. 다문화, 다민족으로 구성된 미국의 많은 기업들은 이미 오래전부터 이러한 다양성에 대한 연구와 관심을 기울여 왔으며 우리나라의 경우에도 거주하고 있는 외국인이 이미 백이십만 명을 돌파하고 다문화 가정이 계속 늘고 있기 때문에 각별한 관심이 요구된다.

'틀린 사람들이 아니라 다른 사람들'이 계속 늘어가고 있는데도 지금까지 별로 관심을 두지 않았던 것이 사실이다. 포용과 아량으로 다른 것을 끌어안아 새로운 것을 창조하는 융합이 필요하다. 물리학에서 융합은 분열의 반대 개념이다. 퓨전은 원자를 쪼개어 나누지 않고 결합시킨다. 놀랍게도 융합에 의한 수소 폭탄은 분열하는 핵폭탄의 5배에 달하는 에너지를 창출하고 융합의 결과로 이룬 물질 1g은 기름 8톤 정도의 에너지를 갖는다.

결국 차이를 인정하는 다양성 관리는 기존의 틀을 깨는 데서 시작해야 한다. 그동안 길들여진 제도와 습관, 그리고 변화를 두려워한다면 덫에 걸린 원숭이와 같을지도 모른다.

인도에서는 목이 좁은 그릇에 땅콩을 넣어두는 덫으로 원숭이를 잡는다. 원숭이는 원하는 것을 잡기 위해 그릇에 손을 집어넣지만, 한 움큼 땅콩을 집은 손을 펴지 않고는 입구를 통해 나올 수 없다. 원숭이는 손을 빼지 않으면 잡힌다는 것을 알지만, 끝까지 포기하지 않는다.

이와 마찬가지로 경영자는 물론 조직구성원들 각자가 기존의 것을 포기하지 않으면 아무것도 바꿀 수가 없다. 우리가 평소에 소중하게 여겼던 것들, 즉 기득권, 안정, 체면, 권위 등 내적외적 요인들을 움켜진 손을 조금만 느슨하게 한다면 창조적 자유와 새로운 조화의 질서가 탄생할 수 있다. 왼손잡이는 나와 틀린 사람이 아니라 단지 손을 쓰는 방법이 다를 뿐이다.

✡ 인생경영을 위한 셈본식 Q&A

Q 틀린 것은 과연 누구인가?

A 자기와 의견이 조금 다르다고 해서 목청을 높이는 사람들을 자주 볼 수 있다. 상대의 의견은 무조건 틀렸다는 것이다.

급속한 글로벌화 속에서 한국 사회 역시 다문화 사회로 변모하고 있다. 항상 상대의 의견을 존중하고 자신의 의견은 한 번 더 생각하고 말하는 습관을 가지자. 한 사회의 진정한 조화와 통합은 개인의 말 한마디로부터 시작된다.

엔돌핀의 4,000배 다이돌핀

2011년 9월은 우리 프로야구사에 잔혹한 달로 기억될 것 같다. 프로야구 초창기 전설적인 타자였던 장효조 씨와 불멸의 투수 최동원 씨가 일주일 간격으로 각각 간암과 대장암에 의해 우리 곁을 떠났다.

알려진 바에 의하면 두 영웅의 암 발생과 사망은 스트레스가 주원인이라 한다. 불세출의 선수 생활을 하였지만 지도자로서 두 분은 빛을 보지 못하였고 또 제대로 된 기회조차 차단당하였기 때문이라 생각한다.

현대인의 신체 질병 중 60~90%가 스트레스 관련 심인성 질병이라고 한다. 위장병의 대부분이 신경성 위염이고 두통도 스트레스에서 오는 경우가 많고 모든 성인병이 스트레스와 관계가 있고 심지어 암도 스트레스가 유발인자 중 하나라고 한다.

실제로 한국인들은 세계 최고 수준의 스트레스에 시달리고 있다고 한다. 의학계 보고서에 의하면 한국인의 장수에 가장 큰 걸림돌은 1위 뇌중풍(뇌졸중), 2위 교통사고, 3위 자살, 4위 간경화, 5위 간암의 순으로 나타났다. 모두 스트레스와 직간접으로 관련되는 항목들이다. 보고서에는 특히 한국 남자의 조기 사망률이 OECD경제협력개발기구 국가 중 최고이며, 일본보다 1.7배나 높다는 내용도 들어 있다.

우리가 스트레스를 많이 받는 이유로 연세대 황상민 교수(심리학)는 "다른 사람의 시선을 항상 의식하는 한국인의 성향 때문"이라고 한다.

도시화, 급격한 변화 등이 스트레스를 가중시킨다는 점도 맞지만, 한국인의 경우 더 근본적인 스트레스 요인은 대부분의 사람들이 '남들이 나를 어떻게 볼까'를 늘 의식하며 산다는 점이다. 그만큼 한국인들은 자기 정체성이 약하다는 의미다.

자기 정체성이 약한 사람은 집단에 속해 있고, 남들 눈에 띄지 않을 때 오히려 편안함을 느낀다. 흉금 없이 자기 속내를 터놓고 얘기할 모임도 만들기가 쉽지 않다. 사회적 측면에서는 튀는 주장을 하거나 돌출적인 행동을 하는 사람을 왕따 시키는 분위기가 강하다.

이래저래 한국인은 개인주의적 가치관이 팽배하고, 이혼 등 가족 해체 현상이 갈수록 두드러지며, 독신가구 또한 급증하고 있는 현실에서 개인의 소외감과 스트레스가 가중될 수밖에 없는 처지에 놓여 있다는 것이다.

사람의 뇌 속에는 여러 가지 뇌파가 나오는데 깨어있는 낮 동안에는 우리 몸에 해로운 베타β파가 나오며 이것은 100% 사람에게 스트레스를 주는 뇌파다. 그래서 낮에는 오감으로 아무리 좋은 것을 먹고, 듣고, 본다고 할지라도 남는 것은 점점 스트레스와 피곤함뿐인 것이다.

그리고 밤에 수면 중에는 알파α파가 나오면서 엔돌핀이라는 호르몬이 분비되는데 이것은 모든 병을 다 고치는 기적의 호르몬이다. 잠을 푹 자고 나면 저절로 병이 낫기도 하고 기분도 좋아진다는 것이다.

그래서 잠을 잘 자고 아침에 일어나면 정상적인 사람들이라면 상쾌하다, 또는 가뿐하다 는 느낌을 갖게 된다. 하지만 활동 중에도 알파(α)파가 나올 때가 있는데 그것은 웃을 때, 만사를 긍정적으로 생각할 때 그리고 사랑할 때다.

예를 들어 사랑할 때 마음이 흐뭇하고 기분이 좋은 것은 뇌 속에서 알파α파가 나오면서 동시에 엔돌핀이 분비되고 이로 인해 삶에 리듬감이 생겨 발걸음을 가볍게 하고 여유와 웃음을 가진 생활을 할 수 있도록 만들어준다. 한때 엔돌핀이 암을 치료하고 통증을 해소하는 효과가 있다는 사실이 화제가 되어 이상구 박사의 신드롬으로까지 확산된 일도 있었다.

웃음 전도사 황수관 박사는 이 엔돌핀 인자를 체내에 축적하기 위해 해학과 웃음으로 몸소 실천하면서 이를 주제로 한 강의나 세미나 등으로 유명인사가 되었다.

그리고 최근 발견한 사람의 호르몬 중에 '다이돌핀'이라는 것이 있다. 다이돌핀Didorphin의 효과는 엔돌핀의 4,000배라는 사실이 발표된 바도 있다.

그럼 이처럼 강력한 다이돌핀 호르몬은 언제 우리 몸에서 생성될까? 바로 '감동 받을 때'라는 것이다. 예를 들어 좋은 노래를 들었거나 아름다운 풍경에 압도되었을 때, 전혀 알지 못했던 새로운 진리를 깨달았을 때, 엄청난 사랑에 빠졌을 때에는 우리 몸에서 놀라운 변화가 일어난다는 것이다.

평소엔 전혀 반응이 없던 호르몬 유전자가 이러한 상황을 맞게 되면 갑자기 활성화되어 그동안 나오지 않던 엔돌핀, 도파민, 세로토닌 등의 아주 유익한 호르몬들을 생산하기 시작한다. 특히 굉장한 감동이 왔을 때에는 '다이돌핀'이 생성된다는 것이다.

이 호르몬들이 우리 몸의 면역체계에 강력한 긍정적 작용을 일으켜 병도 고치고 암을 공격하는 대단한 효과를 갖는 호르몬이 체내에 생성된다는 것이다.

우리 현실은 직장인 스트레스 지수 95%(미국 40%, 일본 61%), 연 10,932명 자살, 35만 명 자살 시도, 하루 평균 36명 자살, 2002년 기준 OECD 국가 중 자살 증가율 1위로 나타난다. 우울하고 경직된 우리사회, 새로운 도약의 해법은 없는가? 그 해법이 바로 엔돌핀, 다이돌핀 코드다.

결국 사랑과 감동을 주는 삶은 타인도 살리고 자기도 살리는 인생이다. 이보다 수지맞는 장사는 없다. 회사 측면에서 보면 직원들이 상사로부터 뜻밖의 칭찬을 받았다거나, 기대하지 않은 성과가 나왔다든가 할 때일 수도 있고, 고객 측면에서는 전혀 생각지도 않은 감동적 서비스를 받았을 때 여기에 해당될 것이다. 늘 쫓기는 일상이지만 넉넉한 생각과 여유로운 마음으로 억지로라도 감동을 받고 다이돌핀이 많이 생성되는 삶 속에서 건강과 행복을 함께 거머쥐는 지혜를 갖도록 해보자.

지친 일상과 스트레스의 쳇바퀴 속에서 바쁘다는 핑계로 여백 없이 살고 있지만 음악에 쉼표가 있고 그림에 여백이 있듯 끊임없는 흐

름 속에서도 감동과 웃음, 마음의 여유로 인생의 쉼표와 여백을 즐
겨보자. 스트레스를 줄이고 행복한 삶을 위해서는 누구나 쉼표가 필
요하다.

웃을 일이 있어 웃는 게 아니라 웃다 보면 웃을 일이 생길 수 있
다고 한다. 강한 스트레스를 받을 때에도 화내지 말고 한번 크게 웃
어 보자!

"나는 싸울 때도 씽긋 웃을 수 있는 사람이 좋다."
- 윈스턴 처칠

✡ 인생경영을 위한 셈본식 Q&A

Q 당신은 웃음과 감동을 줄 수 있는가?

A 현재 우리의 삶은 여백이 거의 없다고 해도 과언이 아니다. 톱니바퀴
처럼 맞물려 돌아가는 일상 속에서 지치고 병들어 가는 것이다.

이제 찡그린 표정, 화난 표정, 우울한 표정은 그만 짓자. 본인부터 활
짝 웃으며, 상대에게도 웃음을 주고 감동을 주도록 노력하자. 백지처럼
환한 웃음이야말로 진정한 삶의 여백이며 활력소인 것이다.

칡과 등나무葛藤

　　2010년 여름 한 모임에서 부부동반으로 태안 천리포에 있는 수목원에 갔다. 본래 천리포 수목원은 주한 미군 출신이었던 칼 페리스 밀러라는 분이 민병갈이라는 한국인 이름으로 귀화하여 평생을 바쳐 20만 평에 수목원을 가꾸어 놓은 곳으로 유명하다.

　　이 수목원은 일반에게 공개되지 않았으나 2002년 민병갈 씨가 81세로 별세한 후 천리포 수목원은 재단법인이 되었고, 정부가 공익 목적의 수목원으로 지정하여 공개되기 시작했다. 국제수목학회로부터 세계에서 12번째, 아시아에서 최초로 '세계에서 아름다운 수목원'으로 인증 받았으며, 국내 최대인 총 1만2천여 종의 식물을 보유하고 있다.

　　이곳은 4계절 어느 때나 꽃을 볼 수 있고 아름다운 자연풍광에 자생 및 세계 각국의 희귀·멸종식물의 재배, 자연과 인간이 공존하는 수목원으로 각광을 받고 있다. 입구에서부터 미리 예약한 자원봉사자의 안내로 아름다운 수목원을 둘러보기 시작했다.

　　가는 곳마다 우리나라 전역은 물론 세계 도처에서 들여온 희귀한 나무와 식물들이 아름다운 자태를 자랑하고 있었다. 중요한 것은 풀 한 포기 나무 한 그루마다 자세한 설명이 붙은 팻말과 함께 이곳으로 옮겨진 이야기는 물론 나무나 꽃 이름이 지어진 사연들이 쓰여 있었다는 점이며 이를 볼 때마다 민병갈 원장의 정성과 숨소리가 아직도 배여 있는 듯했다.

안내자의 재치 있는 말솜씨와 유머가 섞인 설명이 계속되는 가운데 한 시간쯤 지났을까? 칡과 등나무로 엉켜있는 큰 나무 앞에 다들 모이도록 한 후 안내자의 설명이 시작되었다.

"여러분 갈등의 어원이 무언지 아세요? 바로 저 나무들을 보고 하는 말입니다. 저 큰 나무를 좌측에서는 칡넝쿨이 치렁치렁 옆의 나무를 감고 있고, 우측에서는 등나무가 옆의 나무를 감고 있지요?"

자세히 보니 칡과 등나무가 가운데 나무 하나를 두고 한판 대결을 벌이듯이 서로 엉켜져 있었다. 반면 중간의 나무는 거의 본래의 모습을 구분하기 어려울 정도로 제대로 성장하지도 못한 채 거의 말라 비틀어진 상태였지만 칡과 등나무는 이 나무를 완전히 에워싸고 아직도 대결이라도 하는 듯 무성하게 자라고 있었다.

우리가 흔히 이야기하는 갈등葛藤이란 글자 그대로 칡 갈 자葛, 등 나무 등 자藤로 이루어졌다. 보통 칡은 아래의 나무들을 햇빛 부족으로 죽게 하고, 등나무는 자신이 기어 올라간 나무를 목 졸라 죽인다고 한다. 그런데 칡은 오른쪽으로, 등나무는 왼쪽으로 감아 올라가기 때문에 이들이 한곳에서 만나면 심각하게 서로 싸우게 된다는 것이다. 이게 바로 갈등이란 말의 어원이 된 것이다. 만일 이들 덩굴줄기를 풀어서 반대로 감아 놓아도 새로 자라나는 덩굴줄기의 끝은 고집스럽게 원래의 제 방향을 찾아간다. 서로 정반대 감기를 하는 칡과 등나무가 만나면 싸울 수밖에 없는 것이다.

지금 우리는 갈등과 대립의 시대에 살고 있다. 한국 사회에서 갈등은 노사갈등을 비롯해 지역갈등, 이념갈등, 양극화에서 나타나는 각종 갈등들이 다양한 형태로 나타나고 있고, 이러한 갈등은 회사 내 조직에서는 물론 가까운 가족, 친구, 특히 고부간에서는 늘 존재한다. 더구나 사회가 다원화되고 심지어는 백이십만 명이 넘는 외국인들이 이미 국내에 거주하면서 다문화에 대한 갈등이 점점 이슈로 부각되고 있다.

어느 곳을 막론하고 크고 작은 갈등이 없는 곳은 없다. 그렇다고 갈등이 언제나 부정적인 것만은 아니다. 사회갈등이 효과적으로 관리만 된다면 다이내믹한 국가발전의 새로운 에너지로 활용될 수도 있다. 또한 갈등은 사회가 그동안 간과해 왔던 구조적인 문제들에 대해 관심을 갖게 하고 해결책을 모색하는 계기가 될 수 있다. 그러나 갈등이 제대로 관리되지 못하면 정치와 사회가 불안해져 전반적인 경제활동이 위축되기 쉽다. 또한 국가적으로 꼭 필요한 정책이 집단행동에 막혀 실패하거나, 강력한 이익집단에게 유리한 방향으로 왜곡

될 수도 있다. 그렇다면 한국의 경우 사회갈등이 심한 탓에 얼마나 큰 경제적 손실이 발생하고 있을까?

삼성경제연구소가 개발한 사회갈등지수로 측정한 결과 우리나라의 갈등지수는 OECD 평균을 상회하여 27개 OECD 회원국 중에서 네 번째로 높다고 한다. 그리고 사회갈등지수가 1인당 GDP에도 영향을 주어 이 지수가 10% 하락할 때 1인당 GDP가 7.1% 증가한다고 하니 이는 사회갈등으로 인해 부담하고 있는 경제적 비용이 얼마나 큰 것인지를 잘 말해주고 있다.

갈등은 사전에 관리되고 예방한다면 얼마든지 그 피해를 줄일 수 있고 오히려 더 건전한 발전의 실마리를 제공해 줄 수가 있다. 갈등 관리의 권위자이자 갈등 자가 조정과 제3자 조정이라는 영역의 창시자인 미국의 다니엘 다나 박사는 "갈등은 먼저 예방하는 것이 중요하지만, 갈등이 생겼을 때는 자가 조정이 최선의 방법이다. 그러나 스스로 해결되지 않을 경우 제3자가 조정을 통해서 해결해 주어야 한다."라며 갈등 조정을 적극 권하고 있다. 갈등이 생기면 가깝게 지내던 사람들도 갑자기 말이 통하지 않는 딴 나라 사람으로 돌변해버리기 일쑤이기 때문이다.

갈등 해결에는 여러 가지 방안이 있다. 가장 중요한 갈등의 해결책은 자신의 마음을 먼저 다스리는 데 있고, 남을 공격하기 전에 자신의 마음의 문을 여는 데서 시작해야 한다고 생각한다.

여기서 더 중요한 것은 마음의 문을 스스로가 먼저 열어야만 상대방도 이를 확인한 후 안심하고 마음의 문을 열 수가 있기 때문에 마음의 문을 먼저 열 수 있도록 상대방 이야기를 적극적으로 들어주는 '적극적 경청'을 생활 속에서 실천해야 한다. 이는 갈등을 사전에 예방하고 줄이는 최선의 방법이 된다. 마음의 문의 크기와 열림의 정도는 훈련과 습관화 과정에 따라 얼마든지 바꿀 수 있다. 갈등을 해결하기 위해 모두가 각자의 생각과 발상을 바꾸는 동시에 갈등은 관리되고 개선된다는 사실을 알고 노력한다면 얽히고 꼬인 세상에도 변화가 가능하지 않을까.

✡ 인생경영을 위한 셈본식 Q&A

Q 마음의 문이 열려 있는가?

A 우리나라는 선진국 반열에 올랐지만 사회 내의 다양한 갈등들이 그 발목을 잡고 있다. 그 갈등들은 일견 '사회적'이라는 커다란 범위의 문제로 보이지만 사실은 개개인의 닫힌 마음이 원인인 것이다. 항상 마음의 문을 활짝 열고 상대방의 이야기를 적극적으로 들어 보자. 당신의 작은 태도 변화가 사회적 갈등 해결의 실마리이다.

삶의 쉼표

필자가 나가는 여러 모임 중에 이업종異業種 연합회라는 모임이 있다. 이 연합회는 업종이 다른 회사의 경영자들이 모이는 전국적 조직의 모임인데 필자가 이 모임의 단위회장직을 맡고 있었다. 작년 하반기 행사 중 하나로 1박2일 워크숍을 통해 친목도 다지고 내년 모임의 방향을 잡기로 했다. 그런데 이 모임의 고문을 맡고 있는 H형이 본인이 소유하고 있는 가평 소재 별장 겸 연수원을 추천하여 그곳에 모이기로 했다.

10월 중순이라 단풍이 어느 정도 시작되어 서울에서 남한강을 옆으로 끼고 달리는 길목은 상큼하게 불어오는 바람과 함께 가을의 정취를 물씬 느끼게 하였다. 한 시간 반 정도 달려 벼가 무르익어 고개 숙인 논밭 한가운데 있는 그곳에 도착했다. 생각보다 넓은 잔디마당과 지하 연수시설을 포함한 3층의 아담한 펜션이었는데 그 집의 이름이 바로 '삶의 쉼표'였다.

미리 준비된 민물 뱀장어와 숯불에 구운 바비큐, 그 지방의 특수 막걸리와 함께 저녁을 먹고 즐거운 환담의 시간이 이어졌다. 그 과정에서 초대해준 H형에게 이 펜션의 이름을 삶의 쉼표라고 지은 이유를 들어 보았다.

"음악이나 글에는 쉼표가 있다. 글에 마침표만 있고 쉼표가 없다면 너무 지루하고 문장이 길어진다. 또 무슨 말을 하려는지 요점을 파악하기조차 힘들게 된다. 만약 음악에도 쉼표가 없다면 금방 힘이 들고 숨이 막히고 만다. 그런데 우리는 이 소중한 인생에서 쉼표가 없이 앞만 보고 달리기만 하면서 살아가고 있다. 더 멋진 인생, 더 의미 있는 인생을 살아가려면 반드시 쉼표가 있어야 한다."

H형의 생각은 거기서 그치는 게 아니었다. 다른 더 큰 꿈이 있었다. "우리나라 직장인들은 대부분이 그저 달리기만 하다가 중도 퇴직이나 정년을 맞게 되면 준비된 제2의 삶을 살아간다는 것이 쉽지 않다. 많은 사람들이 희망을 잃고 살아간다는 것이 안타깝다. 이 공간을 쉼 없이 뛰는 사람들을 위해 쉼의 장소로 제공하고, 퇴직자들을 위한 희망의 프로그램을 개발하여 그들이 새로운 인생을 출발하는 계기를 만드는 명소로 개발하고 있고 지금도 일부는 진행하고 있다."고 열변을 토했다.

H형의 이야기가 끝나기 무섭게 큰 박수갈채가 쏟아졌다. 한편으로는 부럽기도 하고 각자 자기 자신을 한번 되돌아보고 반추하는 계기가 되기도 했다. H형도 인생의 한 정점이 되는 60이 넘는 어느 순간에 쉼표가 필요하다는 것을 깨닫고 이 연수원을 구상하게 되었다고 한다. 지금도 일주일을 월요일부터 쉼 없이 바쁘게 뛰지만 주말이면 가족들이나 친구들과 함께 여유와 쉼을 위해서 이곳에서 보낸다고 했다.

우리들은 쉼에 대해 바쁘다는 핑계만으로 너무나 무관심하고 인색하다. 우리들은 삶의 의미, 사랑, 행복, 여유가 뭔지도 모르고 헐

레벌떡 앞만 보고 뛰어다닌다. 그러나 숨 가쁘게 달리다 뒤를 살며시 바라보는 순간 내게 주어진 풍성했던 모든 것들이 차츰 떠나가고 있음을 느낀다.

앞에서 언급한 대로 한국은 자살률이 유난히 높고 직장인들이 일 때문에 받는 스트레스는 심각하다. 최근 한국 직무스트레스학회 조사에 따르면 우리나라 직장인 중 '업무 스트레스가 있다.'고 답한 비율은 96%로 미국(40%), 일본(61%)보다 월등하게 높다.

보통 회사에서 PC가 고장이 나면 업무를 할 수 없게 되기 때문에 회사에 수리를 의뢰한다. 이 경우 회사가 최대한 빠른 시간 내에 수리를 해준다. 그러나 직원들이 과도한 스트레스나 고민이 있을 때 이를 회사에 신고하기란 쉽지 않으며, 신고하고 싶어도 마땅한 경로가 없다. 그러다 보니 스트레스는 관리되지 않고 쌓여만 가게 되고, 결국 우울증이나 과로사 같은 돌이키기 힘든 치명적인 문제가 발생하고 나서야 후회를 하게 된다.

더구나 세계에서 가장 고령화가 빠르게 진행되고 있는 우리나라에서는 퇴직이나 정년이 빠르게 다가온다는 사실은 더 큰 문제를 안고 있다. 모든 사람들이 일생을 통해 끊임없이 노력하고 축적해왔던 경험이나 경력이 어느 한순간에 무용지물이 될 위험이 있는 것이다. 우리나라의 경우는 상시 구조조정이 지속적으로 이루어지고 있고, 조기 퇴직이 성행하다 보니 막상 한 분야, 한 직장에서 한쪽만 보고 달려온 직장인들한테는 충격이 아닐 수 없다.

적당한 쉼이야말로 미래를 위한 좋은 에너지이며 충전의 기회를 가져다준다. 충전을 해나가는 동안 행복이란 무엇이고 삶의 의미가 어디에 있는지도 되뇌어 보는 시간이 필요하다. 멀리에만 있다고 생각되는 행복의 문도 준비된 사람에게는 더 빨리 열리기 마련이다.

질 리포베스키는『행복의 역설』이라는 책에서 "사람들은 행복이 손에 닿을 만큼 가까이 있다고 생각하기 때문에 더 심한 절망과 상실감을 경험한다. 그리고 행복을 말하는 사람들의 눈에는 흔히 슬픔이 묻어있다."고 말한다. 행복은 잡으려고 쫓아만 가서는 잡을 수 없다는 것이다.

허구한 날 똑같이 이어어지는 삶 속에서 자신의 빛깔은 바래져 가고 쉼표 없이, 도도히 흘러가는 타성의 흐름을 따라 지금 우리는 떠내려가고 있는지 모른다. 이제 자신의 뒤를 돌아보고 주위도 살피며, 적당한 쉼표를 찍어가며 스스로 만들어 놓은 덫에서 벗어나야 한다. 음표뿐만 아니라 쉼표가 음악을 완성하는 것처럼, 때로는 삶에도 빈칸이 필요하기 때문이다.

✦ 인생경영을 위한 셈본식 Q&A

Q 우리의 삶에 쉼표는 있는가?

A 하루하루 그저 일상의 흐름에 몸을 맡기고 사는 건 아닌지 생각해 보자. 우두커니 서서 뒤를 돌아보고 한 번 크게 숨을 들이마시자. 경주마처럼 끊임없이 달려온 자신이 보일 것이다. 이제는 '쉼표'라는 나무를 심는다는 심정으로 쉬자. 후일 그 나무는 힘들 때면 언제든지 기댈 수 있는 든든한 등받이가 될 것이다.

김수환(스테파노) 추기경

"고맙습니다." "사랑 합니다."

2009년 2월 16일 호흡 곤란과 혈압 저하로 인해 향년 87세로 선종善終하신 김수환 추기경이 선종 직전 우리들에게 남기신 말이다.

1968년 서울대교구장 취임식에서 그는 "교회의 높은 담을 헐고 사회 속에 교회를 심어야 한다."라고 말함으로써 교회 쇄신과 현실 참여의 원칙을 분명히 했다. 또한 교회는 가난하고 힘없는 사람들을 위해 종교적인 양심으로 그들의 입장을 대변해야 할 것이라고 주장 했으며, 교회는 정치적·사회적인 권력보다 인간 존엄성의 가치를 근본적인 신념으로 삼아 사회와 인류 안에서 빛의 역할을 수행해야 한다는 종교적 현실참여를 강조했다.

따라서 교회는 절대로 불의와 부정과 타협하는 교회 공동체가 아닌 인간 모두가 순수한 양심에 따라 내면의 회심으로써 사회정의를 실현해야 할 것을 주장했다.

2007년부터 건강이 악화되어 2009년 2월 16일 호흡 곤란과 혈압 저하로 인해 87세로 선종하신 후 빈소는 명동성당에 마련되었고, 그의 선종 이후 그를 추모하는 국민들의 열기가 뜨거워 명동성당을 찾은 조문객이 40만 명에 이르렀으며, 우리 사회에 추기경의 장기 기증 사실이 알려지며 장기 기증 열풍이 일어나는 계기가 되었다.

아침이면 태양을 볼 수 있고
저녁이면 별을 볼 수 있는
나는 행복합니다.
잠이 들면
다음날 아침 깨어날 수 있는
나는 행복합니다.
꽃이랑,
보고 싶은 사람을 볼 수 있는 눈.
아기의 옹알거림과
자연의 모든 소리를 들을 수 있는 귀.
사랑한다는 말을 할 수 있는 입.
기쁨과 슬픔과 사랑을 느낄 수 있고
남의 아픔을 같이 아파해줄 수 있는
가슴을 가진 나는 행복합니다.

- 김수환 추기경의 '우리가 서로 사랑한다는 것' 중에서 -

Part **4** 곱하기의 장

꿈의 격차
열정熱情의 바이러스
링겔만 효과와 주인의식
최선最善을 다하는 마음
범사철저凡事徹底 이야기
불안不安의 힘
147/805 실패의 법칙
몰입의 즐거움
긍정 에너지
*상징인물 : 안중근

성공한 사람들의 공통된 성공 유전인자는 대개 비슷하
다. 자기가 가지고 있는 원대한 꿈에 대한 도전정신과 식지
않는 열정이다. 아무리 좋은 꿈이나 비전이 있더라도 이를
발화시키고 불태울 수 있는 열정과 에너지가 없으면 모두
허사다. 열정만 있다면 생각은 행동이 되고, 꿈은 현실이 된
다. 미래에 대한 꿈이나 기대가 열정을 발휘하는 크기에 의
해 몇 배, 수십 배의 현실이 되는 것이다.

꿈의 격차

"부의 격차보다 무서운 것이 꿈의 격차다."라는 말이 있다.

성공한 사람들의 공통된 특징은 꿈과 비전이 명확했고 열정을 가지고 이를 지속적으로 실천했다는 것이다.

이러한 꿈은 뜨거운 열정과 간절한 몸부림이 녹아 있어야만 비로소 실현이 된다. 꿈과 비전은 목표와 성공을 향한 길이며 그것들은 아무리 어려운 역경과 시련이라도 극복할 수 있는 반전의 계기가 된다. 이 천 번 이상의 실험 끝에 발명된 전구에 대해

"나는 한 번도 실패한 적이 없다. 단지 이 천 번의 단계를 거쳐 전구를 발명했을 뿐이다."라는 에디슨의 말처럼 열정과 노력으로 그 목표를 이루고 나면 나도 모르게 성공 신화의 주인공이 되는 것이다.

과연 꿈과 비전은 무엇인가? 한 소설에 이러한 이야기가 나온다.

"꿈이 있습니까? 꿈이 없는 사람은 이 세상에 한 종류의 사람밖에 없습니다. 그것은 죽은 사람뿐입니다. 열정을 버린다는 것은 곧 비전과 꿈을 포기하는 것입니다." 이와 같이 꿈과 비전이 있으면 그것을 현실화하고자 하는 노력, 즉 계획을 세우고 목표를 향한 행동을 하게 된다.

그 예로 하버드 MBA과정 재학생들을 대상으로 25년 동안 진행된 목표 설정에 관한 연구를 들어보겠다. 재학 시절 뚜렷한 목표를 세우고 그것을 달성하기 위한 구체적인 계획을 세운 학생은 전체의 3%였고, 13%는 목표는 뚜렷했지만 구체적인 실천계획은 없었다. 나머지 84%는 뚜렷한 목표조차 없었다. 재미있는 건 그들의 졸업 후 수입이다.

목표와 계획이 뚜렷했던 3%는 나머지 97%의 평균수입 10배에 달하는 수입을 올리고 있었고 목표만 있던 13%는 나머지보다 평균 2배의 수입을 올리고 있었다. 목표와 계획이 같은 강의실에 앉아 있던 사람들의 운명을 바꾸어 버린 것이다. 이처럼 꿈과 비전은 바로 열정과 성공을 북돋우는 뿌리이고 힘이다.

위대한 사람일수록 고통과 역경이 많으나 이런 모든 것들을 헤치고 우뚝 일어서 역사에 남을 수 있었다. 그들 모두 자신만의 꿈과 비전을 가지고 있었으며 그것들을 이루어 냈다.

그중에서도 인류 역사상 가장 넓은 영토인 아시아의 끝에 위치한 몽고에서부터 중국, 러시아를 비롯하여 유럽의 대부분까지, 즉 지구의 동서를 가로지른 대륙을 거의 점령한 유일한 인물이 있다. 97년 4월 뉴욕 타임지에서 선정한 '세계를 움직인 가장 역사적인 인물' 중 첫 번째로 뽑힌 칭기즈칸이다. 그에게 자기 민족인 몽골족을 하나로 뭉치게 하고 움직이도록 만든 '웅대한 비전'이 없었다면 꿈은 이루어지지 않았을 것이다.

그는 "한 사람이 꾸는 꿈은 꿈에 불과하지만 만인이 꿈꾸는 꿈은 현실이다."라고 하면서 모든 사람의 꿈을 현실인 하나로 뭉치게 하여 공동의 목표를 이끌어 내고 승승장구할 수 있었다.

꿈과 비전은 실현 가능한 것이어야 하고 현실적이어야 한다. 지나치게 낙관적인 꿈과 비전은 스스로에게 마음의 상처를 남길 수 있으며 허황된 꿈은 자신과 자신의 주변을 더 황폐하게 만들 수 있기 때문이다. 실현 가능한 꿈과 비전을 가진 사람만이 그것들을 현실화하고 그에 따라 행동한다고 한다. 멋지고 성공적인 미래는 이를 위해 미리 준비하는 남다른 현재가 있기 때문에 이루어질 수 있다.

베트남 전쟁 당시 월맹군(북베트남군)에 잡힌 미군 포로들 가운데 낙관적인 성향의 사람들은 대부분 죽고 오히려 그렇지 못한 사람들이 더 많이 살아남았다고 한다. 일반적인 통념과는 달리 수용소에서 살아남은 사람들은 낙관주의자가 아니라 현실주의자였다고 한다.

낙관주의자는 다가오는 크리스마스에는 나갈 수 있을 것이라고 스스로와 주위 사람들에게 희망을 불어넣다가 크리스마스가 지나면 다시 다가오는 부활절에는 나갈 수 있을 것이라고 주장하는 일을 반복하면서 결국 실망과 상심을 계속하다 죽었다고 한다.

반면 현실주의자는 크리스마스 때까지는 나가지 못할 것이라고 생각하면서 그에 대비하는 마음을 가짐으로써 결국 살아남을 수 있었다고 한다. 낙관주의자들은 기대와 실망을 반복하다가 극심한 절망과 나약함에 빠지지만 현실주의자들은 최악의 상황을 전제로 앞으로 벌어질 일에 대하여 미리 각오를 다지기 때문이라고 한다.

전쟁 영웅 스톡데일 장군은 하노이 포로수용소에 수감된 병사들 중에서 미군 최고위 장교였으며 수용소에 갇혀 있는 8년 동안 많은 고문을 당하면서도 가능한 한 많은 포로가 살아남아 고향으로 돌아갈 수 있도록 만들었다.

그의 이름에서 따온 '스톡데일 패러독스'는 아무리 어려워도 결국에는 성공할 거라는 믿음과 꿈을 잃지 않으면서 동시에 그것이 무엇이든 눈앞에 닥친 현실 속의 가장 냉혹한 사실들을 직시하는 것이 개인이든 기업이든 성공할 수 있는 근본적인 사고방식이라고 가르치고 있다.

내가 아는 구건서 노무사는 정말 이런 측면에서 대단한 분이다. 중학교 중퇴가 전부인 그분은 배가고파 물건을 훔치다가 소년원까지 다녀오고, 택시운전을 하면서도 끝까지 꿈을 버리지 않고 우리나라 최고의 공인노무사로 성공을 한 분이다.

그는 오십 중반을 넘긴 지금도 100가지의 꿈을 노트에 빼곡하게 적어놓고 하나하나 지워가고 있다. 그의 꿈은 스톱이 없이 죽을 때까지 현재 진행형이다. 오늘도 박사학위를 예순 안에 취득하는 목표를 달성하겠다는 꿈을 향해 주경야독에 빠져있다.

내가 아는 한 CEO는 "Do first, Next Dream!"

즉, 먼저 실행하고 꿈은 나중에 생각해보라는 것을 경영의 원칙으로 삼고 있었다. 행동과 실천이 따르지 않는 꿈은 허황할 수 있다는 경고의 메세지가 듬뿍 담겨있다.

꿈은 이루어 내겠다는 열정과 노력 앞에서만 '적군이 백기를 들고 투항'하듯이 큰 저항 없이 멋지게 다가온다. 결국에는 성공할 수 있다는 꿈과 비전을 갖는 것도 중요하지만 이를 성취하기 위해서는 현실을 직시하고 열정을 가지고 하나하나 구체적으로 실천에 옮기는 끈질김이 필요하다는 것을 말해 준다.

Q 허황된 꿈을 꾸고 있지는 않은가?

A 꿈이 명확해야 성공할 확률도 높아진다. 하지만 허황된 꿈은 오히려 자신과 주변을 더 황폐하게 만들 수 있다. 결국 실현가능한 꿈과 비전을 가져야 하며, 그래야 꿈을 잃지 않으면서도 꿈을 이루는 과정에서 닥치는 가혹한 현실들도 직시하고 극복하며 비로소 꿈에 도달할 수 있는 것이다.

열정熱情의 바이러스

사실 역사상 모든 위대한 일 중 열정 없이 이루어진 것은 없다.

『백만 불짜리의 열정』의 저자이자 GE에서 CEO로 성공한 이채욱 사장은 진실한 성공의 의미로 "가까운 사람들에게 존경을 받아야 한다고 생각하며 큰일이든 작은 일이든 매사에 성심을 다해 열정을 쏟아부어야 하고 항상 진실은 이미 우리가 알지만 실행하지 못한 것"이라고 말했다. 성공한 사람들에게는 항상 목표를 세우고 끊임없이 그것을 성취하기 위해 열정을 쏟아부은 흔적을 볼 수 있다.

암을 극복한 사나이, 랜스 암스트롱. 결국 암도 그의 열정적인 의지와 도전에 무릎을 꿇었다. 아무리 열정이 높고 도전의식이 강하더라도 중도에 포기하면 수포가 된다. 랜스 암스트롱이 암을 극복하고 7연패를 이룬 것도 그의 끈기와 열정이 없었다면 안 되었을 것이다. 그만큼 열정적이고 도전적이었던 사람도 드물다.

그는 1996년 고환암이 폐와 뇌까지 전이돼 생존가능성이 절반이라는 의사의 진단으로 고환과 뇌의 일부를 잘라내는 대수술을 수차례 받았었다. 3년간의 투병생활에서 일어난 뒤 99년 뚜르 드 프랑스를 제패, 세계를 놀라게 한 것도 모자라 그는 2005년까지 7연패라는 금자탑을 이루는 등 불굴의 의지를 보였다. 몇 년 전인 2007년 9월 초 우리나라에서 뚜르 드 코리아라고 명명한 사이클 대회가 열렸고 이 대회를 주관하기 위해 랜스 암스트롱이 방한하기도 했다.

암스트롱은 자서전인 『희망』에서 다음과 같은 메시지를 우리에게 남기고 있다. "암이 내 육신을 바꾸어 놓은 것은 아니다. 다만 내 정신을 바꿔놓았을 뿐이다. 암이란 진단을 받기 전의 나는 대단한 게으름뱅이였다."

열정은 전염성이 있어서 주위에 전염된다. 열정적인 사람들은 어떻게든 일을 해내고 말기 때문에 훌륭한 리더에게서는 주어진 일을 해내고자 하는 열정을 느낄 수 있다. 열정적인 사람들은 다른 사람들에게 사기와 의욕을 불러일으킨다. 사람들은 자신이 하는 일에 애정과 열정을 가진 이들을 따르게 마련이다.

한 보고에 따르면 100명 중 99명이 긍정적으로 생각하는 사람들 옆에 있고 싶어 하며, 10명 중 9명은 자신의 주위에 긍정적인 사람이 있을 때 생산성이 높아진다고 답했다고 한다.

꿈이나 비전이 아무리 훌륭해도 열정이 없으면 실행력이 없고 실행력이 없으면 그저 밤에 꾸는 꿈일 뿐이다.

어려움을 극복하고 성공한 사람들은 공통적으로 비전과 꿈이 있고 분명한 목표를 가지고 산다. 그리고 이를 성취하기 위한 에너지와 일에 대한 열정으로 가득하다. 열정의 에너지는 긍정적인 사고로 이어지며 긍정의 에너지는 모든 난관을 극복해 갈 수 있는 성공의 DNA로 진화한다. 주위를 탓하고 불평하기 전에 일에 대한 열정의 에너지를 갖는 것이 직장인들이 사춘기 증후군을 벗어날 수 있도록 하는 가장 좋은 특효약인지 모른다.

✦ 인생경영을 위한 셈본식 Q&A

Q 당신은 조직에 열정을 불어넣는 사람인가?

A 열정은 전염성이 있다. 열정적인 사람은 주위 사람들까지도 열정적으로 만들며, 이런 열정이 긍정적인 사고로 이어지고 난관을 극복하게 만들며 생산성과 성공 가능성을 높이게 되는 것이다. 열정적인 사람의 옆자리를 차지하려 애쓰기 전에 자신이 먼저 열정을 전파하는 사람이 되어보는 것이 어떨까.

링겔만 효과와 주인의식

　　독일 심리학자 링겔만은 집단 속 개인의 공헌도를 측정하기 위해 줄다리기 실험을 해봤다. 1대1 게임에서 1명이 내는 힘을 1백으로 할 때 참가자 수가 늘면 개인이 어느 정도의 힘을 쏟는지를 측정했다. 2명이 참가하면 93%로, 3명이 할 때는 85%로 줄었고 8명이 함께 할 때 한 사람은 49%의 힘, 즉 혼자 경기할 때에 비해 절반의 힘밖에 내지 않았다. 참가하는 사람이 늘수록 1인당 공헌도가 오히려 떨어지는 이런 집단적 심리현상을 '링겔만 효과'라고 부른다.

　　이처럼 자신에게 모든 책임과 권한이 주어져 있는 1대1 게임과는 달리 여러 명 가운데 한 사람에 불과할 때는 사람은 책임감이 없기 때문에 전력투구하지 않는다.

　　주인정신은 곧 자주정신과 책임의식이다. 인간은 자주성과 책임감을 가지고 살아야 할 존재이다. 그런데 인간 내면 심리에는 자주성과 책임감을 내버리고, 피동적으로 자신의 삶을 살아가는 노예근성도 숨어있다. 주인이 아니기 때문에 적당히 해도 된다는 생각이 노예근성이다.

　　조직에서 상사가 시키는 일만 겨우 해내고도 할 일을 다 했다고 생각하는 샐러리맨들이나 공무원이 규정과 절차에 얽매여 사회적 가치를 훼손하는 것은 곧 노예근성이다. 시민이 불의를 보고 외면하는 것도 노예근성이다. 노예근성이 생기면 창조적 사고방식은 사라지고 규정과 절차에 더욱 집착하게 된다. 이치를 밝히고 스스로 판단하고 행동하기보다는 시류에 따라 흔들리며 힘 있는 사람에게 맹종하기를 즐긴다.

아무리 비싼 돈을 주고 일을 시켜도 가정부가 한 일은 집의 안주인 주부가 한 일과는 질적인 면에서 차이가 나게 마련이다. 주부에게는 '이 일은 내 일이다'라고 생각하는 주인의식이 있기 때문이다. 자신과 세상에 주인이 되어 살아간다는 것은 무릇 고통과 희생을 수반하지만 바로 그것이야말로 삶의 보람이며, 진정한 애정을 가지고 솔선수범한 사람만이 느낄 수 있는 참된 기쁨이다. 사실 머슴이 주인이 될 수는 없는 일이다. 그러나 주인과 같은 머슴은 얼마든지 가능하며 조직에서 성공한 사람들의 특징이기도 하다.

개인은 물론 우리 사는 세상도 마찬가지이다. 도산 안창호 선생은 "한나라의 흥망성쇠는 그 국민의 주인정신에 달렸다."고 갈파했다. 주인의식을 가진 국민이 많은 사회와 그렇지 못한 사회는 그 근본에서 다를 수밖에 없다. 누구나 살고 싶어 하는 아름다운 세상은 장밋빛 꿈이 아니라 시민들의 주인의식이 만들어 낸다. 아름다운 세상은 우리 모두가 자유의지를 갖고 이 사회의 주인이 되어 각자 맡은 역할에 최선을 다할 때 완성되는 것이다.

요즘처럼 경기가 안 좋은 불황기일수록 주위를 돌아보면 모든 문제를 남의 탓으로 돌리려는 사회풍토가 만연되어 있어서 마음을 아프게 한다. 스탠드에 편안히 앉아 그라운드에서 땀 흘리며 뛰는 선수를 탓하는 관중의 역할에 안주하고 있는 것이다.

지금 우리 사회가 금융위기 등으로 여러모로 어려운 상황인데도 불구하고 잘되는 음식점이 분명히 있다. 그런 음식점 주인이 솔선수범하는 것은 너무 당연하고 직원들을 보면 한결같이 주인처럼 친절하고 성의 있게 손님들에게 서비스하고 있다.

좋은 교회일수록 목사와 장로가 겸손한 마음으로 교회 앞마당을 쓴다. 또한 좋은 절일수록 주지스님의 겸손이 땅에 닿으며 행동이 공양주보다 부지런하다. 바로 리더가 가지고 있는 '주인의식'이다.

공장에서도 각자가 하고 있는 일에 모두가

'~ 이것이 내 것이라면…'

'~ 이곳이 내가 주인이라면…'

'~ 이 돈이 내 돈이라면…'이란 마인드로 바른 행동과 실천으로 몸을 사리지 않고 일을 한다면 한 번 더 닦고, 조이고, 기름칠 할 것이다. 자기 회사나 기업을 자랑스럽게 여기는 사람은 어느 회사에서든 주목받으며 출세의 길을 간다. 회사나 기업이 찾고 있는 인재가 바로 회사를 사랑하고 주인의식이 두터운 사람이기 때문이다.

"책임감 있는 주인의식은 나의 Pride요, 내가 가져야할 가장 중요한 성공DNA이다."

Q 주인의식을 가지고 살아가는가?

A　조직에서 머슴이 주인이 될 수는 없지만 주인 같은 머슴은 가능하다. 사장처럼 주인의식을 갖고 일한다면 그 직원은 언젠가는 반드시 성공하고 기업을 이끄는 사장도 될 수 있는 법이다. 결국 성공하는 사람은 내 안에 있는 노예근성을 몰아내고 주인의식으로 똘똘 뭉쳐 책임감 있게 행동하고 실천하는 사람일 것이다.

최선_{最善}을 다하는 마음

우리 집 현관문을 열고 들어서면 정면에 커다란 액자 하나가 걸려 있다. "최선_{最善}을 다하는 마음"이라고 쓴 우리 집 가훈이다. 25여 년 전쯤 당시 초등학교에 다니던 아들이 갑자기 "우리 집 가훈이 뭐예요?"라고 묻는 바람에 가족끼리 의견을 모아 만든 것이다.

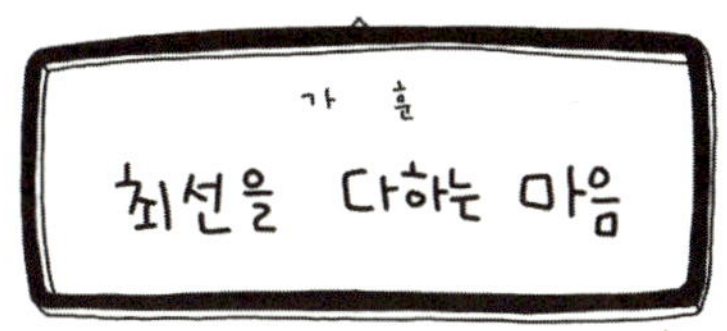

나의 일본주재원 생활로 인해 아이들은 한참 말을 배울 때 한국에 들어왔다. 그러다 보니 국어를 제대로 할 수 없었고 당연히 공부는 뒤처질 수밖에 없었다. 그래서 나는 애들이 어렸을 적부터 최선만 다하면 결과는 묻지 않겠다고 아이들과 약속했다. 스스로 하고 싶어 하는 일에 대해서는 부모의 욕심을 버리고 적극 지원하기로 했다.

그래서 큰 아이는 미술에 관심을 가지고 있어 그 쪽 최고의 코스인 예원여중과 서울예고를 거쳐 미술대를 다니며 시각 디자인을 복수전공하여 디자인 회사에서 일하다가, KAIST를 나와 삼성전자에 다니는 사위를 만나 결혼하여 애 둘을 낳아 잘살고 있다.

작은 아이가 문제였다. 아들 녀석은 아예 한국말도 제대로 배우지 못한 상태에서 일본 유치원을 다니다가 돌아왔으니 더욱 심각했다. 그저 컴퓨터에만 관심이 있었다.

"작은 아이를 저렇게 내버려 둘 거예요!"

마누라는 매정한 나를 탓하며 아버지로서 관심을 가지라고 했지만 스스로가 좋아하는 것을 찾도록 거리를 두며 지켜보았다. 오직 게임이나 컴퓨터에만 관심을 갖던 작은 아이는 관련 자격증을 따기 시작하더니 스스로 자격증 취득에 흥미를 갖기 시작했다. 그 결과 이 자격증을 활용하여 수시입학이라는 혜택을 받아 대학을 갔고, 군 시절에는 대한민국 육군 군인 가운데 가장 많은 23개의 자격증을 보유한 '자격증 최다보유자'로 국방일보에 보도되었다. 이 자격증 덕분에 지금은 삼성에 입사해 대리로 근무하고 있다. 요즘에는 입사도 문제지만 회사에 적응하는 것과 일에 대한 올바른 생각을 갖는 것이 무엇보다도 중요하다. 아들 녀석은 다행히 회사에 잘 적응하고 일찍 결혼도 하여 손자 둘을 낳아 잘 키우고 있어서 너무 고맙다.

지금 생각해도 공부를 강요하지 않고 스스로 좋아하는 것을 하도록 참고 기다려 보았던 것이 잘했다는 생각이 든다. 지금도 나는, 다 큰 아이들이지만 언제든지 긍정의 마음을 가지고 지금하고 있는 일에 최선을 다 할 것을 주문한다.

요즈음 대학생들은 참 바쁘다. 학교 생활하랴 영어 공부하랴 자격증 취득하랴 해외연수도 갔다 오랴 기업들에게 잘 보이기 위해 하드 스펙 쌓기에 열중한다. 물론 회사가 기준으로 요구하는 스펙은 어느 정도 존재하지만 과연 스스로는 진짜 회사가 원하는 스펙을 알기나 있는가? 나는 젊은 사람들에게 꼭 강조하는 것이 있다.

"인간이 먼저 되어라. 그리고 당신이 뭘 잘하는지 발견해서 그것에 집중해라. 마인드 스펙이 빠듯해야 면접에서 떨어지지 않는다. 그리고 젊은 사람이 도전하면 인생이 충분한 보상을 해주는데 왜 안주하며 살려고 하는가?"

마음의 스펙이 부족한 사람은 '보이는 스펙'이 빽빽해도 면접에서 십중팔구 떨어진다. 많은 젊은이들이 진짜 최선을 다해야 할 것에 관심을 두지 않고, 눈에 보이는 하드 스펙에 목숨을 건다. 그래서 적당한 영어 점수를 넘어 가장 높은 점수를 획득하려고 욕심을 부린다. 한국에서 영어를 공부해도 충분한데 굳이 외국에 가서 자신의 회화 실력을 키우며 자신을 뽐낸다.

회사가 지정해주는 스펙의 기준을 넘어서면 그 다음부터는 스스로가 '내가 어떤 사람이지' 하고 고민해 봐야 한다. 원하는 직무를 고른 다음에는 그 회사가 어떤 제품을 생산하는지 어떤 인재상을 원하는지 꼼꼼히 따져보며 지원을 해야 취업 성공의 길이 보일 것이다. 나는 삼성 인사팀에서 수많은 지원자들의 면접을 직접 본 적이 있다. 회사에서는 적정 스펙을 넘기면 그 사람의 인성을 본다.

예를 들어 화려한 스펙을 갖추고 면접을 보는 친구들이 스스로의 무덤을 파는 대답을 하는 경우도 있다. 얼굴을 마주보면서 약간의 대화를 해보면 그 사람의 인생이 그려지듯 느껴진다. 회사는 면접과정에서 그 사람이 살아온 인생을 보려고 하지 결코 그 사람이 취득한 몇 장의 자격증과 성적표를 가지고 판단하지는 않는다.

그러면 언제까지 하드 스펙을 맞출 수 있을까? 안타깝게도 많은 젊은이들이 졸업을 하고 뒤늦게 스펙을 완성하려고 노력하는 모습을 볼 수 있다. 하지만 대기업은 3학년을 이수한 많은 친구들의 가능성을 보려고 하지 나이 든 패잔병에게 기회를 주며 '어서 오세요' 하지는 않는다. 하드Hard 스펙은 늦어도 대학교 3학년 때까지는 완성을 시켜놓아야 하며, 이는 취업에 있어 필요조건에 불과할 뿐 충분조건은 결코 되지 못한다.

문제는 취업을 위해서는 소프트 스펙, 즉 마음의 스펙을 준비해야 한다. 마음의 스펙은 바른 생각과 일에 대한 올바른 인식, 그리고 도전과 열정 같은 에너지를 가지는 마음의 자세가 중요하다. 면접은 하드 스펙을 보는 게 아니라 이러한 마음의 스펙을 체크하고 확인하는 일이다. 이를 통해 최선을 다하며 지금까지 살아왔는지도 금방 알 수 있다.

불행이도 요즘 젊은이들에게 최고 인기 직종은 '공직자'이다. 적당히 근무를 하며 꼬박꼬박 월급을 타 가는 것도 보람찬 직업이고 삶의 목표가 될 수 있지만 앞으로의 시대는 '지식사회'이자 창조의 시대다. '도전과 창의성'을 실천하는 자에게 큰 기회가 올 것이다. 시대가 변화하면 안주하는 공무원으로 살아가는 사람들에게 언젠가 위기가 닥칠 수 있음을 명심해야 한다.

뉴질랜드에 사는 '키위새'나 이미 멸종한 도도새가 안주하다가 결국 위험이 닥친 것처럼 안락 속에는 반드시 위험이 도사리고 있다. 21세기 젊은이들은 현실에 안주하지 말고 스스로 앞서 도전하고 부딪치며 나아가야 한다.

"최선을 다 한다."는 것은 무슨 일을 하든지 너무나 당연하지만 사람에 따라서는 그렇지 못하다. 최선을 다한 후, 그 결과가 좋든 나쁘든 결과에 승복하는 것도 그리 쉬운 일이 아니다. 직장, 사회 그리고 가정에서 최선을 다하는 사람들을 보면 항시 아름다워 보인다.

살아가는 동안 최선을 다하는 순간순간이 축적되어 탄탄한 인생을 형성해 나간다면 후회가 없고 의미 있는 삶이 되지 않을까?

✇ 인생경영을 위한 셈본식 Q&A

Q 최선을 다하는 삶이란 어떤 삶인가?

A 요즈음 대학생들은 눈에 보이는 스펙을 쌓기 위해 바쁘게 살아간다. 하지만 겉으로 보이는 스펙을 완벽하게 갖춘다고 해서 좋은 직장과 성공을 얻을 수 있을까, 그렇지 않다. 중요한 것은 '마음의 스펙', 즉 최선을 다하는 삶의 태도를 갖추는 것이다.

회사나 사회가 요구하는 인재 역시 최선을 다해 살아온 사람이며, 그런 사람만이 최선을 다한 순간순간들을 축적해 성공에 이를 수 있다. 겉에 드러난 하드 Spec보다 Spirit가 더 중요하다.

범사철저凡事徹底 이야기

    필자가 20여 년 전 신규 사업을 시작하는 삼성그룹의 한 계열사에서 교육팀장으로 재직한 일이 있다. 그 당시 어떤 교육과정이든 교육이 끝나면 교육운영에 대한 결과를 평가했다. 그 평가결과는 다음에 다시 진행되는 과정의 개선을 위해서도 필요하지만 강사 평가에 절대적인 판단 자료가 되어 이 평가에서 낮은 점수를 받으면 다시는 부르지 않을 정도로 중요한 역할을 한다. 이러한 평가에서 좋은 평가를 받는 강사는 대개 이름값을 하는 유명인들이 많았다.

    내가 재직한 2년 동안 약 2,000여 명의 대졸 신입사원 입문교육 과정이 제일 큰 규모였다. 6주간의 신입사원 입문 교육은 한번 들어오면 한 달간 외출, 외박도 금지시키고 이른 새벽부터 밤늦게까지 진행되었다. 6주간의 과정이 끝나면 완전히 다른 사람으로 개조될 정도로 입문교육은 철저하기로 유명하였다.

    그 교육과정 중에서 가장 평가가 좋았던 과정은 의외로 '화장실 청소체험' 과정이었다. 내 기억으로는 그 당시 평점이 100점 만점에 99.8점 정도였다. 유명강사를 불러 만든 과정도 아니고 그렇다고 재미있는 교육과정도 아니었다. 어느 때는 한겨울 영하 10도의 추운 새벽녘에 얼음물을 깨고 고속도로 화장실 청소를 시킨 일도 있었다. 화장실 청소는 여느 화장실 청소와는 달랐다. 청소할 때 손에 고무장갑 끼는 것도 허용되지 않았고, 더럽던 변기가 윤기가 나게 정성껏 닦고 합격할 때까지 해야 하는 힘든 과정이었다.

격세지감이라고나 할까. 요즘 우리나라 고속도로 화장실은 선진국에서나 볼 수 있을 정도로 잘 꾸며놓았고 매우 깨끗하다. 하지만 그 당시의 화장실은 지저분하기 이를 데 없었고 이곳저곳에서 물이 새거나 고장이 나 있기도 했다. 여하튼 그 더럽던 공중화장실들이 신입사원 교육과정이 끝난 뒤에는 완전히 새로운 모습으로 변해 있었다.

물론 이러한 청소는 신입사원 교육에 그치지 않고 회사 내에서도 사장님은 물론 전 임원, 간부들이 조를 만들어 사내 화장실을 직접 매일 청소하도록 했다. 그리고 '화장실 청소는 우리의 손으로 한다.'는 취지에서 사내에서 청소하는 아주머니들에게는 아예 다른 일을 맡겨버렸다.

이러한 청소방식은 일본의 자동차용품 판매업계에서 수위를 다투는 기업 '엘로우 햇Yellow Hat'의 아주 독특한 기업이념에 따른 사풍에서 시작된 것이다. 그 회사의 청소 노하우를 도입하여 신입사원 교육으로 접목한 것이었다.

이 회사의 카기야마健山 사장은 당시 60대 중반이었다. 일본에서 30여 년 전부터 아침 일과를 청소로 시작하기로 유명한 분이었다. 청소도 빗자루나 걸레로 간단히 쓸고 닦는 식이 아니라 변기에 묻어 있는 오물을 청소 장갑도 끼지 않고 맨손으로 직접 처리하는데 때로는 근처 학교 화장실까지 회사 직원들과 같이 청소한다는 것이었다.

심지어는 이 회사에서는 눈이나 비가 오는 날에도 차를 몰고 나가면 금방 더러워질 자동차를 정성들여 깨끗이 닦아 놓기도 했다. 금방 더러워질 것을 뻔히 알면서도 청소하는 이런 행동이 비효율적임에 틀림없지만 그 결과는 의외였다는 것이다. 250대에 달하는 회사 차량의 사고율이 제로라는 것이었다. 자동차를 청소하는 것은 자신의 마음을 청소하는 것과 같은 효과를 주어 자연스럽게 사고가 없어지게 되었다는 것이다.

그 당시 우리 회사 직원들이 직접 일본에 가서 청소에 대한 체험 연수를 받기 위해 그 회사를 방문했다. 이 회사가 청소에 열심인 이유가 무엇인지 묻자 카기야마 사장은 이렇게 이야기했다.

"장사라는 것은 주위에 있는 사람들과 친해져 고정고객을 통해서 이뤄져야 합니다. 사원들은 청소할 때 화장실 변기에 맨손을 댈 수 있다면 이 세상에 못할 것이 없다는 용기를 갖게 되고 '작은 일을 소중히 하는 범사철저凡事徹底'야말로 불멸의 상혼입니다. 이것만 몸에 배면 돈은 스스로 들어오게 되어있습니다. 천하에 이름을 남기는 것도 모두가 다 이와 같은 작은 것에서 출발하는 것이지요."

그러면서 이렇게 강조한다. "눈은 겁쟁이지만 손은 용감하다. 무엇인가 결과를 얻는 일은 누구든 할 수 있다. 그런데 얻는 것이 적으면 하고 싶어 하지 않는다. 그러나 시각을 바꿔 생각하면 세상은 어려운 일을 해낸 사람만이 성장하게 되어 있다. 어려운 일을 전혀 하지 않고 성장하는 사람은 없다."

아무것도 아닌 청소라고 했지만, 사실 여기에는 경영의 핵심이 들어 있는 것이다. 요즘 우리나라에 통 큰 일들이 너무 자주 일어나고 있다. 툭하면 세계 최초요 세계 최대라고 한다. 또 극적인 타결이라는 신문 타이틀이 고정 메뉴로 등장한다. 카기야마 사장의 소중한 철학은 큰 것을 이루기 위해서는 작은 것에서 출발해야 한다는 의미에서 훌륭한 메세지가 아닐 수 없다.

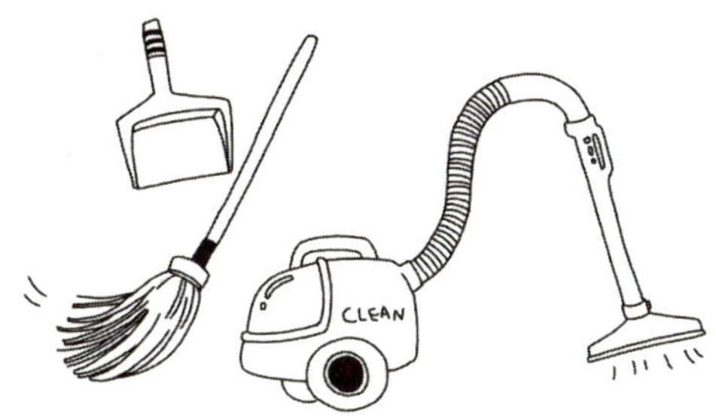

최근 최고의 품질과 신뢰로 100년 기업 GM의 아성도 무너뜨린 도요타가 사소한 작은 결함에 소극적으로 대응했다가 800만 대의 리콜을 당하면서 위기에 봉착한 것을 보면 작은 것의 파괴력은 대단하다.

변화와 혁신도 마찬가지다. 혁신하면 으레 핵폭탄급의 큰 변화를 생각하게 마련이지만 더 중요한 것은 보이지 않는 작은 변화를 꾸준하게 지속하는 데 있다. 매일매일 일상의 업무 가운데 사소하고 작은 것이라도 담당자나 관리자들이 변화시키지 못한다면 더 큰 변화를 기대할 수 없다.

Q 청소가 회사 업무에 무슨 영향이 있을까?

A 모든 직장인들이 화장실 청소 같은 일은 자신의 업무와는 전혀 별개의 것이라 생각한다. 하지만 20여 년 전 삼성그룹 신입사원 입문교육 과정에서 '화장실 청소체험'이 다른 어떤 교육과정보다 좋은 평가를 받았던 것은 생각해볼 만한 일이다.

세상에 어려운 일을 해내지 않고 성장하는 사람은 없다. 맨손으로 오물을 청소할 정도의 자세가 된 사람은 일에서도 분명 다른 사람들과 다른 마인드로 변화와 성공을 이끌어낸다.

불안不安의 힘

인도에는 원숭이들이 떼를 지어 모여살고 있는 사원이 많다. 그 중 한 사원은 주위 경관이 좋은 사원으로도 유명하지만, 많은 원숭이들이 떼를 지어 모여 살고 있기 때문에 이 원숭이들의 재주와 묘기를 즐기면서 원숭이들에게 직접 먹이를 주는 재미로 많은 관광객들이 모여들었다. 그런데 어느 순간부터 원숭이들이 점점 죽어가 숫자가 줄어들고 원숭이들의 재롱도 사라져버렸다.

나중에 밝혀진 사실이지만 문제는 이 원숭이들이 관광객들이 재미로 주는 기름진 먹이로 인하여 살이 찌고 병이 들기 시작했고 뚱뚱해진 원숭이들이 활동을 멈춰버린 것이었다. 인간에게 비유하면 비만에다 당뇨병 같은 성인병에 걸려버린 것이다.

인간은 원래 편하고 편안함이나 안락한 것을 추구하게 마련이다. 그러나 안락함이 반드시 좋은 것만은 아니다. 안락 속에는 이 원숭이들이 겪은 것처럼 위험도 도사리고 있다.

성공은 안락이 아닌 불안 속에서 잉태된다. '로마인 이야기' 저자 시오노 나나미가 이야기했듯이 번영 뒤에는 쇠퇴기가 있게 마련이고 쇠퇴하는 개인이나 조직, 국가에게는 반드시 그럴 만한 이유가 존재한다. 편안함이나 안락 속에서는 위험의 독소가 자리하고 있기 때문이다.

서기 73년 로마제국이 이스라엘을 멸망시켰을 때, 로마 시내에는 개선문이 세워지고 로마제국은 유대인에 대한 승리를 자축하는 금화를 만들어 냈다. 그 화폐에는 라틴어로 유대인을 쳐부쉈다는 "유데아 데비크타"라는 글자와 함께 기고만장한 로마병사의 발 아래 무릎을 꿇고 있는 유대인의 모습이 새겨져 있다. 패배의 쓴 잔을 마신 유대인들은 이때부터 유랑민이 되어 전 세계로 흩어져 불안한 삶을 이어가야만 했다.

그러나 승리의 달콤한 술에 취했던 로마인들은 화려했던 천 년의 역사의 뒤안길에 있지만 유대인들은 나라도 없는 불안한 가운데 세계 곳곳에 살아남아서 오늘날 자연과학, 사회과학, 국제정치 등 모든 분야에서 눈부신 업적을 거두었고, 역사상 가장 많은 창조적 인재를 배출하여 세계에서 가장 성공한 민족으로 손꼽히고 있다.

이스라엘 국민들은 "이스라엘의 성공은 '자원이 없는 것이 오히려 축복'일 수 있음을 보여 준 것"이라고 역설하고 있다. 그들은 천재적인 머리를 갖고 있어서가 아니라 '어쩔 수 없는 절박함' 때문에 도전한다.

그들의 땅은 척박했기에 물에 집착했고 사막 위에 세계 최고 농업 국가를 세웠다. 주변국에는 예외 없이 석유가 넘쳐나지만 유일하게 석유가 생산되지 않는 나라다. 이들의 선택은 일찌감치 1980년대 세계 최고의 원자력 기술 국가로 탈바꿈하는 것이었다.

이스라엘의 사막은 뿌리에 파이프를 갖다 대지 않으면 식물이 자랄 수 없을 정도로 척박하다. 석유 없이도 돌아가는 세상을 꿈꾸며 하이브리드 전기자동차를 배제하고 세계 유일의 100% 전기자동차 세상을 구현했다. 자주국방을 위해 핵심기술은 남에게 맡기지 않고 스스로 개발했다. 그 기술을 온전히 민간산업으로 활용할 수 있도록 분사Spin Off해 국방기술이 국민총생산GDP에서 차지하는 비율을 6%대로 끌어올렸다.

이들은 좁은 국토의 한계를 뛰어 넘을 수 있는 인터넷 세상에 매료 될 수밖에 없다. 이들이 인터넷 세상의 안전을 책임지는 보안 알고리즘을 장악하고 인터넷 세상의 주요 항구에 해당하는 포털 서비스를 장악하게 된 것은 자연스러운 일이다.

이스라엘에선 이렇게 자신이 모르는 것을 인정하고 당당하게 질문하는 태도를 '후츠파chutzpah'라고 한다. 후츠파는 한국인의 '정情'처럼 유대 민족이 갖고 있는 독특한 문화다. '주제넘은' '뻔뻔한' '오만한' 같은 부정적인 뜻부터 '놀라운 용기' '배짱' 등 긍정적인 의미까지 함께 담고 있다. '뻔뻔함'이 이스라엘을 과학기술 강국으로 만든 토대라고 분석하는 사람이 많다.

그 예로 유대인은 현재 모두 1천3백만 명으로 세계 인구의 0.2%에 불과하지만 노벨상에서 경제 65%, 의학 23%, 물리 22%, 화학 12%, 문학 8%의 수상자를 배출하였고 미국의 유대인들은 전국 평균소득의 2배 이상이며 전 인구의 2%에 불과하지만 부호 상위 24%를 이들이 차지하고 있다.

　　요즘 샐러리맨들의 2/3정도는 언제 그만두어야 할지 불안하기만 하다고 한다. 이 와중에서 '신이 내린 직장'을 뛰어넘어 '신도 부러워하는 직장'까지 등장하였다. 기업에서는 삼팔선이니 사오정이니 하면서 상시 구조조정을 계속하여 고용이 불안해지자, 안전지대라는 선망의 대상이 되어 대기업 직원들조차 전직하고 있는 철밥통 근무조건의 공공기관이나 공무원 같은 조직을 말한다.

　　며칠 전 필자가 잘 알고 지내는 공공기관으로부터 신입사원 면접을 진행해달라는 요청이 있어서 참여한 일이 있다. 신입사원 면접이라지만 인턴으로 열 명을 뽑고 6개월 근무한 뒤에 그중 일부만을 정규직으로 채용하는 열악한 조건이었다.

　　놀라운 일은 인턴 열 명을 뽑는 채용시험에 무려 2,700명이 응시하여 필기시험, 영어면접까지 통과한 40명이 최종 면접의 대상이었다. 최종 면접에 응한 이들은 소위 스카이SKY 대학 출신이 대부분이었고 영어 토익 점수도 상당수가 900점을 넘는 우수인재들이었다. 공공기관이 아무리 안전지대라고 하지만 인턴사원 뽑는 데 270:1의 경쟁률로 인재들이 몰려든다는 것은 너무 심각한 쏠림 현상이다.

　　공시족이 생기고 모든 공공기관의 취업경쟁률이 수백 대 일이 되고 있는 반면 고용이 불안하다는 중소기업엔 일손이 태부족이다. 이처럼 안전지대라고 할 수 있는 공공기관이나 대기업만을 찾는 젊은 이들이 많다 보니 청년 백수가 백만 명을 넘어 심각한 사회적 문제로 대두되고 있는 것이다.

　　머리 좋고 젊은 사람들이 창의적이고 미래를 개척하는 도전적인 일에 청춘을 불태울 생각을 하지 않고, 안주와 편안함을 추구하는 쪽으로 쏠리고 있는 것이다. 불안감에 도전하지 않고 안전만을 좇아 질주하는 이런 사회적 현상은 어쩔 수 없는 현실이기는 하지만 분명 젊은이들 자신은 물론, 우리나라의 미래를 어둡게 하고 있다.

IMF와 금융위기는 모든 것을 불안하게 만들어 놓았다. 경제는 물론 사회, 정치 등 어느 분야를 보아도 모두 안전하지 못하고 늘 위기가 도사리고 있다. 그러나 혹자는 위기危機를 '위대한 기회'라고도 말했듯이 이 불안감이 우리나라의 사회와 경제구조를 완전히 달라지게 만드는 원동력이 되어 외환 위기까지도 지혜롭게 극복했는지 모른다. 익숙한 안전지대는 늘 위험이 도사리고 있다는 것을 꼭 명심할 필요가 있다. '불안의 힘'은 안전지대로 가기 위한 가장 큰 힘이다. 성공은 변화와 도전 같은 '불안'이라는 DNA를 먹고 살기 때문이다.

⭐ 인생경영을 위한 셈본식 Q&A

Q 위기와 불안은 나쁘기만 한 것일까?

A 위기와 불안은 스트레스와 긴장을 불러오지만 기회와 성공을 만들어내는 힘이 되기도 한다. 요즘 젊은이들이 안정적인 직장만을 찾는 것이 이해는 되지만, 이러한 도전을 피하고 안전 위주의 지나친 쏠림현상은 국가 전체로 볼 때 미래가 없는 사회다.

안정적인 직장은 한정되어 있고 많은 젊은이들이 청년 백수의 삶을 살아가는 것을 볼 때 불안과 위기를 오히려 도전과 변화의 기회로 삼는 젊은이들이 많아져야한다. 그들이 결국 어려운 상황을 반전시키고 우리나라의 장밋빛 미래를 이끌어내지 않을까.

147/805 실패의 법칙

미국의 한 조사 기관에서 세일즈맨의 성과를 조사했다. 48%의 세일즈맨은 고객을 한 번 방문하고 포기했고, 25%의 세일즈맨은 두 번째 방문에서 포기했으며, 15%의 세일즈맨은 세 번째 방문에서 포기했다. 그런데 세일즈맨 중 12%만이 온갖 장애와 갈등을 극복해 가면서 계속적으로 방문한 결과 소기의 목표를 달성하고 우수 세일즈맨이 되었다고 한다. 이처럼 어느 한 분야에서 정상을 달리거나 소위 성공한 사람들은 독특한 '성공DNA'가 있는데 바로 이들은 '포기'를 모른다는 공통점을 가지고 있다.

이 세상에서 가장 큰 질병은 절망이라는 병이요, 가장 큰 죄악은 포기라는 말이 있다. 실패했을 때 절대 포기하면 안 된다는 것과 성공은 포기하지 않고 끝까지 도전하는 자의 몫이라는 것을 강조한 말이다.

실험이나 연구를 하는 전문가들 사이에는 '147/805 실패의 법칙'이란 게 있다. 이는 에디슨이 전구를 발명하기까지 147번의 실패를 거듭하여 불이 켜지기까지는 무려 22년이 걸렸고 라이트 형제가 비행에 성공하기까지 무려 805번의 실패를 했다는 데서 비롯된 법칙이다. 라이트 형제는 비행기를 만들기 위해 실패를 거듭하여 거의 30년 만에 겨우 32초간 뜨는 비행기를 만드는 데 성공했다. 그 숱한 고생으로 인하여 지금 우리가 많은 것을 누릴 수 있게 된 것이다.

"인간은 패배했을 때 끝나는 것이 아니라 포기할 때 끝나는 것이다."란 말은 '리처드 닉슨'의 명언이다. 사실 포기하지 않으면 아직 실패한 것이 아니기 때문에 끝나지 않은 것이다. 쉽게 포기하지 않고 도전하는 사람과 남들이 뭐라고 해도 한 길만을 묵묵히 가는 사람들은 단기간에는 큰 차이가 없는 것처럼 보이지만 5년, 10년이 경과하면 이러한 작은 차이는 무척 큰 결과를 만들어 낸다.

그렇다면 우리 주변에서 이런 자세로 성공을 거둔 이들은 누가 있을까? 천하를 정복한 알렉산더 대왕은 꼽추였고, 바다의 제왕 넬슨 제독과 유럽을 제패한 나폴레옹 그리고 대 문호 셰익스피어 등은 다리에 이상이 있었다.

아인슈타인 박사는 중학교 시절 수학에서 낙제 점수를 받았다. 또한 농구 천재 '마이클 조던'은 고등학교 때 후보 선수였고, '월트 디즈니'는 다섯 번이나 파산을 경험한 끝에 오늘날의 디즈니랜드를 설립했고, 『뿌리』의 저자 '알렉스 헤일리'는 원고를 들고 4년 동안 출판사를 찾아다닌 것으로 전해지고 있다. 결국 성공이란 어떤 어려운 역경에 처하더라도 포기하지 않고 끝까지 도전하는 자의 몫이 된다.

이러한 사례로부터 우리가 얻을 수 있는 교훈은 성공한 사람들은 실패나 어려운 역경에 굴하지 않고 실패에서 '성공의 씨앗'을 찾아내서 이를 가꾸고 나아가 인간 승리를 만들어 내는 열정과 자세다. 실패의 적은 어려운 역경이나 난관보다 더 무서운 것이 포기give up다. 실패는 어떤 일을 잘 못하는 것이 아니라 그것을 하지 않고 중단하는 것이다. 실패를 극복하려면 끝까지 하겠다는 의지가 가장 중요하다.

바보는 같은 실수를 똑같이 반복하지만, 성공한 사람들은 같은 실수를 계속하는 것이 아니라 다른 실수를 반복한 사람이라고 한다. 아무리 성실해도 소용없다. 가슴이 뜨거운 사람이 필요하다. 그리고 열릴 때까지 두들겨야 한다. 실패의 법칙은 곧 성공의 법칙과 궤를 같이하기 때문이다.

✦ 인생경영을 위한 셈본식 Q&A

Q 실패에서 어떤 의미를 찾을 수 있을까?

A 어떤 사람에게는 실패가 포기의 이유가 되기도 한다. 하지만 에디슨과 라이트형제에게 실패는 성공으로 가는 과정일 뿐이었다. 실패했다고 끝나는 것이 아니라 포기하는 순간 모든 것이 끝나는 법이다.
혹시 앞으로 실패를 경험한다고 해도 굴복하지 말고 포기하지 말라. 그러면 당신은 그 실패를 성공의 씨앗으로 만들어낼 수 있을 것이다.

몰입의 즐거움

철학자들은 오래 전부터 행복이야말로 인간 존재의 궁극적인 목적이라고 생각해 왔다. 아리스토텔레스도 '행복이 최고의 선'이라고까지 불렀다. 그렇다면 '무엇이 평범한 한 사람의 인생을 값지고 행복하게 만드는 것일까?'

종교적 신념? 아니면 돈? 혹은 명예? 누구나 쉽게 풀지 못하는 숙제다.

미국의 심리학자 칙센트 미하이 교수는 이 의문을 풀기 위해 질문지를 바꿨다.

'인간은 언제 가장 행복한가?'

그리고 여러 직업군을 관찰했다. 그들이 공통적으로 가장 행복을 느끼는 순간은 자기가 좋아하는 일에 빠져 있을 때였다. 이때는 배고픔도 피곤도 문제가 되지 않았다. 최고의 몰입을 경험하는 순간에는 에너지의 흐름에 따라 아무런 힘을 들이지 않고 자신이 저절로 움직이는 것 같은 느낌을 가진다는 것이다. '물 흐르듯 행동이 자연스럽게 이루어지는 느낌이 드는 순간', 그는 이 상태를 '플로우flow'라 명명하고, 다음과 같이 결론을 내린다.

"삶을 훌륭하게 가꿔주는 것은 즐거움에 깊이 빠져드는 몰입이다. 우리는 몰입을 통해 삶의 질을 한 단계 더 높일 수 있다."

죽음을 무릅쓰고 알프스나 히말라야 정상을 정복한 산악인들을 보면 그들은 추위에 얼어 죽을 뻔하기도 하고 고산병에 시달려 거의 실신상태가 되는 등 수많은 고난과 스트레스를 겪는다. 하지만 그 어떤 어려움이라도 바람이 휘몰아치는 암벽을 오르는 산악인들의 희열에 비길 바가 못 된다.

자기가 좋아하는 일에 몰입을 하고 있을 때는 그 몰입의 대상과 마치 혼연일체가 된 것 같다. 잠을 자기 위해 눈을 감을 때도, 아침에 눈을 뜰 때도, 혹은 꿈속에서 그 일을 하고 있기도 하다.

몰입은 놀라운 힘을 발휘한다. "당신도 두뇌 능력의 슈퍼맨이 될 수 있다."고 강조하는 황농문 서울대 교수는 한 가지 문제를 의식적으로 자나 깨나 생각하면 불가능한 난제도 쉽게 푸는 '몰입'을 경험할 수 있다는 주장으로 유명하다. 몰입 상태에 도달하면 "영감과 아이디어가 저절로 샘솟고, 감격과 희열로 생각하는 즐거움을 느끼게 된다."고 말한다. 황 교수는 이런 특별한 몰입 상태에서 '저압 다이아몬드의 생성 메커니즘' '세라믹의 비정상 입자 성장' 같은 전공 분야의 세계적 난제들을 단숨에 해결하는 놀라운 경험을 했고, 이를 토대로 2007년 말 『몰입 Think hard!』을 저술하여 베스트셀러로 만들었다.

완전 몰입이 되면 평소 떠오르지 않던 영감과 아이디어가 저절로 떠오르고, 기분이 아주 좋아져 높은 산의 정상에 오른 것처럼 힘들이지 않고 저절로 생각이 이루어지고, 그 상태를 오래 지속해도 전혀 지치지 않으며, 자신의 두뇌 능력이 극대화되는 슈퍼맨의 상태를 의도적으로 만들 수 있다는 것이다. 그는 요즘 몰입적 사고를 기업경영과 생산현장에 적용하는 시도를 활발하게 하고 있다.

어떻게 하면 회사 사람들이 회사를 위해 자발적으로 행복하게 일할 수 있을까? 자기에게 딱 맞는 직업이나 일을 찾는다는 것은 결코 쉬운 일이 아니다. 장기적으로 자신의 능력을 100퍼센트 활용할 수 있는 곳, 가치관과 실력을 유감없이 발휘할 수 있는 기회가 존재하는 직장, 업무를 통해 몰입을 경험할 수 있는 근무 환경을 지닌 직장을 만날 때 개인은 잠재력을 발휘하기가 보다 쉬워진다는 것이다.

우리나라에서도 성과주의 인사제도가 도입된지 벌써 20여 년이 지나고 있다. 그런데 IMF 이후 성과주의가 단기매출과 이익확대 등 가져다준 선물도 큰 것이 사실이지만 그 피해도 만만치 않다. 진정한 성과주의란 '직원들이 하고 있는 일에 최대한 몰입할 수 있도록 해주는 인사제도다'라는 말에 적극 동감한다.

따라서 우량기업이라고 해서 반드시 수익 창출에만 급급하기보다는 직원들이 주인 정신을 가지고 일에 몰입함으로써 행복을 느껴 최적의 성과를 내는 것은 물론 자신의 잠재력을 끌어 올릴 수 있는 것이 필요하다.

개인 심리를 넘어선 조직·사회 차원의 창의력과 몰입의 관계도 조직 구성원 전체를 업무에 몰입하게 할 수 있는 방법에 대해 생각하고 귀를 기울여야할 때다.

논어에 "알기만 하는 사람은 좋아하는 사람만 못하고 좋아하는 사람은 즐기는 사람만 못하다. 知之者 不如好之者 好之者는 不如樂之者"라고 했듯이, 몰입이야말로 즐거움을 찾는 길이며 이러한 몰입의 즐거움 속에서 행복은 둥지를 틀고 찾아오는지 모를 일이다. 삶의 길, 행복의 길은 오직 스스로 발견을 해야만 길이 열리기 때문이다.

Q 인간에게 가장 행복한 순간은 언제일까?

A　바로 몰입을 하고 있을 때이다. 몰입의 순간을 통해 인생의 행복을 찾으려면 최고의 기업, 최고 수준의 연봉이 필요한 것이 아니다. 자신이 즐거움을 느끼고 몰입할 수 있는 일이 필요한 것이다. 그런 일을 스스로 찾아낼 때 직장에서의 성공도, 인생에서의 행복도 만들어낼 수 있을 것이다.

긍정 에너지

"김대리, 이번 기획안 아주 훌륭했어. 사장님도 대단히 만족해하시면서 바로 결재를 해주시더군. 수고했네." 김대리는 부장의 칭찬에 몸이 날아갈 듯 가뿐해졌다. 어제까지만 해도 기획안이 잘 풀리지 않아 몸이 천근만근이라 짬을 내 병원에 가보려고 했는데 부장의 칭찬 한마디에 몸이 금새 좋아졌다.

어제와 달라진 것이 아무것도 없는데 왜 몸이 좋아진 것일까. 그것은 순간적으로 에너지의 성질이 바뀌었기 때문이다. 사람은 생각이나 감정 상태에 따라 다른 에너지가 나온다. 부정적인 생각이나 감정을 가지면 부정적인 에너지가 발산되고 긍정적인 생각이나 감정을 가지면 긍정적인 에너지가 나온다. 또 이 에너지는 심신에 영향을 미쳐 부정적인 에너지는 몸속에 축적되면 만병의 근원이 되기도 하고 운명을 결정짓기도 한다.

인간과 동물의 차이점은 생각하고 판단에 따라 행동을 선택할 수 있다는 점이다. 그렇게 선택된 행동은 '반복'을 지나 '습관'을 만든다. 그런 습관은 우리의 삶을 디자인한다. 좋은 행동은 좋은 습관을 만들지만 나쁜 행동은 나쁜 습관을 만든다.

인간은 인생의 80%를 습관에 이끌려 산다고 한다. 성공한 사람들이 공통적으로 자기 특유의 습관을 가지고 있듯이 인간을 성공으로 이끄는 데 있어서 풍부한 지식이나 피나는 노력보다도 좋은 습관이 가장 효과적이다.

물에 젖은 나무는 불이 잘 붙지 않지만 햇빛에 잘 건조된 나무는 쉽게 연소될 수 있기 때문에 작은 불씨 하나라도 불이 잘 붙고 활활 탄다. 인간의 능력도 마찬가지다. 나무가 잘 타려면 햇빛에 잘 건조되어야 하듯 잠재돼 있는 능력이 폭발하려면 에너지가 긍정적인 방향으로 흘러야 한다. 때문에 어떤 일에 성공을 하려면 긍정적인 에너지를 발산하도록 노력해야 한다. 과학적으로도 긍정의 생각은 알파파가 활발히 분비되어 근육도 유연해지고 마음껏 잠재능력을 발휘할 수 있다. 그러나 부정적인 생각은 베타파가 나와서 근육을 경직시키고 잠재능력을 묻히게 만든다.

존 고든은 『에너지 버스』라는 책을 통해 인생을 버스에 비유하면서 "당신은 자기 버스의 운전사인가?"라고 질문한다. 그러면서 인생이라는 버스를 움직이는 동력이 '나 자신'이라는 것을 일깨워준다. 버스를 어디로 몰고 갈 것인지 그 방향성과 목적지를 분명히 해야 하고, 자기 버스에 태울 승객들을 자기 스스로가 주도적으로 결정해야 한다는 것도 알려준다.

이에 따른 비전과 노력, 승객들과 그것을 공유하고 유대를 돈독히 하는 방법까지 귀띔한다. '당신의 버스를 긍정 에너지라는 연료로 가득 채워라.' 주인공인 조이는 '비전이라는 긍정적인 에너지가 점점 더 강력한 에너지를 잡아당기는 것'을 '인력의 법칙'이라 부르면서 팀을 단순히 신제품 전구를 파는 부서가 아니라 '세상에 빛을 주는 가슴 뛰는 선도자'가 되도록 이끈다.

　사람이 태어나서 사용하는 유전자는 전체의 3% 정도이고, 긍정적인 사고를 가질 때 switch off되어 있던 97%의 각각의 재능을 지닌 유전자가 switch on되어 놀라운 일을 해낼 수 있다고 한다. 행복과 불행은 1%의 차이라고 말하는 사람도 있다. 따라서 저울을 행복 쪽으로 1%만 더 기울게 할 수 있으면 충분히 행복할 수 있다. 1%를 행복 쪽으로 움직이기 위해서는 먼저 부정적인 경험을 기억하는 습관으로부터 벗어나야 한다. 사람들은 대부분 잘한 것보다는 잘못하고 실패한 것을 더 선택적으로 기억하는 경향이 있다. 이런 잘못된 기억으로부터 벗어나 긍정적인 기대감을 가질 수 있어야 한다. 1%가 충분히 힘이 있는 것은 바로 긍정을 선택하는 작은 선택의 힘이 습관이라는 큰 파괴력을 갖기 때문이다.

　한 제자가 스승에게 물었다.

　"제 안에는 마치 두 마리 개가 살고 있는 것 같습니다. 한 마리는 매사에 긍정적이고 사랑스러우며 온순한 놈이고, 다른 한 마리는 아주 사납고 성질이 나쁘며 매사에 부정적인 놈입니다. 이 두 마리가 항상 제 안에서 싸우고 있습니다. 어떤 녀석이 이기게 될까요?"

　스승은 생각에 잠긴 듯 잠시 침묵을 지켰다. 그리고는 아주 짧은 한마디를 건넸다.

　"네가 먹이를 주는 놈이다."

　매일매일 우리는 인생이라는 '버스'에 연료를 넣을 때, 긍정 에너지를 넣을지 부정 에너지를 넣을지 늘 선택해야 한다. 긍정 에너지는 옥탄가가 높은 휘발유와 같아서 차를 힘차게 달리게 해주지만, 부정 에너지는 싸구려 가짜 연료처럼 엔진에 찌꺼기가 끼게 만들고 결국 엔 차까지 망가뜨리고 말기 때문이다.

✡ 인생경영을 위한 셈본식 Q&A

Q 긍정적 에너지는 어떻게 만들어지는가?

A 인간과 동물의 차이는 인간은 생각하고 판단하고 그에 따라 행동할 수 있다는 점이다. 긍정적인 에너지와 행동을 만들어내는 것도 결국은 자기 자신에게 달렸다는 것이다.

대부분의 사람들이 잘한 것보다는 잘못하고 실패한 것을 더 기억하는 경향이 있다. 하지만 지금부터라도 잘한 것을 기억하고 긍정적인 기대감을 가지도록 노력해보자. 이것이 잠재능력을 폭발시키고 성공하게 만들 것이다.

안중근

안의사는 1905년 을사조약이 체결되자 국권회복운동을 하기 위해 상하이上海로 갔으나 기대를 걸었던 상하이의 유력자들과 천주교 신부들로부터 협조를 얻지 못한 데다 이 무렵 부친상을 당해 다시 돌아왔다.

1906년 삼흥학교를 설립하여 교육 계몽운동을 시작했으며 곧이어 천주교 계열인 남포 돈의학교를 인수했다. 1907년에는 전국적으로 전개되던 국채보상운동에 적극 호응하여 국채보상기성회 관서지부장으로 활동하였으며 고종의 강제 퇴위와 한일신협약의 체결, 군대해산에 따라 전국적으로 의병이 일어나자 독립전쟁 준비가 필요하다는 생각으로 강원도에서 의병을 일으켰다. 일본군과 싸우다가 국외에서 의병부대를 창설하기 위해서 블라디보스토크로 가서 계동청년회의 임시사찰臨時査察이 되었다.

이후 특파독립대장 겸 아령지구군사령관으로 일본군 수비대를 격파하는 등 전투를 벌여 전과를 올렸다.

1909년 3월 2일 12명이 모여 단지회斷指會라는 비밀결사를 조직했으며 침략의 원흉 이토 히로부미를 암살하기로 하고 3년 이내에 성사하지 못하면 자살로 국민에게 속죄하겠다고 맹세했다.

9월 이토가 북만주 시찰을 명목으로 러시아의 대장대신 코코프체프와 회견하기 위하여 온다는 정보를 입수한 안의사는 하얼빈과 채가구蔡家溝를 거사장소로 설정했다. 10월 26일 하얼빈 역에서 이토가 코코프체프와 열차에서 회담을 마친 뒤 러시아 의장대를 사열하고 환영 군중 쪽으로 가는 순간 권총을 쏘아, 그에게 3발을 명중시켜 살해하고 기타 일본 관료들에게 중경상을 입힌 뒤 '대한 만세'를 외치고 현장에서 체포되었다.

안의사는 일본검찰에게 이토의 죄상을 명성황후를 시해한 일, 1905년 11월에 한일협약 5개조를 체결한 일, 1907년 7월 한일신협약 7개조를 체결한 일, 양민을 살해한 일, 이권을 약탈한 일, 동양평화를 교란한 일 등 15가지로 밝히고 자신의 정당성을 주장했으나 1910년 2월 14일 사형선고를 받고 3월 26일 뤼순 감옥에서 사형당했다.

1962년 건국훈장 대한민국장이 추서되었다.

안중근 의사는 항일독립운동뿐만 아니라 민족들의 앞날을 위한 교육계몽 운동의 선각자로서 많은 명언들을 남겼다.

인생의 전반전은 목표目標를 향해 뛰지만, 인생의 후반은 의미意味가 있는 삶을 살아야한다. 더구나 젊었을 때는 모으는 돈이 다 내 돈이지만, 나이가 들어서는 쓰고 나서 영수증 처리한 돈만이 내 것이고 나머지는 결국 남의 것이 되고 만다는 사실을 알아야 한다.

대부분의 사람이 가진 목표란 더 높은 지위에 오르거나 더 많은 부를 쌓는 것이지만, 행복으로 가는 지름길은 결코 아니다. 이제는 어떤 일을 하더라도 가치를 지향하고 베푸는 마음을 갖는 훈련이 필요하다.

除

어느 가게의 사훈社訓

염천교는 일제에 만들어진, 서울역 좌측에 있는 다리다. 가난과 낙후성에서 벗어나고자 개발이 시작되었던 1960~70년대 무작정 상경한 청소년들과 빈민들의 애환이 깃든 곳이기도 하다.

몇 년 전까지만 해도 고풍을 자아내는 철물점과 구두점 그리고 공구상가들이 있었는데 지금은 다 철거되고 큰 빌딩들이 줄줄이 들어서고 있다.

염천교 한 빌딩 지하에 '진야眞夜'라는 일본식당이 있다. 그 식당은 일본사람이 직접 운영하기 때문에 순수한 일본 음식 맛으로 유명할 뿐만 아니라 분위기는 물론, 모든 영업방식도 일본식으로 운영하고 있어서 일본 사람들이 많이 이용하기도 한다.

나는 이십여 년 전 일본에서 가족들과 같이 주재원으로 살았던 경험이 있다. 그러다 보니 일본 고유의 맛에 대한 향수에 구수한 일본 된장(미소)라면을 먹기 위해 지인들과 종종 들리곤 한다. 그런데 이 가게에 들어서면 카운터 뒤에 '一合一會'라는 글귀가 적힌 액자가 하나 걸려있다. 이 글은 이 가게의 사훈社訓인 동시에 모든 종업원들이 지켜야 할 행동지침이다.

'일합일회一合一會'는 일본어로는 '이찌고 이찌에いちご いちえ'의 한자

말이다. 원래 뜻은 "한 번 만남은 영원하다."는 의미로 우리나라에서는 '一期一會'로 쓴다. '옷깃만 스쳐도 인연'이라는 말과 거의 같은 의미다.

일본에서는 다도茶道 명인 센노 리큐가 이야기한 유명한 말로 "한 번밖에 만날 수 없다는 마음으로 후회 없도록 접대하라."는 뜻이다. 다도에서는 최고의 룰이자 마음가짐으로 전해 내려오고 있다.

이 가게에서는 "한 번 오신 고객은 영원히 소중한 고객이니 정성껏 모시기 위해 최선을 다하자."라는 의미인 사훈인 것이다. 그래서 그런지 이 가게에 들어서는 순간부터 다른 가게와는 분위기가 사뭇 다르다. 깔끔한 일본식 유니폼이며 한결같은 미소와 상냥한 모습 그리고 늘 깨끗하고 질서 있는 행동들이 인상적이다. 단골 일본 고객을 위해 일본어가 유창한 종업원들도 많다.

한 가지 중요한 사실은 가게의 사훈대로 종업원 모두가 합심하여 손님에게 먼저 다가가서 친절을 보여주고 감동시키기 위해 영업 시작 전 점장 주도로 매일 30분씩 교육도 하고, 실천을 위한 간단한 매뉴얼들을 만들어 완벽하게 사전 점검하는 것을 체질화하고 있다는 것이다.

벌써 20년 가까이 지난 이야기다. 필자가 삼성생명에서 교육부장을 맡고 있을 때 당시 보험회사로서는 최초로 고객만족Customer Satisfaction 추진 활동의 일환으로 먼저 '친절 서비스'의 수준을 획기적으로 높이기 위해 대대적인 해외 연수를 하게 되었다. 말보다 직접 현장에서 보고 듣고 오라는 회장님의 지시로 인해 그 규모가 보험 설계사를 포함해 거의 천여 명에 달하게 되었다. 연수 현장으로는 그 당시 세계 최고의 보험회사였던 일본생명은 물론 유명 백화점, 디즈니랜드, 심지어는 명품코너에 이르기까지 다양했다. 업무와 연관된 실무 연수는 위탁교육으로 일본생명 자회사인 매니지먼트사에 맡기게 되었다.

그 당시 교육을 총괄하고 있던 내가 만난 사람은 그 회사의 상무님이었다. 업무가 끝나고 저녁 식사를 같이하는 자리에서 꼭 들려줄 말이 있다고 해서 부족한 일본어 실력으로 유심히 들어 보았더니 '一合一會' 이야기였다. 혹시나 정확한 뜻을 알아듣지 못할까 봐 종이에 볼펜을 꺼내 직접 쓰면서 자세히 예를 들어가며 이야기해 주었다. 요지는 고객만족에서 가장 중요한 것이 고객을 대하는 마음가짐이라면서 "한 번 고객은 영원하다."라는 것을 이 네 글자로 대신해준 것이다. 이후 나는 이러한 정신을 친절서비스 교육과정에서 반영하여 성공을 거두었던 기억들이 있다.

이러한 의미에서 고객과의 첫 만남은 아주 중요하다. 고객과의 만남에는 접점이 있다. 접점에서의 첫 번째 만남을 '진실한 순간Moment of truth'이라고 한다.

진실의 순간은 우리가 살아가는 데 있어서 생활 곳곳에 있다. 가족끼리 외식을 하기 위해 동네 식당을 갔을 때 느끼는 최초의 '진실의 순간'은 입구에서의 종업원의 태도만 보아도 알 수 있다. 다른 곳과는 달리 손님이 북적거리며 잘되는 식당의 종업원은 얼굴 표정부터 다르다. 손님에게 인사하는 허리의 높이도 다르다.

기업에서도 진실의 순간은 실로 다양하다. 차를 탔을 때는 그 회사의 운전기사나 렌트카 기사, 로비에 들어설 때, 주차장에 주차할 때, 엘리베이터, 안내창구 등에서의 종업원들과 만나는 순간들이 모두 여기에 해당된다. 맨 처음 고객과의 만남이 그 회사의 이미지를 판단하는 잣대가 되어버린다.

특히 아무리 고객서비스Customer service가 아무리 잘 되어있다 하더라도 고객과의 접점에 있는 한 사람의 서비스 요원이 잘못하게 되면 그 고객은 그것으로 그 회사를 전부 문제 있는 회사로 판단하게 되고 그 평가는 곧 그 회사에 대한 부정적인 이미지로 연결되어 버린다. 여기에서 더 무서운 것은 한 번 등을 돌린 고객은 영원히 돌아오지 않을 수도 있다는 사실이다. 이처럼 인생은 결국 사람과 사람의 만남이요, 첫 만남은 삶에서 아주 소중한 것이라 생각된다.

법정 스님의 법문을 기록한 『일기일회一期一會』라는 책 속에서 하루하루를 급급하게 살아가는 우리들에게 세상의 진리를 담은 삶의 이야기를 전해준다.

"지금 이 순간은 생애 단 한 번의 시간이며, 모든 만남은 생애 단 한 번의 인연이다. 지금 이 순간 어떻게 살아가는가가 다음의 나를 결정한다."

✡ 인생경영을 위한 셈본식 Q&A

Q 진정한 서비스란?

A 단 한 번의 만남이더라도 최선을 다하는 것이다. 우리는 살아가면서 수많은 사람들을 만나지만 어느 한 사람 소중하지 않은 인연은 없으며 그가 고객이라면 상대에 대해 더 최선을 다하는 것이다. 아무리 작은 것이라도 최선을 다한 서비스는 언제나 고객에게 감동을 준다는 사실을 명심하라.

모닝 키스

    오래된 이야기이지만 한 미국의 유명 보험회사가 연구·발표한 재미있는 기사를 본 일이 있다. 남편들 중에서 아침 출근할 때 현관문에서 아내는 물론 아이에게까지 가벼운 '모닝키스나 뽀뽀'를 하고 출근한 남편들은 그렇지 않은 남편들과 여러 가지로 차이가 많다는 것이었다. 구체적으로 살펴보면 교통 사고율은 통계상으로도 20% 이상 낮고, 수명은 5년 정도 길고, 평균 소득도 10% 이상이나 많다는 것이다.

    이처럼 집안에서 가족 간에 작은 배려가 주는 결과는 그렇지 않은 경우와 상당한 차이가 난다. 아이와 뽀뽀를 하고 집을 떠난 남편들은 즐거운 마음으로 기분 좋게 회사에 출근하게 되고, 열심히 일하게 되며, 가능한 빨리 회사 일을 끝내고 '아침에 출근할 때 키스를 해준 아내와 귀여운 아이를 보기 위해 일찍 집에 들어가야겠다.'는 생각에서 회사 문을 나올 때도 가벼운 발걸음으로 나오기 때문에 다른 잡념이 없으니 자연히 안전 운전하게 된다. 혹시 저녁 약속이 있어도 2차, 3차를 피하고 가능한 일찍 들어가려고 노력하고 다음날 일에 능률도 오르는 것은 물론 건강도 자연히 남보다 좋을 수밖에 없다는 것이다.

배려라는 건 이해라든가, 용서라든가, 은혜 같은 거창한 말과는 다르다. 배려는 아주 작은 일에서부터 출발한다. 멀리서 뛰어오는 이웃을 위해 엘리베이터 문을 열고 기다려 주는 것, 비오는 날 우산의 물방울이 내 옆의 사람에게 튀지 않게 하는 것, 세면대에 떨어진 물방울들을 손 닦은 휴지로 살짝 닦아 주는 것, 공공장소에서 휴대폰을 진동으로 바꾸는 것, 바쁜 사람 앉혀 놓고 내 이야기를 장황하게 늘어놓지 않는 것, 내가 먼저라고 나서지 않는 것 등이다. 꿈을 이룬 성공한 많은 사람들의 공통적인 특징은 그들이 평소 쓰고 있는 말씨가 다르다고 한다.

옛날에 박씨 성을 가진 나이 지긋한 백정이 장터에서 푸줏간을 하고 있었다. 당시에는 백정이라면 천민 중에서도 최하층 계급이었다. 어느 날 양반 두 사람이 고기를 사러 왔다. 첫 번째 양반이 거친 말투로 말했다.

"야, 이 백정 놈아! 고기 한 근 대령해라!" 백정은

"예, 그렇습지요."라고 대답하고 정확히 한 근의 고기를 떼어주었다.

두 번째 양반은 상대가 비록 천한 백정이지만, 나이 든 사람에게 함부로 말을 하는 것이 거북했다. 그래서 점잖게 부탁했다.

"이보시게, 박 서방! 여기 고기 한 근 주시게나."

"예, 그러지요. 고맙습니다." 그 백정은 기분 좋게 대답하면서 고기를 듬뿍 잘라주었다. 첫 번째 고기를 산 양반이 옆에서 보니 같은 한 근인데도 자기한테 건네준 고기보다 아무래도 갑절은 더 많아 보였다. 그 양반은 몹시 화가 나서 소리를 지르며 따졌다.

"야, 이놈아! 같은 한 근인데 왜 이 사람 것은 이렇게 많고, 내 것

은 이렇게 적으냐?" 그러자 그 백정이 침착하게 대답했다.

"네, 그거야 손님 고기는 '백정 놈'이 자른 것이고 이 어른 고기는 '박 서방'이 자른 것이니까요."

우리나라 사람들은 상대방에 대한 배려의 마음이 적은 편이다. 특히 모처럼 던지는 말 한마디가 상대방의 기분을 거슬리게 하는 경우가 많다. 예를 들어 가벼운 접촉사고 정도의 교통사고가 났을 때에도 노상에서 삿대질하며 고성으로 싸움을 하는 경우를 종종 보게 되는데 이는 상대방에게 말 한마디의 배려가 없기 때문이다. 오가는 말이 거칠다 보니 결국 교통사고와 무관하게 싸움판으로 변질된 모습이다. 선진국에서는 이러한 일을 목격하기 힘들다.

확실히 일본 사람들은 유난히 남을 배려하는 마음이 상당히 습관화되어 있다. 일본에는 상대방의 귀에 거슬리거나 남이 싫어하는 이야기는 하지 않으려고 면전에서는 속내(이를 '혼네'라고 함)를 말하지 않는다. "하이 하이"하면서 상대방에게 듣기 좋게만 얘기하는 "다떼마에(겉치레 말)"라는 말까지 있다.

고부간의 갈등, 직장에서의 상하 간의 갈등, 노사 간의 갈등, 특히 요즘 정치인들이 인기가 떨어지는 이유도 대개는 이러한 상대방을 배려하지 않은 거친 말씨에서 출발 한다. 상대방을 의식한 작은 말 한마디의 배려는 상대방을 존중하고 기분을 좋게 해 준다.

이처럼 말을 건넬 때 어떻게 해야 상대방의 기분 나쁘지 않게 하고 호감을 줄 수 있는지 한 번 더 생각해보고 말을 건네는 습관이나 배려의 마음을 갖춰야 한다. 분명 말 한마디가 천 냥 빚을 값을 수도 있다는 사실을 명심할 필요가 있다.

'제가 하겠습니다. 감사합니다. 즐겁습니다.' 이러한 좋은 말버릇을 가진 사람은 좋은 습관, 좋은 인생의 길이 열리고 '바쁘다, 이게 끝이다. 나이가 나이라서'와 같은 부정적인 말버릇을 가지면 행운이 달아난다.

오늘 아침 당장 즐겁고 유쾌한 한마디로 하루를 시작해 보자.

"오늘도 나에게 좋은 일이 있을 거야!"

✠ 인생경영을 위한 셈본식 Q&A

Q 당신을 상대방을 얼마나 배려하는가?

A 도무지 웃을 일이 많지 않은 요즘이다. 갖은 근심과 스트레스로 인해 웃음은 사라지고 화와 짜증만 남는 것이다.

타인에게 무언가 말을 할 때 한 번 더 상대방을 입장을 생각하고 최대한 배려하여 말을 하자. 억지로라도 자꾸 웃고 상대방을 기분 좋게 하는 말을 반복하다 보면 타인은 물론 자기 자신의 기분까지 좋아질 것이다. 마음이 편하지 않더라도 긍정적으로 자꾸 말하려 노력하면 인생은 긍정적으로 흘러갈 것이다.

경주 최부잣집 가훈

이조 선조 시대인 17세기 초부터 20세기 초까지 무려 300여 년 동안 12대를 내려오며 만석꾼의 전통을 이어온 경주 최부잣집이야말로 우리 조상들의 노블리스 오블리제를 보여주는 대표적인 사례이고 그 전통을 아로새길 만하다.

최부잣집 가문이 지켜 온 가훈家訓은 더불어 사는 상생의 삶을 보여 주며 오늘날 우리의 삶을 다시 한 번 되돌아보게 한다.

1. 절대 진사(제일 낮은 벼슬) 이상의 벼슬을 하지 말라!

높은 벼슬에 올랐다가 휘말려 집안이 화를 당할 수 있다.

2. 재산은 1년에 1만 석(5천 가마니) 이상을 모으지 말라!

지나친 욕심은 화를 부른다.
1만 석 이상의 재산은 이웃에 나누어 주었다.

3. 나그네를 후하게 대접하라.

누가 와도 넉넉히 대접하여, 푸근한 마음을 갖게
한 후 보냈다.

4. 흉년에는 남의 논, 밭을 매입하지 말라!

흉년 때 먹을 것이 없어서 남들이 싼 값에 내놓은
논밭을 사서 그들을 원통케 해서는 안 된다.

5. 가문의 며느리들이 시집오면 3년 동안 무명옷을
입혀라.

내가 어려움을 알아야 다른 사람의 고통을 헤아릴
수 있다.

6. 사방 100리 안에 굶어 죽는 사람이 없게 하라!

특히 흉년에는 양식을 풀어라.

- 『경주 최부잣집 300년 부의 비밀』 중에서 -

나가수에 열광하는 이유

MBC TV프로그램 '나는 가수다'에 대한 열기가 매우 뜨겁다. 2012년 봄부터는 보다 업그레이드된 2탄이 시작되었다. 프로그램이 끝나자마자 쏟아지는 뉴스들과 인터넷, 트위터를 통해 시청자들이 각자의 의견들을 남기는 것을 보면 가히 폭발적이라고 할 수 있다. 월요일만 되면 삼삼오오 모여 주말에 있었던 감동, 눈물, 스토리가 가득 담긴 이 경연 프로그램 대해 열띤 토론까지 곁들이며 화제로 떠올리고 있다. 뉴스도, 포털도, 음원 차트도 온통 그 얘기다. 그렇다면 국민들이 '나가수'에 열광하는 이유는 무엇일까?

단연 그 첫 번째는 어우러짐이다. 남녀노소를 막론하고 감동과 재미를 준다는 것이다. 사람들은 혼魂이 담겨 있는 것에 감동한다. 기존의 가요 프로그램, 특히 황금시간대에 방송되는 프로그램들은 아이돌로 넘쳐난다. 가요 순위 프로그램은 아이돌들로 도배되어 왔었고, 다양한 음악적 욕구를 가진 기성세대 층이 너무나 목말라 있었다는 반증인지 모른다.

일종의 진짜 소리를 듣고 싶은 욕구의 폭발이라고나 할까. 인위적으로 다듬어진 목소리가 아닌, 오랜 시간과 세월을 거치며 자신만의 감성과 스토리를 담은 목소리가, 마음에 잔잔한 파문을 던져주기 때문에 본인이 마치 참가자인 것처럼 몰입한다.

말로는 설명할 수 없는 마음의 울림을 느끼고 싶었기 때문에, 가수 임재범이 〈여러분〉을 부르며 눈물을 흘릴 때 사람들은 따라 울었다. 6분의 무대에 피를 토하듯 인생 모두를 쏟아 부었기 때문이다. 또한 실시간으로 이뤄지는 청중과의 소통과 피드백이 기적을 낳았다. 흔히들 요즘 '소통의 부재다'라고 하는데 가요 프로그램을 보면서 이렇게 경청을 하고 관객과 시청자들과 눈빛과 마음으로 소통하면서 단방향이 아닌, 그야말로 쌍방향으로 어우러져 커뮤니케이션이 된 적은 많지 않았기 때문이다.

둘째는 경쟁이다. 서바이벌 오디션이라는 새로운 장르의 신선한 충격이다. 핵심은 바로 꼴찌가 되는 가수가 탈락한다는 시스템이다. 나가수에서 최고의 가수들이 손가락을 떨면서까지 노래하게 만든 가장 결정적인 룰은 1등부터 7등까지 순위를 공개하고 꼴찌를 탈락시키는 것이다. 이 '퇴출'제도가 매우 비정해 보이지만, 긴장감을 높이고 흥미를 끄는 데 절대적으로 필요하다는 것을 나가수는 잘 보여준다. 사람들은 도전을 극복해 가는 과정에서의 휴머니즘을 좋아하고 그 과정에서 희망을 얻는다. 나가수의 뜨거운 열기에 힘입어, 오디션 장르도 다양해지고 있다. 그래서 '위대한 탄생' '신입사원 공개채용' '키스앤 크라이' 같은 프로그램도 덩달아 화젯거리가 되고 있다.

셋째는 다양성이다. K-POP의 열풍에도 불구하고 일편향적인 현 가요계에 싫증을 느끼고 있던 시청자층이 상당수 존재하고 있었다는 사실이 재발견된 것이다. '나는 가수다'는 음악의 다양한 장르, 다양한 음색이 모든 세대를 아우르게 한다.

어떤 이에게는 추억을, 어떤 이에게는 새로움을, 심지어는 전문가들이 쏟아내는 평가에서도 역시 아주 다양한 시각의 평을 나온다. 이미 기억에서 사라진 노래들이 새로운 영혼을 불태우며 새롭게 불리기도 하고 한참 동안 기억에서 외면당했던 남진 같은 트로트 가수들의 옛 노래들이 새로운 옷을 입고 젊은 층들에게 다가간다.

마지막으로 실력이다. 어떤 분야든 최고는 특별하다. 최고 실력자는 어떤 식으로든 인간의 마음에 파문을 던진다. 나가수의 룰은 가수들이 자신의 모든 것을 쏟아내지 않으면 안 되게 기획됐다. 승부의 판단은 기존의 명성이 아니라 오직 시장(청중)에 맡겨졌다.

나가수와 유사한 오디션 프로그램인 '위대한 탄생'에서는 백청강이, 2010년 연말 케이블 TV '슈퍼스타'에서는 한국의 폴 포츠로 세상을 깜짝 놀라게 한 환풍기 수리공 허각이 스타로 떠올랐다. 완전히 예상을 뒤집은 실력을 발휘함으로써 모든 불리함을 한꺼번에 털어내고 당당히 최고의 스타로 등극할 수 있었던 것도 같은 맥락이다.

기업들이 경영이나 인사관리를 해나가는 과정에서 나가수에게 배워야 할 게 많다. 그중에 하나가 룰을 정해놓고 경쟁을 통해 발전해 나간다는 것이다. 비록 서바이벌 게임이지만 승자에게는 박수와 보상을 주고, 탈락자에게도 격려를 아끼지 않는다는 것을 제대로 적용해야 한다.

아울러 나가수는 원칙을 위반하면 자의든 타의든 반드시 하차하도록 되어 있다. 우리 기업들의 인사관리는 과연 이러한 명쾌한 룰이 있는지 돌아볼 필요가 있다.

둘째로 최고의 실력을 가진 전문가를 키워야한다는 것이다. 학연, 지연, 소속 어떤 기득권도 허용하지 않고, 오직 실력으로만 승부하는 룰이다. 어떤 분야든 최고는 특별하다. 최고 실력자는 어떤 식으로든 인간의 마음에 파문을 던진다.

이 프로를 보고 있으면 나도 최고가 되고 싶다는 욕망이 솟구치고 최고가 되어 누군가에게 파문을 일으키고 싶어진다. 압도적인 임재범, 어떤 노래를 해도 유쾌함을 전달하는 YB밴드, 본질적인 슬픔을 건드리는 이소라, 노래와 한 덩어리가 된 듯한 BMK. 그들은 최고다. 단지 대중이 몰랐을 뿐이다.

셋째는 우리 사회가 깊이와 다양성을 인정하고 있다는 것이다. 가수라는 것이 잘생기고 목소리 좋은 사람들의 전유물이 아니라 평범하지만 소질이 있고 사람을 움직일 수 있는 감동을 준다면 누구든지 최고가 될 수 있다는 것을 보여주었다. 기업 인사관리 측면에서도 학벌이나 좋은 스펙을 중시하는 데서 벗어나 나가수가 보여준 것 같은 깊이와 다양성이 필요하다.

아울러 참여와 소통의 새로운 장르를 만들어야 한다는 것이다. 출연 가수들의 열정과 노력이 바로 청중평가단의 경청에서 비롯되었고 노래를 그토록 열심히 들어주니 온 힘을 다해 노래를 하고, 그 감동은 고스란히 시청자에게 선물로 돌아온 것이다.

그래서 화면 중간 중간에 청중의 표정과 눈빛을 보여줄 때면 바로 나의 느낌과 같은 동질감이 느껴지기도 한다.

물론 사람에 따라서는 나가수의 폐해를 지적하기도 한다. 치열한 경쟁구도와 서바이벌, 지나친 감성에 의한 평가, SNS를 이용한 인기도 평가 방식이 최적의 해법을 마련해주지는 않는다.

그러나 많은 국민들에게 감동을 주는 오디션 프로그램은 즐거움과 화제를 뿌리면서 새로운 변화의 신호탄을 쏘아올리고 있다는 것은 분명해 보인다.

✦ 인생경영을 위한 셈본식 Q&A

Q 경영에 관한 명백한 룰을 세웠는가?

A 기업은 경영에 관해 명백한 룰을 세우고 그를 따르지 않는다면 오래 가지 못한다. 최근 가장 인기 프로그램인 나가수를 통해 우리는 기업이 경영을 할 때 꼭 필요한 몇 가지 룰에 대해 생각할 수 있다.

첫째, 반드시 룰을 정하고 경쟁을 통해 발전해 나간다.

둘째, 인사에 있어 실력을 최우선으로 삼고 경쟁을 통해 최고 실력의 전문가를 키운다.

셋째, 다양성을 존중하고 학벌, 스펙 위주의 인사를 타파한다.

오는 이유, 떠나는 이유

내가 사는 서초동 경부고속도로 근처에 남미옥이라는 아담한 한 정식집이 있다. 이 집은 남들이 다 불황으로 손님이 없어 고생하거나 식당에 파리가 날릴 때에도 손님들이 늘 북적인다. 연말연시는 물론, 입학이나 졸업 같은 시즌에는 예약 없이는 아예 식사를 할 수가 없는 경우가 종종 있다. 그때마다 "오늘은 자리가 없어서 죄송합니다."라는 안내문이 출입구에 나붙는다.

그 여주인이 "불황이 뭐예요?"라는 소리를 할 정도로 불황을 모르는 이 가게의 비결은 어디에 있는 것일까? 오랫동안 단골로 다닌 필자의 판단으로는 주인부터 종업원들의 한결같은 '주인정신'이요, 한 번 만족한 고객들의 입소문을 바탕으로 한 '고객에 의한 고객창출'이 아닌가 생각한다.

예를 들어 하찮게 생각하는 주차만 하더라도 손님들이 찾아올 때, 나갈 때 바깥주인이 고객의 주차를 직접 해주고, 손님이 방에서 나오면 차를 문 앞에 미리 대놓는 작은 정성을 보여주는 데서 고객들에게 편안함을 준다.

안주인은 고객이 입구에 들어설 때 반갑게 맞이해주고 나갈 때도 감사하다는 인사를 건넨다. 아무리 바쁘더라도 주방에서 늘 음식

맛을 챙기고 하루도 빠지지 않고 방마다 다니면서 반갑게 손님들에게 직접 서비스도 한다. 마음을 터놓고 손님들의 이야기에 귀를 기울이는 것은 물론이다. 특히 이 집의 모든 사람들은 어떤 개인사정이 있더라도 일단 가게에 들어오면 얼굴에 웃음을 잃지 않도록 철저히 교육되어 있다.

이렇다 보니 종업원들이 대부분이 중국 동포들인데도 하나같이 얼굴에 늘 밝은 미소를 띠면서 정성껏 손님의 시중을 들어준다. 손님들은 마음이 편하기 때문에 이 집에 온다고 이구동성으로 이야기한다. 즉 편안함을 주는 것이 오는 이유가 되는 것이다.

아무리 유명한 회사, 유명한 가게라도 고객이 떠나는 데 이유가 있듯이, 작은 가게일지라도 고객이 찾아오고 떠나는 데는 분명 이유가 있게 마련이다. 더구나 떠나는 이유는 작은 실수 하나로 인해 순식간에 발생하지만, 찾아오는 이유를 만들기란 시간이 걸릴 뿐 아니라 쉽지 않다.

사실 고객은 까다로운 존재다. 새로운 고객을 한 명 더 확보하는 것은 말할 것도 없고 기존 고객을 놓치지 않고 계속 오도록 하기란 아주 어려운 일이다. 고객을 한 번 놓치면 피해가 크다. 만족한 고객이 기껏해야 세 명에게 그 사실을 전하는 반면 한 번이라도 불만족한 고객은 아홉 명에게 험담을 전한다는 고객의 법칙도 있기 때문이다.

고객이 떠나는 이유도 수없이 많다. 근본적으로 큰 문제가 있어서라기보다 사소한 배려가 없거나 작은 서비스가 마음에 안 들어서 시작된다.

몇 년 전 한 대기업이 분당에서 백화점을 개점할 때 친구로부터

들은 이야기다. 개점 첫날 빨간 유니폼을 차려입은 주차장 요원들이 환한 미소와 친절한 태도로 그 많은 차들을 매끄럽게 주차를 시켜 주는 모습이 아주 인상 깊었다는 것이었다. 백화점이라면 당연히 물건이 좋다는 이야기가 먼저 나와야 한다. 그런데도 제일 먼저 백화점에 도착하는 순간 주차요원과의 만남이 그에게 소중하고 강한 이미지를 심어준 것이다.

그 친구는 지금도 그 백화점을 애용하고 있다. 맨 처음 들어설 때의 고객접점에서의 기억으로 인해 계속 단골 고객이 된 것이다.

이러한 고객 접점에서의 만남을 '진실한 순간MOT, Moment of truth'이라고 한다. 어떤 일에 있어서 가장 중요한 결정적인 순간을 말한다. 이는 스페인 마케팅 이론가이자 경영 컨설턴트였던 리처드 노먼 교수가 제창한 개념인데 원래는 투우에서 쓰는 용어이다. 투우사가 황소를 데리고 싸움을 하다 마지막에 칼을 들어 황소의 정수리를 찌르는 때를 이렇게 부른다. 스페인 말로는 'Moment De La Verdad'인데 승부는 여기에서 결정 난다.

이러한 MOT에는 중요한 원칙이 있다.

첫째, MOT 서비스는 더하기가 아니라 곱셈의 개념이다. 여러 개의 고객과 만나는 접점 중에서 한번 영점이나 마이너스 점수를 얻게 되면 전체가 영이거나 마이너스가 되어 다른 부문에서의 만족도가 아무리 높더라도 의미가 없게 되고, 문제가 발생하게 되면 여하한 노력으로도 만회하기가 어렵다.

둘째로 제방(뚝)의 원리가 적용된다. 아무리 제방의 높이가 높더라도 물은 수문이나 뚫린 구멍으로 새기 마련이다. 저수지의 물높이는 제방의 높이가 아니라 뚫린 구멍의 높이와 같다. 바꾸어 말하면 고객만족에 대한 교육시스템이 좋고 그 회사 사장, 간부들의 서비스 의식이 아무리 높다고 해도 현장 고객접점에 근무하는 한두 사람에 의해서 그 회사의 서비스 수준이 결정된다는 사실이다. IMF 이후 몇 년 동안 정규직에서 비정규직이나 아르바이트로 접점요원들이 많이 대체되었다. 그러나 고객에게는 신분이 중요하지 않다.

셋째로 이러한 서비스는 소문이 광光속도로 번져나간다. 예를 들어 한 번 잘못된 소문이 인터넷에 퍼지면 사실상 걷잡을 수 없는 속도로 번져나가 그 상품이나 회사는 문을 닫아야 할지도 모를 파급효과를 가져온다.

더구나 고객접점은 IT기술 발달과 함께 다양한 방법으로 늘어가고 있다. 과거에는 고객접점이 종업원, 매장, 전화가 고작이었으나 지금은 페이스 북이나 카카오톡 같은 SNS, 인터넷, 이메일, DMDirect Mail 등으로 점차 확대되고 있기 때문에 MOT 서비스는 더욱 중요시된다.

경쟁이 날로 심화되고 계속되는 경제불황으로 모두가 힘들 때일수록 떠나는 이유가 많아질 수밖에 없다. 문제는 이 시점에서 남의 핑계를 늘어놓아서는 답이 없다는 것이다. 어려울 때 일수록 나를 면밀히 관찰하여 떠나는 이유를 차단함과 동시에, 찾아올 수 있도록 하는 '나만의 차별화된 이유'를 분명히 해야만 한다.

불황은 자신의 의자와 관계 없이 찾아오는 불청객이지만 불황은 내가 남을 이길 수 있는 절호의 찬스 이기도 하다. 위기는 또 다른 기회를 제공해주기 때문이다.

Q 고객 서비스에 있어 가장 중요한 순간은?

A 고객 서비스는 MOT라는 하나의 짧은 순간에 의해 모든 것이 결정된다. 고객은 점점 까다로워지고 변덕도 심하다. 아무리 작은 가게일지라도 고객이 찾아오고 떠나는 데는 분명 이유가 있게 마련이다. 더구나 떠나는 이유는 작은 실수 하나로 인해 순식간에 발생하지만, 찾아오는 이유를 만들기란 시간이 걸릴 뿐 아니라 쉽지 않다. 결국 MOT에 의해서 운명이 결정된다.

영원한 갑甲은 없다

수년 전 개봉한 영화 〈방자전〉이 예상을 깨고 흥행 돌풍을 일으킨 일이 있다. 이 영화는 누구나 다 아는 고대소설 『춘향전』의 춘향이가 이도령이 아닌 조연 방자에게 반했다는 발칙한 상상에서 출발한다. 진짜 주인공은 춘향을 버리고 한양으로 가버린 이몽룡이 아니라 줄곧 곁을 지키며 궂은일을 무릅쓴 방자였다는 사실로 흥미를 유발시킨다.

모두 아는 사실인데도 비틀고 꼬아, 사실과는 전혀 다르게 만든 전복顚覆의 스토리다. 엄밀히 말하면 엄격한 신분제 사회에서 기생의 딸인 춘향이 장원급제한 어사의 정실부인이 된다는 것 자체가 이미 전복적인 내용이다. 전복의 미학은 또 다른 흥미와 상상력을 유발하면서 새롭게 우리 곁에 다가온다.

영국의 휴대폰 외판원에서 일약 세계적인 오페라 가수로 우뚝 선 폴 포츠 이야기도 전복의 스토리 중의 하나다. 그는 유명한 오페라 가수로 두 번이나 내한 공연을 한 바 있다.

어린 시절부터 오페라 가수를 꿈꿨던 폴 포츠는 어눌한 말투에 못생긴 외모로 놀림의 대상이었다. 노래에 대한 꿈을 이루고자 오페

라단을 찾았으나 번번이 거절당했던 그는 설상가상으로 악성종양 발병과 교통사고로 병원신세를 지며 빚더미에 올라앉았다. 쇄골 골절로 다시는 노래를 부를 수 없을지도 모른다는 말을 들었다.

그러나 끝까지 자신의 꿈을 포기하지 않았던 폴 포츠는 일반인을 대상으로 하는 영국의 스타 발굴 프로그램 '브리튼즈 갓 탤런트Britain's Got Talent'에 출연, 우승을 차지해 전 세계인을 감동시켰다. 그가 출연한 장면은 동영상 사이트 유튜브에서 1,600만 건이라는 엄청난 조회 수를 기록하며 전 세계인의 심금을 울렸다. 사실 외판원이란 을乙 중에서도 가장 열악한 신분이다. 그런 그가 어린 시절의 꿈을 실현하여 세계를 누비는 당당한 갑甲의 행세를 하고 있는 것이다.

이렇듯 전복 스토리가 흥행을 몰고 오는 이유는 뭘 말해주고 있을까. 혹시 한번 주인공이 늘 주인공인 줄 알면 큰 오산이라는 교훈은 아닐까? 자신들의 지위를 과신하고 민의 읽기를 게을리했다가 지난 지방선거에서 아찔한 경험을 한 사람들에겐 왠지 남의 얘기가 아닐 것 같다. 갑과 을은 언제든지 역전될 수 있고 전복의 위험이 도사리고 있다는 따끔한 메시지와 교훈을 던져준 것이다.

그렇다면 당신은 '갑甲'인가, '을乙'인가?

사람들은 누구나 '갑'이 되고자 노력한다. 똑같은 봉급생활을 하는 사람일지라도 성공한 전문경영인들을 보면 하나같이 회사생활을 '주인 같은 머슴'으로 일한 사람들이요, 갑의 위치에 오른 사람들이다. 머슴(을)이 주인(갑)처럼 생각하고 행동하기란 쉽지 않다. 그들은 을의 입장에서 일한 게 아니다. 모든 생각과 행동을 갑의 입장 즉 주인의 입장에서 자신을 내세우기보다 자신을 버리는 일까지도 서슴지 않고 주인 이상으로 많은 일들을 해냈기 때문에 가능한 일이다.

『을의 생존법』 저자 임정섭 사장은 이렇게 말한다. "모두가 갑의 삶을 꿈꾸지만, 사실 돌아보면 우리 모두는 '갑'이자 '을'이다. 대기업의 사장도 소비자 앞에서는 '을'이 되며, 말단 직원일지라도 하청업체 앞에서는 '갑'이 된다. 누구나 갑이 될 수 있고, 또 누구나 을이 될 수 있다. 결국 갑과 을, 모두를 알고 철저하게 대처하는 것이 비즈니스 세계에서 살아남고, 또 성공할 수 있는 비결이다."

필자도 대기업에서 30년 가까이 늘 갑의 입장에서 살아왔다. 당시 임원, 본부장이나 대표이사의 위치에서 지시, 명령만을 하던 때 사실 을의 입장에서 상대방을 생각해 본 일이 거의 없다는 것이 솔직한 이야기일 것이다.

대기업의 울타리에서 나와 소기업을 경영하면서 을의 생활을 하는 동안 새로운 사실을 발견했다. 어느 때는 나 자신의 초라함을 느끼기도 했고 갑의 입장에만 있다가 갑자기 을이 되기란 정말 쉽지 않다는 사실도 알게 되었다. 현장을 뛰다보면 때로는 속이 뒤틀릴 때도 있었고, 차가운 시선과 홀대도 참아야 했다. 갑이 가지고 있는 우월적 지위를 남용하여 상대방의 입장을 완전히 묵살한 채, 횡포에 이를 정도의 힘으로 대할 때는 하는 일을 접고 싶을 때가 한두 번이 아니었다.

우리 모두는 갑이자 을이다. 더구나 강력한 힘이 있다고 생각했던 갑이 나중에 입장이 바뀌었을 때 반드시 강한 을이 되는 것은 아닐 것이며, 오히려 그 반대일 확률이 더 높다. 요즘의 을은 과거와 달리

갑에게 반란을 일으키기도 하고, 어렵지 않게 입장을 거꾸로 전복시키기도 한다. 그래서 나는 지금 힘이 있다고 거드름 피우는 갑들에게 꼭하고 싶은 이야기가 있다.

"있을 때 잘 해. 후회하지 말고."

Q 당신은 '갑甲'인가 '을乙'인가?

A 실상 누가 봐도 갑이라 여겨지는 기업 혹은 사람도 상황에 따라서는 언제든지 을이 될 수 있다. 기술의 변화와 발전 속도가 급박하고 하루에도 수많은 기업이 무너지고 생기기를 반복하는 사회에서는 사실 갑과 을의 개념을 따지는 것은 무의미하다.

지금은 갑의 위치에 있더라도 언제든지 을의 위치에 서게 될지 모른다는 사실을 항상 명심하고 누가 되었든 상대방이 항상 '갑'이라는 마음으로 대하자.

앤드류 카네기

카네기는 스코틀랜드 던펌린에서 가난한 직조공의 아들로 태어났다. 어려서부터 얼레잡이, 방적공, 기관조수, 전보배달원, 전신기사 등 여러 직업을 전전하다가, 1853년 펜실베이니아 철도회사에 취직하게 된다.

남북전쟁에도 종군하였고, 1865년까지 이곳에서 근무하는 동안, 장거리 여행자를 위한 침대차와 유정사업 등에 투자하면서 큰돈을 벌기 시작했다. 남북전쟁 이후 철강 수요의 증대를 예견한 그는 철도회사를 사직한 뒤 마침내 철강사업에 뛰어든다.

때마침 철도시대가 열리면서 철강산업이 대호황을 누리기 시작했고, 그의 사업도 승승장구했다. 1870년대에는 피츠버그의 제강소를 중심으로 석탄, 철광석, 광석운반용 철도, 선박 등을 수직계열화하는 철강트러스트를 만들고, 이어 1892년에는 세계 최대의 철강 트러스트인 카네기 철강회사를 설립했다. 66세가 되던 1901년 카네기는 나중에 US스틸이 되는 자신의 철강회사를 JP모건에 5억 달러에 매각했다.

이후 사업 일선에서 은퇴한 카네기는 1919년 8월11일 세상을 떠나기까지 18년간 자선사업에 몰두했다.

그는 1902년 1월 29일 당시로서는 천문학적 액수인 2천5백만 달러를 기부하여 공공도서관 건립을 지원하는 워싱턴 카네기협회를 설립하여 미국 전역에 2500개의 도서관을 지었다.

카네기는 그밖에도 그 유명한 카네기홀, 카네기공과대학, 카네기교육진흥재단 등 교육·문화 분야에 3억 달러 이상을 기부하였으며 현재 국제사법재판소의 건물인 평화궁을 지었고 카네기멜론 대학교를 설립했다. 은퇴 후 자선사업가로 더 유명해진 철강왕 앤드루 카네기는 자신의 저서 『부의 복음』에서 "통장에 많은 돈을 남기고 죽는 것처럼 치욕적인 인생은 없다."라고 했다.

그는 부의 사회 환원이 부자들의 신성한 의무임을 몸소 보여준 '노블레스 오블리주'의 화신이었다. 그는 "많은 유산은 의타심과 나약함을 유발하고, 비창조적인 삶을 살게 한다."는 이유에서 부의 대물림을 혐오했다고 한다.

카네기의 자선활동은 '천민자본주의'의 본산격이던 20세기 초 미국 사회를 성숙시키는 데 일조했다. 미국에서 5만6000여 개의 자선재단이 활동하고, 빌 게이츠 등 기업가들이 재산의 대부분을 자선활동에 쓰는 등 '기부 자본주의'가 미국에서 꽃피게 되는 데 카네기의 영향은 지대했다.

333의 지혜

나는 일 년에 한두 차례씩 한국을 벗어나 일본으로 향한다. 항상 이분을 생각하면 설렘으로 가득 차 심장이 두근거린다. 몇 해 전 건강이 좋지 않은 그분을 생각해 마중 나오는 수고스러움을 덜고자 한국에서 전화하지 않고 일본 나리타공항에 도착해 전화를 걸었다.

"저 재산입니다. 지금 일본 공항에 있습니다."

"뭐라고 이 사람아, 이 사람이 변했구만. 나와 인연을 끊을 셈이야! 오기 전에 미리 전화를 했어야지! 난 이번 주 내내 지방에서 강의가 있거든."

예나 지금이나 그분은 열정이 넘치는 에너지를 가지신 분으로 오히려 내가 고마워해야 할 분임에도 나를 더 반겨주시는 한결같은 내 인생의 '멘토'이시다.

그 후 2011년 말 노발대발怒發大發하셨던 이와다 씨를 위해 한국에서 연락을 미리하고 갔지만 그날은 끝내 약속한 호텔로 나오지 않았다. 이와다 씨에게 연락을 하자 암 수술을 받고 휴식을 취하는 중 가족들 몰래 나를 만나기 위해 도망 나오다 붙잡혀서 감금된 상태라고 했다.

나는 그 순간 한참을 웃었다. '내가 뭐라고⋯⋯.' 그분은 내가 걱정

할까 봐 암수술 받은 것도 숨기고 나오려다 딱 걸린 모양인데 미안함과 고마움에 몸 둘 바를 모를 정도였다. 국경을 떠나 나이를 떠나 아무런 차별 없이 만날 수 있는 멘토가 있다는 것은 삶의 가장 충만한 축복이다. 나는 지금까지의 생활은 물론이고 앞으로 남은 인생의 후반전을 위해서, 꼭 닮고 싶은 사람이 바로 이와다岩田 씨다.

이와다 씨와 나의 인연은 삼성자동차 시절로 돌아간다. 당시 교육 담당 임원직을 맡았지만 자동차 경험이 백지 상태였던 나는 자동차 교육을 위해 외부 고문을 영입했고 그중 내가 직접 일본으로 가서 영입을 권유해 모신 분이다.

일본 혼다Honda자동차 출신으로 그 유명한 혼다 소이치로 회장의 몇 안 되는 문하생인 그는 영업 지점장, 판매회사의 사장, 연수원장을 역임하는 등 자동차 분야에서는 독보적인 지식을 가진 분이다. 삼성 시절의 가르침은 물론, 많은 생각과 길을 제시해준 벤치마킹 대상이자 훌륭한 멘토로서 그동안 이분이 살아온 길을 같이 가는 것을 기쁨으로 여기며 지내오고 있다. 그에게는 인상적인 것들이 참 많았다. 특히 그분은 퇴직 후 주어진 긴 시간을 3등분하여 3:3:3으로 철저하게 나눠 쓰고 있다는 사실이다.

- **■ 첫째 3 :** 자신의 건강과 취미생활, 즉 자신만을 위한 시간이다.
- **■ 둘째 3 :** 회사의 일을 하고 돈도 함께 버는 일에 전념하는 시간이다.
- **■ 셋째 3 :** 남을 도와주는 봉사활동에 투자하는 시간이다.

그는 자신의 건강을 위해서 새벽 다섯 시에 일어나 일 년 365일 꼬박 잰걸음으로 한 시간 넘게 공원을 산책하며 체력을 관리하는 분이다. 팔십이 다 된 나이에도 오십대보다 훨씬 건강하고 출중한 골프 실력을 지녔으며 도자기를 굽는 등 자신을 위해 과감히 투자한다. 또한 은퇴 후 '선샤인'이라는 작은 컨설팅 회사를 설립하여 대표 컨설턴트를 맡아 전국을 드나들며 활발한 기업체 자문 활동을 통해 삶의 활력소를 찾는다. 아울러 고향에 내려가 봉사활동을 몸소 실천하며 인생을 멋지고도 풍요롭게 살고 있다.

난 그분을 통해 인생을 재설계했고, 일본 주재원 근무를 마치고 돌아올 때 마음속으로 약속한 '생전의 책 열 권 쓰기'라는 목표를 설정했는데, 그분의 격려와 살아가는 모습에서 용기를 얻어 책 열 권을 쓰는 대업大業을 이루는 성취감도 맛볼 수 있었다. 내 책상에는 지금 직원들이 증정한 열 권 출판기념패가 자리하고 있다.

나는 다시 열 권의 책을 더 쓸 생각이다. 실무서도 있겠지만 감성이 깃든 수필이나 에세이집 같은 책을 포함시켜 도전할 생각이다. 이는 이와다 씨가 내게 준 삶의 에너지이자 올바른 삶의 자세를 깨우쳐 준 앞서간 사람의 지혜가 있었기에 가능한 일이다.

최근 멘토링Mentoring이 대 유행이다. 멘토는 단지 젊은 대학생들만의 전유물로만 생각해서는 안된다. 중년이나 퇴직 이후의 나이에도 나를 변화시켜주고 길을 안내해 줄 멘토가 필요하다.

요즘 내가 주로 만나는 사람들은 대체적으로 열정을 가진 사람들이 많다. 열정을 가지고 무언가에 도전하려는 많은 선·후배가 함께 자리를 같이한다. 나는 앞으로 그분이 살아계시는 한 일본에 들

를 때마다 꼭 만나 뵙고 소주 한잔 기울이면서 그의 인생 이야기를
계속 들을 예정이다.

Q 당신의 인생을 올바르게 이끌어 줄 멘토가 있는가?

A 우리 주변은 사람으로 가득 차 있지만 가족이나 친구, 일부 직장 동료
를 제외하면 깊은 관계에 있다고 말할 만한 사람은 거의 없다. 만날 때마
다 자신을 감화시키는 사람이 있다면 그 사람을 멘토로 모시는 것도 인
생경영을 위한 한 방법일 것이다. 세상에 그 누구 스승 아닌 사람이 없지
만 매번 감화를 주는 사람이라면 그보다 든든한 지원군은 없을 것이다.

이분법二分法 세상의 위험

우주 정거장에서 인간과 외계인이 만났다. 당연히 말이 통하지 않으니 몸짓 손짓으로 하는 바디 랭귀지를 써야 했다. 그런데 이상한 것은 이쪽에서 열을 표시할 때 오른손을 오므렸다 펴면 되는데 그들은 다섯 번을 오므렸다 펴는 것이었다.

자세히 보니 그들의 손가락은 두 개밖에 없어서 다섯 번을 움직여야 했다. 손가락이 각각 다섯 개와 두 개라는 커뮤니케이션의 수단이 다르기 때문에 일어나는 혼란이었다. 말하자면 외계인들은 컴퓨터에서 1과 0을 가지고 쓰는 것처럼 이진법과 같은 신호체계를 쓰고 있었던 것이다.

요즘 우리나라 정치사회는 물론 기업, 개인에 이르기까지 이분법에 의한 혼란이 가속화되면서 양극화로 치닫고 있다. 사회는 부자와 갖지 못한 사람, 강남과 비강남, 주류와 비주류등의 문제로 마음 편할 날이 없고 정치는 여당과 야당, 보수와 진보, 호남과 영남, 여성과 남성 등등의 차별이나 패권다툼 문제로 하루도 시끄럽지 않은 날이 없다.

기업에서도 사용자와 근로자, 정규직과 비정규직의 문제 등이 끈

없는 평행선을 이룬다. 이러한 양극화 현상은 이분법의 위험The Danger of dichotomics을 반드시 수반한다.

이러한 이분법은 조물주가 아닌 인간이 만들어낸 발명품이다. '이것이 아니면 안 된다' '그건 무조건 나쁘다' '내 방식이 맞다'는 식의 택일 현상이나 흑백 논리는 아주 위험한 요소들이 도사리고 있다.

역사적으로 보더라도 그 많은 전쟁들은 분명 이러한 이분법적 욕심과 이기심에서 일어난 것이다. 이분법적 접근은 명분과 힘겨루기가 게임의 원칙으로 작용하면서 법을 무시하기도 하고 때로는 강압적 방법을 동원하며, 싸움이나 폭력까지 수반하게 한다.

예를 들어 천당과 지옥, 선과 악, 신과 악마, 미와 추, 영혼과 육체, 양과 음, 명과 암, 적과 동지 등과 같이 사람들이 지금까지 즐겨 써온 개념과 용어들을 분석해보면 온갖 사물들이 이 같은 이분법에 의해 놀라우리만큼 구분, 비교, 대조되어 있음을 보게 된다.

이분법은 제3의 자리를 허용하지 않는다. 이것 아니면 저것이지 이것도 저것도 아닌 것은 존재할 수 없다는 논리이다. 그런데 유감스러운 일은 그 같은 이분법이 인류의 정신적 유아기에 형성된 유치한 사고의 틀이라는 사실이다.

이것과 저것 말고도 제3, 제4의 것이 얼마든지 있음에도 불구하고 이 사실을 제대로 파악하지 못하거나 알고는 있으면서도 이를 외면하고 무시해 버리는 사람이 있다면 그는 학문이나 사회적 지위의 높고 낮음에 상관없는 정신적 미숙아일 뿐이다. 파악하지 못했을 경우 그것은 지성과 통찰력의 결핍을 드러낸다. 또한 알면서도 도외시했다면 그는 집요한 편견에 사로잡혀 있거나 그것과의 합리적 관계

설정에 자신이 없어서일 것이다. 어느 경우에도 인격적 미숙의 테두리를 벗어나지 못한다.

획일주의, 관료주의, 권위주의가 시퍼렇게 활개 치는 사회가 있다면 그러한 사회는 아직 미숙한 사회요 어떤 의미로는 야만이다. 왜냐하면 이러한 사회가 걸핏하면 '조자룡 헌 칼 휘두르듯' 질러대는 무기가 그 이분법이기 때문이다. 이분법은 모든 미숙한 사회의 전가의 보도가 되어 기다림이나 배려가 없고, 자기의 코드에 맞지 않는 것들을 사정없이 베어 버리기도 한다.

불란서 말로 '똘레랑스Tolrence'라는 말이 있다. 우리말로 표현하면 '관용', 또는 '너그러움'으로 해석된다. 상대의 생각과 의견을 존중하고 다양성을 인정함으로써 그만큼 자신도 인정받는 것을 의미한다.

성숙한 민주주의라 함은 이것이나 저것만을 인정하고 고집하는 것이 아니라 제3, 제4의 것도 인정하고 긍정하며 포용하는 것이다. 말하자면 획일화나 양극화를 지양하고 다양성과 다양화를 지향함을 의미한다. 세상은 다양화되어 가고 있는데 사고나 행동이 이분법으로 치닫는다면 우리 사회는 희망보다 상처투성이가 되고 만다.

100:100 원칙이라는 것이 있다. 이 말은 '책임은 항시 양쪽에 주어진다'는 말인데 요즘 주위에서 일어나는 일련의 일들을 보면 양자에 책임이 있다는 사실을 망각하거나 알고 있더라도 무시하거나 떼를 쓰는 경우가 비일비재하다.

이러한 양극화 현상은 나쁜수나 극우행동 같은 자극적이고 충동적인 행동을 잉태시킨다. 양쪽 모두 이중 잣대에 휩싸여, 이분법을 들이대지 말라면서 막상 자신들은 이분법으로 상대방을 공격한다.

이들은 큰 고민 없이도 쉽게 동조하는 박수를 받아내기 위해 돌출된 행동이나 집단의 행동으로 인기를 누리면서 양극화를 치유하기보다 그 불길에 더욱 기름을 끼얹고 있다.

역사적으로 아르헨티나의 경험이나 소련의 붕괴가 그렇다. 위험한 이분법적 접근방식은 우리나라가 선진국으로 가는 길목에서 반드시 해소되어야 한다. 물론 우리 사회가 헤겔의 변증법적 논리처럼 선진국을 향한 정반합正反合의 프로세스를 거치고 있는 과정에서 필연적으로 거쳐야 하는 아픔인지도 모른다.

그러나 분명한 것은 이분법적 접근은 그 학습의 효과가 갈수록 나아지기보다는 그 골이 깊어질 위험요소가 더 많다는 데 있다. 이러한 양극화 현상은 자멸적인 붕괴를 불러오고 파이를 키우기보다는 나누는 데 힘을 쏟다 보니 파이를 새로 만들어야 할 사람에게는 시선을 주지 않게 된다.

나의 입장만 강조하고 우기면 나는 이길 수 있으나 상대방은 지거나 망한다I win, you lose. 내가 상대방에게 무조건 양보하면 상대방은 이기지만 나는 지고 만다You win, I lose. 그러나 이제 나도 이기고 너도 이기는 Win-Win 게임의 법칙으로 전환할 때다. 이러한 Win-Win 게임의 시작은 나부터, 내 직장에서부터 실천해야 한다. 책임은 나에게는 없고 남이 변하기만을 기다리면 변화는 영원히 일어나지 않기 때문이다.

요즘 어느 편에 서야할지 선뜻 들어주고 싶은 편이 보이지 않을 때가 많다.

이럴 때일수록 성현들의 글귀가 생각난다. 항시 남의 입장에서 생

각하라는 역지사지易地思之의 중요성이 절실한 때다. 우리는 지금 외계
인과 같이 살고 있는 대한민국 국민이 아니기 때문이다.

⭐ 인생경영을 위한 셈본식 Q&A

Q 자기도 모르게 이분법적 사고를 가지진 않는가?

A 우리나라가 완전한 선진국으로 가는 데 많은 장애물이 있지만 그
중 가장 큰 것은 개인과 사회 전반에 만연한 이분법적 사고일 것이다.
항상 '역지사지'하고 한 번 더 양보한다면 당신과 나 모두가 공존하면
서도 이득을 얻는 Win-Win이 될 것이다.

테레사 효과

얼마 전 공직에서 일하시는 분들을 대상으로 강의를 하였다. 인생에서 남겨 두고 싶은 것, 이루고 싶은 것이 있을 텐데 그것이 무엇인가를 같이 한 번 생각해 보자고 제안하였다. 강의 주제와 관련 있는 것이었는데도 의아한 눈빛을 보내는 사람들이 몇몇 있었다.

나이 들어서 인생을 정리하려 할 시점에서 사람들은 무엇을 생각할까? 살아가면서 허전함을 느끼지 않으려면 무슨 일을 해야 할 것인가? 웰빙도 좋지만 웰엔딩Well ending을 하기 위해서는 내 인생이라는 바구니에 무엇인가를 담아가야 한다는 말에 사람들은 많은 관심을 나타냈다. 공직에 근무하기 때문에 미래의 삶에 대한 불안이 상대적으로 적지만 개미 쳇바퀴 돌리듯 하는 생활 속에서 막상 내 바구니를 생각해 보니 걱정이 되는 것이다.

'우리의 삶의 성취물들을 담아두는 바구니에 무엇을 담았는가? 그리고 무엇을 담을 것인가?'라는 질문이 많은 사람들에게 중요한 것임을 알 수가 있다.

바구니에 중요한 여러 가지 것을 담아 놓았다하더라도 세상의 급격한 변화는 그것들을 가만히 놔두지 않는다. 관리를 소홀히 하면 한순간에 상하게 되고 쓸모없게 되기도 한다.

비타민을 매일 섭취해야 하듯이 우리는 언제나 이것들을 잘 관리하지 않으면 안 된다. 활력 있고 아름다운 삶을 살아가기 위해 자신만의 방법으로 삶의 마디를 이끌어 나갈 방법을 마련해야 한다. 나름대로 젊게 사는 방법을 찾아보는 것도 중요하다. 제39대 미국 대통령이었던 지미 카터는 스스로 나이 들었다고 생각하는 순간부터 나이 드는 것이라고 말하였다.

카터는 대통령직 재임 시보다 퇴임 후 더 빛나는 활동을 한 전직 대통령으로 널리 알려져 있다. 그는 국제적인 난제를 해결하고 집 없는 사람들에게 집을 지어주는 봉사활동 등 많은 분야에서 일을 함으로써 퇴임 후의 인생에서 더 많은 것을 자신의 인생 바구니에 담은 사람이다. 남을 위한 봉사는 한 첩의 보약보다 귀하다!

미국 하버드대학교 의과대학 연구팀이 환자들을 관찰하면서 매우 중요한 사실 하나를 찾아냈다. 테레사 수녀처럼 헌신적인 봉사활동을 하거나 마음속에 선한 생각을 품고 있으면 몸도 마음도 선하고 건강해진다는 것이다. 특히 바이러스와 맞서 싸우는 환자들에게는 건강한 세포가 새로 형성된다.

돈을 받고 일할 때와 남을 위해 봉사할 때의 면역세포도 함께 조사했다. 역시 봉사할 때의 체내 면역수치가 훨씬 높게 나왔다. 봉사하는 사람에게는 건강과 평안이 자연스럽게 찾아오게 된다. 남을 위해 봉사하는 사람들이 느끼는 심리적인 만족감이나 안정감이 자신의 수명에 긍정적인 영향을 끼치게 된다는 사실이 증명된 것이다.

이러한 효과를 테레사 효과라고 한다. 평생을 헐벗고 굶주린 이

웃을 돌보다 87살의 나이로 타계한 테레사 수녀. 그녀의 다큐멘터리를 보는 것만으로도 우리 몸의 면역 기능이 강화된다고 하니, 실제로 봉사를 행하는 사람들의 수명 연장이야 말할 필요가 있겠는가. 착한 일을 하거나 착한 일을 하는 것을 보기만 해도 몸 안에서 바이러스와 싸우는 항생물질이 생성된다는 것이다.

미국 스탠포드대의 연구도 동일한 연구결과를 내놓았다. 자신의 몸만을 생각하며 사는 암환자의 평균수명은 19개월인 반면, 자원봉사 활동을 하는 암환자의 평균수명은 37개월로 거의 2배를 더 산다고 한다. 남을 도우면 삶의 보람을 느끼고 되고 이때 체내에 저항물질이 생겨 인체가 강해지기 때문이다.

실제로 테레사 수녀는 인도의 빈민가에서 생을 마감할 때까지 살았다. 전염병이 무성한 열대우림 아프리카에서 슈바이처 박사는 아흔 살을 살았다. 한국 8만여 입양아의 대모 바서 홀트 여사는 2000년 아흔 여섯 나이로 한국 땅에 묻혔다. 여기에 아흔 살까지 살았던 나이팅게일도 있다.

테레사 효과 실험

미국 미시간대학교 사라 콘래스 박사에 의해 진행된 이 연구는 1957년부터 진행된, 위스콘신 종단연구 Wisconsin Longitudinal Study 데이터를 새롭게 분석하는 방식으로 진행됐다.

종단연구란, 특정한 현상이 오랜 시간이 지나면서 어떻게 변화해 가는지를 살피기 위해 오랜 시간에 걸쳐 비슷한 집단을 반복 관찰하는 연구방식을 의미한다.

콘래스 박사는 봉사활동이 인간의 수명에 미치는 영향에 관한 연구를 위해, 이러한 종단연구 방법을 사용해, 남을 위해 봉사하는 사람이 봉사하지 않는 사람보다 더 오래 산다는 사실을 밝혀냈다.

이 연구를 위해 콘래스 박사는 위스콘신 고등학교 졸업생 1만 317명을 대상으로 1인당 6번씩 직업과 일상생활, 그리고 가족의 현재상황과 건강 등을 반복해서 조사했는데 2008년을 기준으로 이들 연구대상의 평균 연령은 69.16세였다.

연구팀은 2004년 연구대상자들에게 평소 봉사활동의 여부와, 봉사 활동의 목적에 대해서 조사한 후, 4년 뒤인 2008년에 이들 가운데 몇 명이 생존해 있는지를 조사했다.

그 결과 2004년 조사 당시, 최근 10년 동안 남을 위해 정기적으로 봉사한 적이 있다고 대답한 응답자의 생존율이 상당히 높은 것으로 나타났으며, 반면에 남을 위해 봉사한 적은 없다고 대답한 응답자는 전체의 4.3%가 사망한 것으로 나타났다.

즉, 봉사 경험이 없는 사람들의 사망률이 남을 위해 봉사한 사람들의 사망률보다 3배가량 높게 나타난 것이다.

✡ 인생경영을 위한 셈본식 Q&A

Q 타인을 위해 살아본 일이 있는가?

A 죽을 때 들고 갈 수가 없는 것이 돈이다. 끝없이 욕심만 부리고 자신만을 챙기다 죽는 사람들이 있다.

반면 역대 인류의 존경을 받은 인물들은 자신보다는 남을 위해 살아온 사람들이었다. 타인을 위해 나누고 봉사하면서 살자. '테레사 효과'에서 입증된 것처럼 자신의 수명이 늘어나는 것은 물론이요 '봉사'라는 인류만의 위대한 유산을 몸소 실천하는 위대한 사람이 될 수 있다.

내 인생의 시계

이색적인 물품만을 파는 해외의 한 인터넷 쇼핑몰에서는 '인생 시계'라는 걸 판매한다. 모양은 일반 시계와 같지만 쓰여 있는 숫자는 1부터 12까지가 아니라 0부터 자기가 원하는 수명까지라고 한다. 예를 들면 80, 90, 100 이런 식이다. 이 시계는 한 달마다 긴 바늘이 한 칸씩 움직이고, 한 해마다 작은 바늘이 한 칸씩 움직이기 때문에 자기 인생이 어느 만큼을 왔는지 직접 볼 수 있게 해주는 것이다. 보통의 시계는 하루를 한눈에 보게 만들지만 인생 시계는 삶 전체를 보게 한다.

일상을 너무나 바쁘고 정신없이 지내다보면 자신의 인생 전체를 진지하게 생각해보는 시간을 갖기란 쉬운 일이 아니기 때문에 이 시계를 통해 지난 일도 돌이켜 보기도 하고 남은 인생을 과연 어떻게 살아갈 것인지를 깊이 생각할 수 있는 기회를 가져볼 수 있다.

그렇다면 인생시계에 비추어 봤을 때 과연 나는 지금 몇 시 몇 분을 지나고 있을까? 순간순간 조바심을 내고 아등바등 살아가고 있더라도 가끔은 내 인생의 시계를 들여다보고 어디쯤 와 있나 가늠해보는 일도 새로운 미래를 위해서 중요하다. 하루 스케줄 중에도 매 시간마다 꼭 해야 할 일이 있는 것처럼, 인생 전체의 스케줄 표에도 매 시기마다 잊지 않고 꼭 시작해야 할 일들이 있기 마련이다.

그렇다면 지금 이 시간에 반드시 이루거나 아니면 새로 시작해야 하는 일은 무엇인가? 앞만 보고 숨 가쁜 질주만을 하며 살다가 어느새 인생의 끝자락에 도달했을 때 허무하지 않도록 인생 전체의 스케줄 표를 잘 짜고 다듬어 보는 시간을 갖는다는 것은 인생의 큰 변화를 가져보는 데 크게 도움이 되는 습관이다. 결국 인생은 자신이 선택한 습관 속에서 이루어지기 때문이다.

요즘 국내에서는 물론 해외에까지 화제가 되고 있는 베스트셀러 『아프니까 청춘이다』의 저자 김난도 서울대 교수가 집필한 책 내용 중에 '인생시계'에 관한 게 나온다. 평균수명 80세를 기준으로 했을 때 1년에 18분, 매년 생일이 되면 18분씩 앞으로 바늘을 옮긴다는 것이다. 여기에서 김 교수가 말하는 인생시계의 계산법은 이해하기 쉽다.

24시간은 1,440분에 해당하는데, 이것을 80년으로 나누면 18분이다. 1년에 18분씩, 10년에 3시간씩 가는 것으로 계산하면 금방 자기 나이가 몇 시인지 나온다. 20세는 오전 6시로 대개 기상시간에 해당되고, 30세는 출근 시간인 오전 9시다. 흔히 사오정이라고 하는 45세는 점심 후 식곤증이 극에 달하는 오후 1시 50분이고, 정년이 지나는 60세는 퇴근시간인 오후 6시다. 참 절묘하지 않은가?

이를 좀 더 자세히 인생의 중요한 시점에서 생각해보면 더욱 의미가 다르다. 유년기와 청소년기를 거쳐 대학을 졸업하고 사회활동을 할 준비를 마치는 24세는 출근 준비를 마치고 이제 집을 막 나서려는 시간과 비슷하다. 어떤 사람은 이 시간에 아예 늦잠을 자버리는 사람도 있지만, 어학을 공부하기 위해 학원을 간다든가 아침운동을 하기도 하고, 이미 회사로 출근을 하고 있는 사람도 있다. 이 시간을 어떻게 보내고 있느냐에 따라서 향후 자기 인생의 미래가 크게 달라지기 때문에 이러한 비유가 의미하는 바는 무척이나 크다.

그렇다면 은퇴를 하고 노년을 준비하는 60세를 보자. 저녁 6시다. 직장인들이 일을 마치고 퇴근하여 집으로 돌아오거나, 저녁시간을 즐기려는 때다. 이 시간을 어떻게 활용할 것인가에 따라서 소위 트리플 30이라는 인생의 새로운 출발은 의미를 얼마든지 달리할 수 있다. 서양 사람들은 졸업이란 말을 Commencement, 즉 시작이라고 하듯이 무언가를 시작하려고 하지만, 우리나라에서는 아직도 은퇴는 '끝이다'라고 생각하는 사람들이 의외로 많다.

사실 "나는 너무 늦었어!"라고 단정 지으려는 것은, '사실'의 문제가 아니라 '자기기만'의 문제일 수도 있다. 해보지도 않고 스스로가 포기나 좌절의 빌미를 스스로 만들어서는 안 된다. 인생시계가 언제 멈출지를 모르기 때문에 오히려 우리는 그 시계가 영원히 멈추지 않을 것으로 알고 살아가고 있는지도 모른다.

"바쁜 사람이 큰일을 해낸다."는 말을 종종 듣는다. 이 말은 회사에서만이 아니라 사회에서도 마찬가지로 적용된다. 한가한 사람은 시킨 일에 대해 불만부터 갖지만, 바쁜 사람은 일단 일을 맡으면 주어진 시간을 전략적으로 활용하여 성공적으로 일을 처리한 다음 문제점을 이야기하든가 개선한다.

이런 사람들은 시간의 낭비를 철저히 배제하면서 시간을 아주 효율적으로 활용하는 지혜를 발휘하기 때문이다. 이것이 성공을 이룬 사람들의 공통된 특징이기도 하다.

문제는 이러한 자신의 인생시계를 들여다보기만 한다면 별 의미가 없다는 것이다. 미래는 지금 내가 어떤 마음을 가지고 있고, 무엇을 시작하며, 어떻게 행동하느냐에 의해서 결정되는 결과인 것이지 갑자기 어디에서 떨어지는 것은 결코 아니다.

세상에서 가장 중요한 세 가지의 금이 있다고 한다. 첫 번째는 황금, 두 번째는 소금, 세 번째는 바로 '지금'이다. 그러나 황금이나 소금이 아무리 중요한 가치를 지녔다 해도 바로 이 순간 열심히 사는 것보다는 못하다. 이 순간은 타임머신이 없는 한 회귀할 수 없으며 황금이나 소금보다 값진 보배는 바로 지금인 것이다.

노벨문학상을 받은 로맹 롤랑은 인생에는 왕복 차표가 없다고 했다. 아쉽고 부족했던 과거를 만회하고 미래를 멋지게 만드는 것은 '지금'이요, 지금 무언가를 시작해야만 어떠한 작은 변화라도 기지개를 펴기 시작한다.

우리는 가끔 늦었다고 생각할 때가 많다. 늦었다고 생각하는 순간에 주저하거나 머뭇거릴 것이 아니라 바로 시작해야 한다. 먼 미래_{未來} 도 한순간에 하늘에서 갑자기 떨어지지는 않는다.

미래는 분명 현재_{現在} 지금이라는 선에서 출발하기 때문이다.

✹ 인생경영을 위한 셈본식 Q&A

Q 아직도 시작하지 않았는가?

A 우리들의 인생은 수많은 '지금'을 지나친다. 이 책, 이 문장을 보는 순간에도 '지금'은 계속 지나가고 있다. 먼 미래에 대한 대비는 계획만으로는 불가능하다. '지금' 시작하라. 시작하는 순간 당신이 계획한 미래는 절반쯤 가까워질 것이다.

이태석 신부

지난 해 KBS 1TV에서 수단의 슈바이처 고 이태석 신부의 이야기를 쓴 <울지마 톤즈>가 방영되었다. 이 다큐멘터리를 보고 모든 국민들이 감동을 받았고 뜻을 다 이루지 못하고 일찍 떠나버린 아쉬움에 안타까워했다.

'톤즈의 희망'이었던 이태석 신부는 2010년 10월 선종하셨다. 2010년 1월 뒤늦게 발견된 대장암과 사투를 벌이던 그는 마지막 순간까지 톤즈의 형제들에게 아낌없는 사랑을 쏟아 부었다.

이런 모습이 그대로 담긴 <울지마 톤즈>는 많은 사람들의 눈물샘을 자극했다. 다큐멘터리를 통해 고 이태석 신부는 몸소 벽돌을 나르고, 환자를 치료하며, 음악으로 마음속 상처를 치유하는 모습을 보여줬다. 이태석 신부의 봉사하는 모습을 보면서 하염없이 눈물을 흘렸던 기억이 난다. 이태석 신부는 과연 누구인가?

그는 봉사와 희생정신의 화신으로 제2의 슈바이처이다.

우수한 성적으로 인제대학교 의과대학을 졸업한 후 평생 의사라는 명예와 부귀영화를 누리실 수 있으셨지만 이를 포기하고 천주교 사제의 길로 들어서 37세에 늦깎이 신부가 되신 분이다.

그는 천주교 사제가 되어서도 편안한 신부가 되기보다는 가장 고
되고 힘든 길을 선택했다. 바로 아프리카대륙 당시 수단의 작은 마을
인 톤즈, 그 아무것도 없는 마을에서 가난과 무지로 고통 받는 지역
민들에게 본격적인 의술을 펼쳤고, 대를 잇는 가난에서 벗어날 수 있
도록 학교를 만들어 아이들이 교육을 받도록 했다.

또한 한국의 옷과 악기, 의료품 등을 지원받아 학생들로 구성된
관현악 악단을 만들고 환자들에게 치료뿐만이 아니라 본인이 직접
신발도 만들어 나누어 주시는 등 그들에게 희망을 건네주셨다.

그는 의사의 길을 포기하고 아프리카 수단으로 건너가 진정한 나
눔과 봉사의 삶을 살다 의사임에도 자신의 몸을 돌보지 못한 탓에
치료가 불가능한 말기 대장암에 걸려 한국에 들어왔다. 치료를 받으
면서도 "아직도 할 일이 많다."며 수단에 남긴 일들에 대한 걱정과 돌
아갈 생각만 했다.

헤리엇 비처 스토가 쓴『톰 아저씨의 오두막』이 미국의 남북전쟁
을 일으켜 흑인 노예를 해방시켰듯이 <울지마 톤즈>가 우리 사회
에 봉사와 희생, 그리고 진정한 나눔의 무엇인지를 알려 주었기를 바
란다.

Part 6 실행의 장

지금까지 '가감승제' 셈본 식으로 자신의 인생을 경
영하는 법을 살펴보았다. 그러나 아무리 좋은 글을 읽
고 알고 있어도 행동으로 연결하지 못하면 몰랐던 사람
과 전혀 차이가 없다. 오랜 습관의 덫에서 탈출하려면
'백견百見이 불여일행不如一行'이라고 할 수 있다. 즉, 지
금까지 많은 것을 이야기 했지만 작은 한 가지의 행동
실천이 무엇보다 중요하다는 이야기다. 자! 이제 새로운
인생의 항해를 위한 발걸음을 한 발짝 옮겨보자.

GO
STOP

작은 것의 힘

호주에 가면 시드니의 현대미술관MCA 앞마당에 흰개미 집을 본 따 만든 조각 작품이 전시돼 있다. 철과 종이 등으로 만들어진 〈가갈레시스Gargalesis〉라는 제목의 이 작품은 그 높이만 사람의 키 3배가 넘는 7미터나 된다. 이는 실물 크기이기 때문에 이를 보는 사람들은 이 흰개미 집을 만드는 개미들에게 궁금증을 갖지 않을 수 없다.

아프리카나 호주에는 높이가 6m~7m나 되고 아래쪽 지름이 3m~5m에 이르는 흰 개미집이 곳곳에 있다. 규모도 놀랍지만, 온갖 비바람에도 잘 견딜 수 있도록 온도를 조절하는 정교한 냉난방 장치와 애벌레에게 먹일 버섯을 기르는 방까지 있다고 하니 더욱 놀라지 않을 수 없다. 흰개미 한 마리 한 마리에게 이런 거대 구조물을 설계하고 지을 지능이 있을 리 없다. 하지만, 하찮은 개미들도 수백 만 혹은 수천 만 마리가 무리를 이루면, 마치 뛰어난 지능을 가진 유기체처럼 이런 멋진 구조물을 만들어 낼 수 있다는 것이다.

요즘 변화와 혁신의 바람이 다시 일고 있다. 특히 가장 변화에 둔감하다고 생각해왔던 정부나 관공서 그리고 공기업들이 앞을 다투어 혁신조직을 만들고 이미 기업에서는 10여 년 전 유행처럼 시작되었던 성과주의 인사제도들을 도입하기도 하고, 변화관리 교육이나 워크숍들을 한다고 부산을 떤다.

나는 가끔 이런 기관에서 주최하는 변화관리의 특강을 하면서 앞에서 이야기한 흰개미집의 사례를 든다. 그 높고 정교한 흰개미집이 만들어지는 과정에서 흰개미들처럼 자기의 역할을 말없이 충실하고 헌신적으로 수행하는 것이 가장 중요하다는 것을 특히 강조한다. 소위 '작은 것의 힘'이다.

커다란 차이는 누구나 금방 모방하지만 작은 차이는 오히려 모방하기 힘들다고 한다. 작은 물방울이 계속해서 떨어지면 바위를 뚫듯이 아무리 작더라도 계속하게 되면 큰 것을 바꿀 수 있게 된다. 예를 들어 삼성이 2011년 사상 최대로 30조 가까운 경이로운 이익을 내는 초일류기업이 되어 세계로부터 주목을 받고 있다.

벌써 20여 년 전 이건희 회장이 강력하게 추진하였던 '삼성 신경영新經營'의 힘이라고 확신한다. 그 당시 이회장이 '자식과 마누라 외에 다 바꾸자'라고 하면서 제일 강조한 것이 '나부터의 변화와 작은 것부터 바꿀 것'이었으며 이러한 변화를 반복한 결과 지금의 삼성이 되었다.

지금은 여러 가지 구설수에 올라 있지만, 미국의 포드와 GM을 누르고 세계 정상에 이르기까지 도요다 자동차의 놀라운 힘 역시 종업원들이 한 방향으로 소리 없는 개선Kaizen과의 전쟁을 치른 결과가 아닐까 생각한다.

사람들에게는 아주 작은 차이밖에 없다. 그런데 이 작은 차이가 큰 차이를 만든다. 그 작은 차이를 만드는 습관이 성공을 이끈다. 작은 일을 못하는 사람이 큰일을 할 수가 없고, 작은 것을 소중히 여기지 못하는 사람이 더 큰 꿈을 이룰 수 없다. 물은 섭씨 99도에서는 안 끓고, 100도에서 끓는다. 단 1도의 차이지만 많은 차이가 있는 것처럼 우리가 도전하는 모든 일도 마찬가지다. 성공할 때까지 마지막 1%의 차이로 인하여, 성공과 실패가 결정되는 것이다. 결국 아무리 큰 변화도 작은 것에서 출발해야 한다. 매일의 업무 가운데 어떤 작은 것이라도 맡은 담당자나 관리자들이 변화과제를 직접 행동으로 실천하지 않는다면 더 큰 변화를 기대할 수 없다고 생각한다. 천하에 어려운 일도 쉬운 일에서 시작되고 아무리 큰일도 작은 일을 먼저 행동으로 실천하는 데서 시작된다.

이를 잘 말해주는 글을 어느 책에서 읽은 기억이 있다.
옛날, 어떤 사람이 고민거리를 안고 해안을 걷고 있었다. 깨끗한 모래사장이 끝없이 이어져있었다. 폭풍이 지나간 후였을 것이다. 파도가 칠 때에는, 무수한 조개가 떠밀려 왔다. 조개는 아직 살아있었다. 하지만, 물이 밀려들지 않아 조개는 말라서 죽게 될 수밖에 없었다. 아이 하나가 파도가 치는데 무언가를 하고 있다. 자세히 보니, 아직 살아있는 조개를 하나하나 주워 바다로 던져 보내고 있었다.
길을 걷고 있던 사람은 자신도 모르게 멈춰 서서 물었다.
"뭐 하고 있니?"
"조개를 살려주고 있는 거예요."라고 아이는 대답했다.
"이렇게 많은 조개가 밀려왔는데, 그렇게 한다고 무슨 도움이 되겠니? 쓸데없는 일이야."

아이는 또 하나의 조개를 집어 들며 말했다.

"그렇지 않아요." 그리고 다시 조개를 바다로 던져 보냈다.

"보세요, 이렇게 또 하나 무언가가 변했어요. 당신은 생각하고 있을 뿐이지 무언가 해보았나요?"

걷고 있던 사람은 깜짝 놀라 아이를 돌아보았지만 거기에는 이미 누구의 모습도 보이지 않았다.

변화나 혁신이란 시간이 걸리는 험난한 길일지도 모른다. 작은 변화의 시도가 혁신의 성공을 이루는 데 가장 필요하다고 생각된다. 보통의 회사에는, 멀리 돌아가더라도 이런 작은 변화의 힘이 요구되는 것은 아닐까?

✦ 인생경영을 위한 셈본식 Q&A

Q 혁신은 큰 규모의 변화에서 비롯되는 것인가?

A 아무리 큰 변화도 한 번에 이뤄질 수는 없다. 변화를 일으키는 대단한 사람이 따로 있는 것도 아니다. 물방울이 큰 바위를 뚫듯이 작은 차이, 작은 변화가 결국은 혁신을 만들어내는 힘이 된다. 나부터 한 사람 작은 변화의 시도가 세상도 바꿀 수 있다.

불씨

최근에 일본의 도몬 후유지가 쓴 『불씨』라는 기업소설이 10년이 지난 요즘 다시 뜨고 있다. 이 소설은 지난 93년 신한종합연구소에서 출간돼 정·재계에서 '개혁 불씨' 나누기로 큰 화제를 모은 작품으로, 한동안 절판됐다가 이번에 출판사를 옮겨 재출간된 것이다.

미국의 케네디 대통령이 가장 존경하는 일본인으로 우에스기 요잔上杉鷹山을 선정하여 더욱 유명해진 『불씨』는 실화로 1700년대 후반 약 260개의 번으로 구성된 막번 체제의 에도시대가 그 배경이다. 소설은 심대한 궁핍과 부채로 번의 재정이 파탄지경에 이르고 번민은 만성적인 무기력감과 패배의식에 빠진 상황에서, 요네자와 번에 열일곱 살의 젊은 청년이 양자의 신분으로 요네자와 주米澤藩主가 되면서부터 이야기가 시작된다.

당시 요네자와 번은 관습과 절차를 중시하는 형식주의에 사로잡힌 나머지 위기상황을 극복하지 못하고 자신의 지위만을 지키려는 보수주의적인 중신들과 그러한 중신들을 원망하면서 체념에 빠진 번민들로 구성되어 있는 '죽어 있는 번'에 불과했다.

그런데 절망에 빠진 번에 청년 번주 우에스기 요잔이 위기상황을 타파하고 희망을 심어주는 개혁의 불을 붙이기 시작하면서 사람들의 마음에 '불씨'가 옮겨지게 된다. 그 '불씨'는 서서히 불타올라 온갖 난관을 극복하는 강력한 힘으로 작용해 마침내는 번 전체를 개혁의 뜨거운 용광로로 만들어나간다는 이야기다.

특히 이 소설은 개혁의 주체세력인 '찬밥파'가 수구세력인 중신들의 반발을 무마하며 이뤄낸 개혁의 실제 성공사례란 점에서 우리의 눈길을 끈다. 물론 수구파가 처음부터 찬밥파의 개혁안에 동조한 것은 아니다. "모두들 개혁에는 찬성한다. 그러나 그것이 자신의 직책을 없앤다든가 인원을 감축시킨다고 하면 얼굴색을 바꾸면서 목숨 걸고 반대한다."라는 수구파의 말에서도 알 수 있듯이 개혁과정에서 총론에는 찬성하면서도, 각론에는 반대하는 오늘날의 우리 모습과 너무 비슷하다.

그러나 개혁의 리더인 우에스기는 강력한 카리스마나 달콤한 말로 대중을 이끈 것이 아니라 정직하고 진실하게 자신부터 개혁을 실천해나간다. 그는 "남에게 무엇을 해달라고 할 때에는 우선 부탁하는 사람부터 직접 해보이지 않으면 안 된다. '해보이고, 말하고, 들려주고, 시킨다'는 말이 있다. 나도 그 식으로 해 보겠다."며 위로부터 아래로의 개혁을 성공시켜 나가면서 반대파의 마음을 움직여 나간다.

요즘 개혁과 혁신이 기업뿐만 아니라 공기업은 물론 소위 '철밥통'이라고 칭하던 관료조직에까지 상당한 영향을 미치고 있다. 그런데 벌써 '개혁 증후군'이나 '개혁 피로 현상'이야기까지 흘러나오고 있다.

그러다 보니 일부에서는 '누구를 위한 혁신인지, 그리고 본질적으로 시키니까 어쩔 수 없이 흉내만 내고 있는 것은 아닌지' 따가운 시선으로 바라보고 있는 것도 사실이다.

　이러한 관점에서 『불씨』라는 소설을 통해 몇 가지 배울 점이 있다.
　첫째, 개혁이 성공하기 위해서는 새로운 불씨의 역할을 할 리더가 필요하고,
　둘째, 개혁은 리더가 솔선수범하고 솔직할 때 성공할 수 있으며,
　셋째, 내편만 끌어안고 반대파를 무시해버리는 폐쇄된 의식의 벽을 허물어야 성공할 수 있다는 것이다.
　요즘 변화와 혁신의 바람이 정부기관과 공조직에까지 세차게 불고 있다. 변화의 과정에서 조직의 원리를 이용할 필요가 있다. 이는 개인이든 조직이든 변화에는 상위 20%만 성공적으로 변화시켜 나간다면 나머지 80%는 자동적으로 따라올 수 있다는 파레토 법칙의 원리다. 상위 20% 집단은 가연성可燃性 집단이기 때문에 불만 지피면 금방 활활 타오를 수 있다는 것이다.

　그런데 이러한 가연성 집단 20% 안에서도 5%는 불 근처만 가도 불이 스스로 타오르는 집단이라고 한다. 이러한 집단은 이른바 휘발성揮發性이다. 조직의 TOP이 의지만 표명하고 방향만 이야기해도 스

스로 알아서 선두에 설 수 있는 집단이다. 십수 년 전 이건희 회장이 '삼성 신경영'을 전파할 때 늘 '조직의 5% 론'을 강조하면서 각사의 우수 집단 5%를 선두에 서도록 집중 교육시킨 것도 같은 논리다.

그러나 조직에 따라서는 파레토 법칙이 반대로 작동될 수 있다는 사실을 망각해서는 안 된다. 조직의 20%가 가연성이 아니라 반대로 아무리 태우려 해도 불에 타지 않는 불연소성不燃燒性 집단이라면 그 조직의 변화는 거꾸로 갈 수밖에 없다. 더구나 불연소 집단의 5%는 그나마 타려고 하는 조직 분위기에 소화기 역할을 하면서 아예 불씨마저 꺼버리는 소화성消火性집단이라는 사실도 염두에 두어야 할 것이다.

지금은 가스레인지만 켜면 불이 나오지만 옛날에는 불씨가 귀했다. 그래서 예전에는 불씨를 꺼트린 며느리는 집에서 쫓겨났다. 조직의 성공을 위해서는 늘 꺼지지 않고 불씨 역할을 하는 휘발성 집단이 공식이든 비공식 조직이든 가동될 수 있도록 해야만 지속적인 변화와 혁신을 시킬 수 있다.

분명 환경변화가 갈수록 심화되는 과정에서 변화와 혁신은 생존을 위한 방식으로 계속될 수밖에 없다. 그러나 우리 기업들이나 사회에도 우에스기 요잔과 같은 『불씨』의 리더가 절실히 요구된다. 지난 몇 년 동안 우리 사회는 변화와 혁신 과정에서 인원감축을 통한 구조조정에 열을 올렸다. 하지만 우리 사회에는 "조직의 개혁은 인간을 사랑하는 뜨거운 가슴으로 하라."는 그의 말처럼 조직도 살고 개인도 사는 방향으로 개혁은 계속되어야 할 것이다.

혁신은 이처럼 결코 쉬운 여정이 아니다. 이럴 때 꼭 기억해야할 말이 있다.

"변화나 개혁은 인간이 해내지만 인간을 바꿀 수 있는 것은 오로지 교육뿐이다."

✬ 인생경영을 위한 셈본식 Q&A

Q 조직의 개혁과 혁신에 필요한 사람은?

A 개혁의 '불씨' 역할을 할 리더가 필요하다. 스스로 불씨가 되어 조직에 그 불씨를 옮기고 조직 전체를 뜨거운 개혁의 용광로로 만들 사람 말이다. 그런 리더들이 조직의 20%를 차지한다면 '파레토의 법칙'처럼 나머지 80%의 변화도 성공적으로 이끌어낼 수 있을 것이다.

공짜 점심

　세상에서 가장 비싼 점심가격은 얼마일까? 아마도 투자의 귀재로 우리에게도 잘 알려진 워런 버핏과의 점심가격일 것이다. 2012년 '버핏과의 점심'은 40억원에 낙찰됐다. '투자의 귀재' 워런 버핏 회장(81)이 매년 자선사업 일환으로 개최하는 '버핏과의 점심' 경매가가 346만달러로 결정된 것이다. 2000년부터 자선 경매행사가 시작된 이후 최고가다.

　세상에 공짜란 없는 법이다. 그저 주겠다면 솔깃하지만 반드시 보이지 않는 대가가 따르게 마련이다. 노벨경제학상 수상자인 밀턴 프리드먼은 "공짜 점심은 없다."란 말을 즐겨 썼는데, 그는 항상 공짜 점심의 함정을 늘 강조한 것으로 유명하다. '공짜 점심'이란 용어는 미국 서부 개척시대에 술집에서 일정 한도의 술을 마시는 손님에게 식사를 무료 제공한 데서 비롯됐다고 한다. 그러나 공짜 밥을 먹으려면 그만큼 술을 많이 마셔야 되고 당연히 술값이 많아지게 마련이다. 그저 밥을 주는 것 같지만 술값 속에 밥값이 포함된 셈이어서 마냥 좋아할 일만은 아니라는 사실을 뒤에 알아차린 것이다. 언뜻 보기에 공짜인 것 같지만 알고 보면 공짜가 아니다. 어떤 식으로든 대가를 치러야 한다.

러시아 속담에도 "공짜 치즈는 쥐덫에만 놓여 있다."란 말이 있는 데, 같은 취지다. 옛날 중국 춘추전국 시대의 어느 왕이 신하들에게 통치에 필요한 덕목을 건의할 것을 지시하였다. 신하들은 처음 수십 권의 책을 다시 몇 권의 책으로 제출하였으나, 왕은 "국사를 처리해 야 하고 만나는 사람도 무수히 많은데 어떻게 그 많은 책을 읽을 수 있느냐."며 크게 화를 냈다. 몇 번 퇴짜를 맞은 끝에 신하들은 마지막 으로 종이 한 장에 "세상에 공짜점심은 없다世上沒有免費的午餐."라고 써 서 왕에게 올리자 대만족했다고 한다.

'공짜는 없다'는 말은 결국 어떤 것을 얻기 위해서는 대가를 치러 야 한다는 뜻으로 라틴어로는 'Quid Pro Quo'라고 한다. 경제학에서 는 이를 기회비용機會費用이라고 한다. 요즘 공짜가 몰려오고 있다. 예 나 지금이나 '공짜라면 양잿물도 마신다.'는 속담처럼 '미끼'는 사람들 의 마음을 사로잡는다. 공짜 PC, 공짜 카페, 공짜 사냥, 공짜 다운로 드, 공짜 넷북, 공짜 스마트폰 등이 소비자를 현혹한다. 특히 사이버 공간에선 공짜 마케팅이 대세다. 심지어는 프리코노믹스Freeconomics 공 짜라는 의미의 'Free'와 경제학의 'Economics'를 합쳐 만든 신조어도 생겼다. '공짜 점심은 없다'는 기존 경제학 격언이 인터넷 시대에는 크 게 흔들리고 있어 흥미롭기는 하지만 그 뒤에는 반드시 대가가 있다 는 사실을 기억해야만 한다. 최근 금융시장에서도 공짜 점심이 존재 하지 않음을 입증하는 충격적 사건이 발생했다. 베어스턴스, 리먼브 러더스 등 세계 유수의 투자은행들이 문을 닫거나 간판을 바꿔 달아 본래 의미의 IBInvestment Bank 시대가 막을 내린 것이 그것이다. 자기자 본의 수십 배에 달하는 엄청난 자금을 차입해 파생상품 등에 투자하면서 세계 금융시장을 독식할 듯 급성장하던 대형 IB들이 한순간에 파산 위기에 이른 것이다. 왜 이들은 하루아침에 무너졌을까. 이유는 간단하다. 철저한 리스크 관리라는 투자의 기본원칙을 무시한 결과가 파탄이라는 부메랑으로 돌아온 것이다.

또 하나의 예를 보자. GM을 비롯한 포드, 크라이슬러 등 미국 자동차업계의 빅3가 강성으로 소문난 미국 자동차노조연맹UAW의 요구를 수용, 퇴직자들의 평생 의료혜택을 부담하는 노사합의서에 서명한 것은 벌써 수십 년 전 일이다. 당시 회계규칙상 미래 비용을 경영실적에 반영하지 않아도 무방했던 터라 그 합의는 명백한 '공짜 점심'이었다. 그 '공짜 점심'의 청구서가 날아오기 시작하면서 미국 자동차회사들은 모두 경영 압박에 직면할 수밖에 없었던 것이다. GM의 고전은 물론 경쟁력 약화 때문이다. 이른바 '물려받은 유산 비용Legacy cost'으로 불리는 그 공짜 점심의 정체는 종업원뿐 아니라 퇴직자 그리고 그 가족을 포함, 무려 110만 명에게 제공하도록 돼 있는 의료보험과 연금 혜택이다. GM이 생산하는 모든 차의 생산 원가에는 의료보험비 1,525달러와 퇴직연금 675달러가 반영돼 있다. 대당 2,200달러 꼴이다.

매년 천정부지로 치솟는 의료보험비를 지불하는 데만 해마다 52억 달러를 지출해야 한다. 아무리 GM이라 해도 이런 부담을 짊어진 채 날로 경쟁이 치열해지는 자동차시장에서 살아남기는 힘겨울 수밖에 없다. 회사 내에서도 이런 일은 비일비재하게 일어나고 있다. 소위 무임승차Free rider형의 인력들이다. 자신의 본연의 역할과 책임에 대해서 제대로 인식하지 못하고 오히려 남의 업적에 얹혀사는 경우다. 더구나 별다른 노력 없이 동료 및 부하 사원들의 헌신과 노력의 대가를 가로채는 무임승차형 불량 직원이 간부나 리더일 경우, 우수한 부하 직원들의 일할 의욕과 사기를 꺾게 되고, 회사 생활에 회의감을 주어 인재가 떠나게 되는 결과를 낳는다. 그래서 성과주의 인사는 이런 사람들이 손해를 보고 '보이지 않는 손'에 의해서 스스로 하차하도록 설계되어야만 한다. 공짜는 회사나 장사꾼만의 전유물은 아닌 듯하다.

정치판에서도 공짜 포퓰리즘이 한창이다. 무상급식으로 시작한 선심 공세는 무상의료, 무상보육, 반값 대학등록금으로 이어지고 선거철만 되면 공짜 선거공약이 난무한다. 공짜밥으로 군중의 영혼을 빼앗는 일이 벌어지고 있는 것이다.

우리나라에서도 무상복지나 무상경제학이 앞으로도 더욱 논란이 될 것은 틀림없는 추세다. 그러나 자식들을 위해 덜 먹고 덜 쓴 부모님 세대의 희생을 보상해주지도 못하면서 후손들에게 부담을 안겨주는 게 과연 바람직한 것인지도 자문해 볼 필요가 있다.

우리는 모든 게 부족함이 없는 에덴동산에 살고 있지 않다. 한정된 자원을 누군가가 쓰면 누군가는 못쓰게 된다. 여기서 바로 경제교육의 중요성이 나온다. 경제교육은 모든 것을 한꺼번에 가질 수 없다는 가장 기본적인 원리를 알려주기 때문에 꼭 필요한 것이다. 이런 경제원리를 생활 속에서 가장 잘 실천하는 이들이 유대인이다. 유대인들은 어릴 때부터 철저한 경제교육을 받으며 성장했기 때문이다. 돈의 소중함과 돈을 버는 것의 어려움을 생활 속에서 직접 체험하며 '원하는 것'과 '필요한 것'을 구분해 소득한도 내에서 합리적으로 소비하는 습관을 체득한다.

그런데도 우리나라는 공짜 교육이 판을 치고 있다. 심지어 정부 지원교육사업은 지하철역에서 공짜 교육이라는 유인물을 나누어주고 공짜 교육 플래카드가 길거리에 즐비하게 나붙어있는 것을 종종 볼 수 있다.

공짜 뒤엔 보이지 않는 함정과 누군가의 희생이 숨어있다. 세상에 공짜란 없는 법이다.

✸ 인생경영을 위한 셈본식 Q&A

Q 우리 삶에 진정한 공짜가 있을까?

A 모든 공짜에는 대가가 따른다. 한정된 자원을 누군가가 쓰면 누군가는 쓰지 못하는 것처럼 반드시 공짜는 누군가의 희생을 담보로 한다. 그렇기 때문에 공짜를 쫓는 대신 철저한 경제관념과 합리적 소비습관으로 삶의 균형을 유지해나가야 할 것이다.

모닝 테크 Morning tech

　　벌써 30년이 훌쩍 지났지만 나는 그 당시 최고의 인기를 누렸던, 종합상사 1호인 삼성물산에 입사했다. 그 때는 대부분의 직장인들이 다 그랬지만 특히 종합상사맨들은 야근은 물론 주말도 없이 일해야 했다. 소위 '월화수목금금금'이었다. 더구나 부족한 어학이며 무역실무를 공부해야 했기 때문에 새벽 6시경에 집을 나와 학원이나 사내 강의실로 향해야 했다. 그 당시를 생각해보면 이러한 생활의 일면이 이른바 별 보기 운동의 일환이 아니었나 하는 생각이 든다.

　　직장인들은 보통 한두 번쯤은 전직을 생각하게 되는데 필자도 위와 같은 상황에서 탈출하고자 하는 생각으로 9시에 출근하고 오후 6시면 퇴근할 수 있다는 한국은행을 노크한 적이 있었다. 그 당시는 경기가 워낙 좋아 인력이 부족했던 때였고, ROTC 출신들은 정책적으로 필기시험 없이 면접시험만 치르는 덕택에 쉽게 입행 관문을 통과했다. 이 사실을 회사에 알리기 전에 한국은행에 근무하는 선배를 찾아갔다. 그 선배는 대뜸 이렇게 말했다.

　　"자네 아침 몇 시에 집에서 출발하나?"

　　"예, 어학 공부 때문에 새벽 6시쯤 집에서 나오는데 항상 늦을까 봐 뛰어 나옵니다."

"음! 그래. 그렇다면 은행에 오는 것을 막고 싶네. 뛰는 인생은 똑같지만 아침 두 시간의 격차는 앞으로 엄청난 삶의 질을 바꾸어 놓을 걸세."

그 선배는 계속했다.

"나는 9시까지 출근이라서 8시가 넘어 집 앞을 지나가는 통근버스를 놓칠까 봐 항시 뛸 수밖에 없거든. 알겠나?"

그 후 나는 한 번도 전직을 생각해 본 일 없이 25년 이상을 삼성이라는 한 울타리 안에서 근무하였고 그때부터 아침시간의 중요성을 다시 한 번 깨닫고 나름대로 그 시간대를 잘 활용하기 위해 노력해왔다.

사원 시절은 주로 어학 공부로, 간부 시절에는 새벽 5시부터 하는 테니스로, 그 이후에는 삼성의 조기 출퇴근제인 7·4제를 잘 활용했고, 최근에는 아침운동을 하면서 관심분야에 대한 독서와 글쓰기로 새벽과 아침시간을 아주 유익하게 보내왔다고 자부한다. 그 덕분에 지금까지 새벽 5시면 어김없이 조기 기상을 하여 무언가를 해왔다. 바로 이것이 책을 쓰고 30년 넘게 아침운동으로 40대의 체령體齡을 유지할 수 있는 비결이 아닌가 싶다. 또한 이러한 경험과 사례를 정리한 책을 10년 전에 발간했는데 그 책이 바로 다섯 번째 저서인 『모닝 테크Morning Tech』다.

이 책은 시간관리와 새벽시간의 중요성을 알려주고 늦게 자고 늦게 일어나는 야간형夜間型인간을 아침형朝型 인간에게 탈바꿈시켜 줄 수 있는 하나의 계기를 마련해주고자 바쁜 직장생활 중에서도 수년 동안 주로 새벽시간을 활용, 저술하였다.

　새벽을 정복한다는 것은 용기와 지혜를 필요로 한다. 새벽시간은 모든 것이 제로상태에서 출발할 수 있고 누구에게나 공평하게 주어진 아무런 제약 없는 자유공간이다. 이 자유공간은 무한의 세계이며 새로운 설계를 가능하게 해줄 것이다. 무엇인가 변화를 시도하는 사람들은 의욕이 가득하다. 변화를 위해서는 어떤 형태이든 계기가 필요하다. 나는 감히 이러한 계기를 새벽시간의 활용으로, 조용한 아침Morning calm을 모닝 테크Morning tech로 새롭게 변화시키는 데에서 찾았다.

　아침 시간을 활용하면 세 분야의 전문가가 될 수 있다는 말이 있다. 처음에 들으면 그것은 말도 안 되는 소리처럼 들릴지 모르지만 이는 이론적으로 충분히 가능한 일일 뿐만 아니라 자신의 노력 여하에 따라 얼마든지 현실화될 수 있다.

　현재 우리의 평균 수명은 과거에 비해 엄청나게 늘어났다. 따라서 우리가 90세까지 산다고 가정하는 것이 무리한 일은 아니다. 우리가 스스로 독립하여 직업을 가지게 되었을 때를 평균적으로 25세로 보고 우리가 65세까지 일을 한다고 가정했을 때, 40년 정도를 일하게 된다.

　그동안 하루에 아침시간을 한 시간씩만 활용한다면 그것은 대략 1만 5천 시간 정도가 된다. 통상적으로 전문가가 되기 위해서 필요한 시간은 개인적인 능력의 차이에 따라 다소 다르겠지만, 1만 시간 정도면 충분하다고 한다. 따라서 이러한 계산을 토대로 했을 때, 우리가 하루에 한 시간의 아침시간을 활용하면 우리는 직장생활을 하면서 업무 외에 적어도 1개 분야에서는 전문가가 될 수 있다는 말이다. 아침시간을 활용한 인생 재설계Restructuring가 가능하다.

'나의 인생의 목표는 무엇인가? 지금까지 살아온 하루하루를 바꾸어 새로운 비전과 목표를 가지고 계획을 수립할 수는 없을까?' 이러한 생각을 했다면 인생의 기본철학을 다시 정립하여 계획을 세워 행동으로 실천해야 한다. 여기에는 용기가 필요하다. 왜냐하면 아무리 훌륭한 계획을 가지고 있더라도 하루하루를 바쁘게 지내다 보면 한 달이 지나고 또 일 년이 그냥 지나가 버리기 때문이다.

예를 하나 들어보자. 내가 최근에 만난 사람 중에 경희대학교에서 강의하는 K라는 겸임교수가 있다. 환갑이 지난 나이인데 K교수는 200여 명 규모의 회사를 세 개나 운영하고 있는 최고경영자이기도 하다. 그런 K교수가 주경야독 끝에 박사학위를 받았다.

"정말 힘이 들었습니다. 이혼 당할 위기까지도 있었지요. 때로는 괜한 고생을 하지 않는가 싶어 후회한 적도 한두 번이 아니었지요. 돈을 버는 것도 중요하지만 이제부터는 지금까지의 경험을 후학들에게 전하고 나아가서 국가와 사회를 위해 봉사하기로 결심했지요."

그의 이러한 자세는 완전히 인생의 대변신이요. 리스트럭처링의 표본이라는 생각에 고개가 저절로 숙여진다. 이와 같은 성공의 요인을 어디에서 찾을 것인가 하는 것인데, 나는 '시간의 파괴와 창조'에서 찾는 것이 바람직하다고 생각한다.

그중 아침시간의 활용은 시간의 창조와 파괴의 좋은 방법이 될 수 있다. 기존의 생활패턴에서 벗어나 살아가는 방법에 대해 재발견을 한 이상 그 동안의 야간형 라이프 스타일을 과감히 아침형으로 바꾼다면 인생은 달라질 수 있고 리스트럭처링이 가능하다.

아침시간 90분! 이는 분명히 신이 가져다 준 보물이라고 단정해서 말한다면 과언일까? 인생을 재설계하기 위해 용기 있는 계획을 세웠다면 아침 90분의 기적을 실현할 수 있을 것이다. 따라서 지금은 나이와 관계없는 평생교육의 시대다. 이의 실현을 위해서 무언가를 지금 당장 시작해보자. 아침 5분이 그날을 결정한다.

✰ 인생경영을 위한 셈본식 Q&A

Q 아침 시간을 어떻게 보내는가?

A 출근 준비만 하기에도 벅찬 시간이라 생각된다면 지금 당장 모닝 테크를 실천해보자.

통상 한 분야 전문가가 되려면 1만 시간이 필요하다고 한다. 우리가 평균 40년의 직장생활을 한다고 하니 아침시간 1시간만 매일 활용해도 업무 외 또 다른 분야의 전문가가 될 수 있다. 모닝테크가 인생재설계의 출발점인 셈이다.

혁신과 폐기학습

"나부터 변화하라!"

"자식과 마누라 빼고 다 바꿔라!"

"10년 후 무얼 먹고 살 것인가?"

이와 같이 여러 어록과 명언을 내놓으며 삼성의 개혁을 추진해 온 이건희 회장을 비서실 4년 재직기간 동안 가까이서 볼 수 있었던 건 내 인생의 잊지 못할 순간이자 행운이었다. 이때 비서실 인사팀에 합류하게 된 것이 나의 운명을 바꾸는 결정적인 계기가 되었다. 나는 인사분야 경력과는 전혀 관계가 없었다. 혁신팀 사무국에 있으면서 변화와 혁신 분야에 대한 짧은 실무경력을 가진 내가 생면부지의 인사팀으로 발령이 나버린 것이다.

1993년 6월 7일 독일 프랑크푸르트에서 이건희 회장은 '신경영 선언'과 함께 삼성의 개혁을 위한 신호탄을 올렸다. 불량생산을 범죄로 규정하고, 삼성은 이제 '양 위주'의 경영을 과감히 버리고 '질 위주'로 간다는 프랑크푸르트 선언은 단순한 슬로건이 아니고 삼성을 과거의 체질에서 180도 바꾸는 계기가 되었다. 당시 수많은 사람들과 언론들은 이건희 회장의 이런 체질개선을 '이건희 신드롬'에 비유하며 비웃기도 하고, 성공에 대한 의문을 던지기도 했다.

그룹 내부에서도 이처럼 너무 급진적이고 적용되기 힘든 변화를 폭탄발언에 비유하며 여기저기서 불만의 소리를 쏟아냈다. 이건희 회장은 그때 결국 사람과 조직이 먼저 바뀌고 변화해야한다며 인사의 혁신을 강하게 밀어 붙였다. '삼성 신경영'의 한 축으로 인사를 개혁할 방법을 모색했다. 그때 대안으로 등장한 것이 과거를 과감하게 버리는 폐기학습이었다.

그중에 하나가 삼성의 대명사였던 관리의 삼성에서 벗어나는 것이었다. 이 회장은 인사팀에 제일 먼저 인사규정을 없애라는 지시를 했다. 규정이 삼성을 관료화시키고 보수적으로 조직문화가 형성되고 있다는 판단에서다. 그 결과 삼성의 그룹 인사규정은 대폭 축소되었고 그 이후 '관리'라는 용어도 부서 명칭에서 사라졌다.

필자는 최근 변화와 혁신의 바람이 불고 있는 정부기관이나 공공기관에 강의를 하거나 컨설팅을 직접 수행할 기회가 있었다. 그때마다 공통적으로 가장 크게 느끼는 것이 있다면 조직전체가 너무 과거에 집착하고 있다는 사실이다.

케케묵은 연공서열의 틀 속에서 모든 것을 바라보거나 법, 규정, 감사, 상사의 의중 등의 틀 속에 갇혀서 생각한다면 변화란 있을 수 없고 변화가 있더라도 근본적 접근은 불가능하다는 것이다. 변화를 추진하기 위해서는 새 것을 배우는 학습과 낡은 것을 버리는 폐기학습 모두가 필요하다.

많은 경영 전문가들은 한결같이 지금까지 겪었던 변화보다도 더 큰 변화가 앞으로 계속 불어올 것이라고 한다. 이와 같은 급격한 환경변화는 기업이나 조직의 사고방식, 경영방식, 활동 방식을 바꾸도록 요구하고 있기 때문에, 지속적인 변화를 꾀하는 것은 성공을 위해 모든 기업이 추구해야 할 당연하고도 필수적인 과제이다. 하지만, 기존의 고착화되어 있는 사고의 틀에서 자유롭지 않으면 새로운 학습은 좀처럼 이루어지기 어렵다. "비우지 않으면 채울 수 없다"라는 말처럼, 새로운 것을 얻기 위해서는 오래된 것을 포기할 수 있어야 된다.

폐기학습Unlearning이란, 새로운 지식이나 실행Practice의 학습 효과를 높이기 위해 과거의 사고방식을 미련 없이 버리는 것을 의미한다.

학습이 새로운 대안의 가치를 올바르게 인식하는 것이라면, 폐기학습은 오랫동안 굳어진 타성에 안주하지 않고 기존에 학습된 사고의 틀을 과감하게 버리는 것이다. 저명한 경영학자인 Gary Hamel은 조직이 기존의 사고방식에서 벗어나 새로운 역량을 개발하기 위해서는 새 것을 배우는 학습만이 아니라, 낡은 것을 버리는 폐기학습도 함께 이루어져야만 한다고 강조한다.

개인들도 마찬가지다. 요즘처럼 직장생활의 수명이 짧은 경우 전직이나 재취업을 많이 하게 되는데 가장 문제시되는 것이 과거와의 단절이다. 특히 대기업 출신들처럼 잘나가던 사람들 일수록 더욱 그렇다. 대단한 자부심, 높기만 했던 자리, 몸에 밴 예전 직장의 기업문화를 빨리 털어내야 한다.

사람을 대하는 방식이나 직무수행의 자세도 현 직장과 맞춰야 한다. 가치관과 행동 방식의 차이를 극복하기 위해서는 전 직장의 문화를 버리는 '폐기학습'이 필수적이다. 특히 현 직장의 단점을 들춰내는 언행은 금물이다. 과거의 직장 자랑을 늘어놓으면 동료들이 '그렇게 좋은 회사를 왜 나왔어?'라는 생각을 할 수 있다.

결국 폐기학습은 중요하지만 실제로 실행하기가 쉽지는 않다. 이를 극복하기 위해서는 조직이나 개인에게 스스로 '위기감'을 불어넣는 것도 좋은 방법이다. 세계 일류 기업으로 자리잡고 있는 삼성전자를 가만히 보면 정기적으로 '위기감'을 조성하고 있는 것을 알 수 있다. 이건희 회장이나 윤종용 부회장이 직접 나설 때도 많았다.

세계 최고의 위치에 선 삼성전자도 '우리도 언젠가 망할 수 있다는 의식이 늘 체질화된 위기경영'으로 임직원들에게 건전한 긴장감을 갖도록 하고 있다.

이처럼 폐기학습에 저항하고 싶어 하는 내면의 유혹을 극복하기 위해서는 스스로 '위기감'을 정기적으로 불어 넣는 것도 현명한 자기경영 방법이다. "새로운 것에 대한 학습은 변화의 반쪽에 불과할 뿐이다."라며 기존 것을 버리는 포기의 미덕을 강조했던 Peter Drucker의 충고는 변화를 시도하는 기업들이나 기관들에게 시사하는 바가 크다고 할 수 있다.

✦ 인생경영을 위한 셈본식 Q&A

Q 혁신을 위해 새로운 것을 배우려고만 하는가?

A 컵을 비우지 않으면 새 물을 채울 수 없다. 혁신도 마찬가지일 것이다. 고착된 과거의 사고방식을 과감히 버리는 '폐기학습' 없이 새로운 것을 받아들이려고만 한다면 혁신을 성공시킬 수 없다. 반쪽짜리 개혁과 혁신이 되지 않기 위해서는 새로운 것을 배우는 학습과 버리고 비우는 폐기학습이 반드시 병행되어야 한다.

갈라파고스 신드롬

갈라파고스는 남아메리카 동태평양에 있는, 자연사 박물관이라 불리는 16개의 섬을 말한다. 찰스 다윈의 진화론에 영향을 준 섬으로 유명하다. 이 섬들은 아메리카 대륙으로부터 1,000km 정도 떨어져 있어 고유의 생물들이 많다. 원래의 종과는 다르게 진화한 200kg이 넘는 코끼리거북을 비롯해, 길이가 1.5m에 달하는 바다 이구아나, 갈라파고스 펭귄, 날개가 퇴화한 가마우지 등은 지구상 다른 곳에서 찾아 볼 수 없다.

요즘 경영 분야에서는 '갈라파고스 신드롬'이라는 말이 유행하고 있다. 아무리 멋지고 희귀한 상품이라도 지역적으로 고립돼 있으면, 많은 사람들과 시장에 널리 알려질 수가 없다는 사실이다.

그 예로 2009년 7월 뉴욕타임스에 '갈라파고스 신드롬'을 묘사한 기사가 게재됐다. 소니, 파나소닉, 샤프 같은 일본의 휴대폰 업체들이 최신 기능의 휴대폰을 내놓고 있지만 해외 시장에서는 고전하고 있는 현상을 '갈라파고스 신드롬'이라고 표현했다. 일본 휴대폰 업체들이 일본 내에서는 잘 팔리는 제품을 만들면서 세계시장에서는 고립되어 있다는 얘기다. 마치 다윈이 갈라파고스 제도에서 발견한 원래의 종과는 다르게 진화한 생물들처럼 말이다.

일본의 휴대폰 업체들은 기술적인 면에서는 확실히 혁신을 선도해왔다. 이메일 사용, 카메라폰 장착, 음악 다운로드, 모바일 뱅킹, 디지털 TV, 혈당 체크 등 최신 기능의 모바일 서비스들을 3~4년 앞서 상용화했다. 하지만 내수에만 치중하면서 외부와 단절되는 길을 걸었고 국제표준을 따르지 않았다. 그 결과 삼성이나 LG에 밀려 뉴욕이나 런던의 거리에서는 찾아보기 힘들다. 외부와의 교류 없이 자신만의 영역에 고립되어 있는 것의 한계를 보여주는 대표적인 '갈라파고스 신드롬'의 사례이다.

요즘 일본에선 하루걸러 일본 경제의 쇠락을 걱정하는 기사들이 쏟아지고 있다. 일본의 월간 『중앙공론中央公論』은 '잘 가세요사요나라 일본신화'를 커버로 다룬 바 있다. 과거의 성공에 도취해 세상 바뀌는 줄 모르고 자만심에 빠져 있던 자신을 돌아보기 시작한 것이다.

사실 이런 일이 제품에서만 벌어지는 일이겠는가? '갈라파고스 신드롬'이 걱정되는 사람과 조직이 우리 주변에는 의외로 참 많다. 최근 기업에서 사람과 조직은 엄청난 변화가 일고 있다. 세대 간의 의식 차이는 점점 커지고 있고, 구성원 자체도 정규직과 비정규직은 물론 외국인까지 다양하다.

이제까지는 조직에서의 다양성의 접근은 제도적 차별이나 채용이나 승진의 기회균등, 공정한 대우 등에 관심이 모아졌으나, 앞으로는 다양성을 기업의 효율과 경쟁력의 측면에서 구성원과의 차이를 수용하고 이를 적극적으로 관리하는 '다양성 관리'가 중요해지고 있다.

다양성을 제대로 관리하지 못하면 치명적인 결과를 초래한다. 독일의 다임러 벤츠와 미국의 크라이슬러가 합병 당시 엄청난 큰 파장을 불러 일으켰으나 두 회사는 각각의 다양하고 독특한 문화를 제대로 관리하지 못하여 주가하락, 경영진 교체라는 큰 혼란을 초래하고 말았다.

다양성 관리는 구성원 개개인의 의식변화가 요구되고 기존의 질서를 파괴하는 노력도 동시에 시도해야만 한다. 자기중심적 사고와 울타리를 벗어나지 않으면 안 된다. 이를 위해서는 리더십의 큰 변화가 동시에 진행될 필요가 있다.

이러한 의미에서 요즘 새로 떠오르는 리더십 중에 퓨전 리더십 Fusion leadership이 있다. 퓨전 리더십은 결합·화해 관계와 파트너십을 가지고 소통과 대화, 정보공유, 공동의 책임을 장려함으로서 기존의 경계를 허무는 것이다.

물리학에서 융합은 분열의 반대 개념이다. 퓨전은 원자를 쪼개어 나누지 않고 결합시킨다. 놀랍게도 융합에 의한 수소 폭탄은 분열하는 핵폭탄의 5배에 달하는 에너지를 창출한다.

결국 조직에서의 다양성 관리는 기존의 틀을 깨는 데서 시작해야 한다. 그동안 잘 길들여진 제도와 습관에만 의존하고 변화를 두려워한다면 '덫에 걸린 원숭이'와 같은 운명에 처해질지도 모른다.

요즘 여의도 국회를 보면 곧 갈라파고스를 연상하게 한다. 국가든, 기업이든, 개인이든 '갈라파고스 신드롬'은 깊이 생각해 볼 필요가 있다. 나만의 세계, 이분법적 접근이 아니라 남의 이야기에도 귀를 기울이면서 더불어 살아가는 평범한 지혜를 깨달아야 할 필요가 있다. 지금 나도 혹시 '갈라파고스 신드롬'에 해당되지는 않는지….

Q 나만의 세계에서 고립된 채 변화하고 있지는 않은가?

A '갈라파고스 신드롬'처럼 외부와의 교류 없이 자신만의 영역에 고립되어 버린다면 결국은 한계를 드러내고 만다. 일본이 한때 세계시장의 흐름을 간과하고 제품을 만들어 내수시장에서만 성공했던 사례에서처럼 성공적인 변화를 위해서는 나의 틀을 깨고 다양성을 인정하며 융합의 지혜를 발휘할 수 있어야 한다.

인생 리모델링 시대

연말 송년회에 모처럼 대학 친구들이 모였다. 몇 년 전만 해도 이십여 명이 나왔으나 경기 탓인지 올 해는 겨우 열 명도 되지 않았다. 친구들은 머리숱들이 텅하게 비어있거나 반백발인 경우가 대부분이었다. 모처럼의 만남인지라 서로 간에 애들 이야기, 건강 이야기, 그리고 나날이 힘이 세지는 마누라 대처법에 관한 이야기 등을 나누었다.

그러나 이날의 화두는 단연 제2의 인생에 대한 이야기들이었다. 지금까지 앞만 보고 달려오면서 제2의 인생을 위한 아무런 사전 준비도 못했는데 갑작스런 제2의 인생이 다가와 버렸다는 이야기였다. 너나 할 것 없이 예외가 아닌 듯 모두 고개를 끄덕이며 공감을 표했다. 이미 시작된 인생의 후반전을 어떻게 해야 할 것인가에 몰두하다 보니 평소 몸을 사리며 잘 들지 않던 소주잔도 꽤나 비우면서 밤늦게까지 이야기 속에 빠져들었다.

그동안 한 직장에서 한곳만 바라보며 숨 가쁘게 달려온 직장인들은 누구나 예외 없이 전후반을 가리지 않고 한게임만 뛰면 되는 줄 알고 열심히 살아온 게 사실이다. 그저 시간가는 줄 모르고 운동장을 뛰어다니던 우리에게 하프타임을 알려주는 휘슬처럼 인생에도 반드시 하프타임이 있다는 사실을 알려주는 계기가 필요하다.

"인생의 전반전은 목표를 향해 뛰지만, 인생의 후반은 의미 있는 삶을 살아야한다."고 한다. 그래서 나는 그동안 대기업의 노하우를 잘 가다듬어 중소기업을 상대로 컨설팅과 교육을 해주며 보람 있는 인생좌표를 새로 쓰면서 새로운 길을 달려가고 있다. 익숙하지 않는 곳, 그곳에 새로운 삶의 해답이 있는 것이 아닐까?

축구경기에는 전반전과 후반전이 있고 그 사이에 하프 타임이 있다. 심판의 호루라기에 의해 '하프 타임' 휘슬이 울리면 선수들은 물도 마시고 휴식도 취하지만 감독, 코치, 선수들이 모여서 전반전의 잘못된 작전을 고치기도 하고, 후반전을 위해 새로운 작전을 열심히 세우고 지시하면서 필승의 각오를 다진다. 때로는 컨디션이 나쁘거나 체력이 달리는 선수는 교체도 한다.

평균 수명이 이미 80세에 가까운 고령화시대에 접어들게 되면서 인생 자체도 그 삶을 축구와 비교해보면 취업 시점을 감안하여 50세 전후가 인생의 하프타임이라고 할 수 있다. 스포츠와 마찬가지로 인생에서도 전반전 끝마무리를 잘하는 것이 중요하며 다시 시작하여야 할 후반부를 새로운 도전목표도 없이 임한다면 전반전에서 이룬 업적이 무슨 의미가 있겠는가를 깊게 생각해 보아야한다.

선수가 사력을 다해 전반전을 뛰었는데 후반전에서 부진하여 패배하거나 무승부를 기록하게 되면 별 의미가 없다. 과거의 선배들처럼 위만 쳐다보고 새벽부터 밤늦게까지 열심히 뛰었던 열정과 힘이 맥없이 명퇴나 구조조정이라는 강력한 벽에 막혀 끝이 난다면 얼마나 허무한 일이겠는가! 요즘 사회에 만연하고 있는 '사오정, 오륙도'

이야기는 후반전을 준비해야만 하는 당위성을 더욱더 느끼도록 만든다.

인생은 아파트나 주택처럼 허물고 재건축 할 수 없기 때문에 수시로 리모델링 할 수밖에 없다. 인생의 리모델링을 통해 수명을 길게 연장하기도 하지만 몸값을 대폭 올라가게 할 수 있다.

이제 후반전을 막 시작하려는 사람들은 아름답고 멋진 경기를 만들기 위해서 지금 받아든 한 컵의 생수를 들이키면서 파이팅을 해야 하며, 갓 게임을 시작했거나 전반전을 펼치고 있는 이삼십 대는 '전반전이 생각보다 빨리 끝난다.'라는 생각을 가져야 한다.

왜냐하면 전반전에 대량 득점을 해놓는다면 후반전은 수비만 철저히 하더라도 승리할 수 있기 때문이다. 문제는 축구 경기에서 개인기나 기술 없이 조직력, 투혼만으로는 결코 승리할 수 없다는 것이다. 샐러리맨의 경우도 마찬가지이다.

그렇다고 해서 미래를 두려워할 필요는 없다. 희망과 열정이 살아있는 한, 하늘은 우리들에게 항상 '현재'를 제공해주고 있기 때문이다.

Q 제 2의 인생을 준비하고 있는가?

A 인생도 축구경기처럼 전반부와 후반부가 있다. 앞만 보고 달리기만 해서는 인생의 후반전을 제대로 맞이할 수 없다. 인생의 하프타임이라고 할 수 있는 50대에 인생의 전반전을 잘 마무리하고 앞으로 다가올 인생의 후반전과 트리플 30의 삶을 의미 있게 준비해야 한다.

아직 전반전을 막 시작한 20대~30대들조차도 전반전이 생각보다 빨리 끝난다는 생각으로 현재를 뛰면서 생각할 필요가 있다. 2050을 기억하라!

제야의 종소리를 들으며

　　매년 연말이 가까워지면 새해 달력이 나온다. 그러나 새 달력을 받아본 회사의 사장과 샐러리맨의 입장은 전연 다르다. 회사의 업종이나 규모에 관계없이 오너나 사장에게는 새로 나온 새해 달력을 펴자마자 파란 글씨로 된 일할 수 있는 날짜가 전년보다 얼마나 많은가가 먼저 눈에 띄고, '우리는 머슴이니까'라는 생각을 가진 샐러리맨들은 빨간 글씨의 휴일이나 국경일 날짜가 먼저 눈에 띈다고 한다.

　　더구나 주 5일 근무제가 되면서 대개 추석의 경우에는 10월 연휴와 겹쳐 온통 빨간 글씨가 계속되다가 파란 글씨로 된 하루나 이틀만 연차휴가를 내면 열흘 정도를 쉴 수가 있으니 이 파란 글씨를 보는 사장과 종업원들의 마음은 크게 다를 수밖에 없다. 이와 같이 주인과 머슴의 생각과 행동은 서로 다른 것이다.

　　잘되는 회사와 그렇지 않은 회사의 차이는 간부나 사원들이 주인과 같은 생각을 얼마나 많이 가지고 있느냐에 따라 다르다고 한다. 다시 말하면 조직 구성원들이 얼마만큼 사장이나 주인과 같은 생각을 가지고 자발적으로 업무에 임해주는 가에 따라 적극적이고 도전적 문화가 형성될 것이고 이러한 문화를 가진 회사는 조직의 경쟁력에서 그렇지 않은 기업과 큰 격차가 나기 마련이다.

한 세미나에서 들은 이야기지만 가장 행복한 오너나 사장은 "나 같은 사람이 우리 회사에 몇 명이 있다."라고 자신 있게 말할 수 있는 사람이고, 반면 가장 불행한 사장은 "나 같은 사람이 하나도 없다." 고 말하는 사람이라고 한다. 오너나 사장은 월급을 받고 일하는 종업원들과는 생각이나 습관이 분명 다르기 때문이다.

세계적인 팝가수 셀린 디옹은 어느 날 "수만 명의 사람 앞에서 노래 부르고, 음반이 수백만 장 팔려나가게 될 날이 올 것이라 생각했느냐."는 질문을 받았다.

그의 대답은 간단했다. "당연하죠. 다섯 살 때부터 늘 꿈꾸며 마음속에서 보아왔던 일이거든요." 성공에 대한 긍정의 힘을 믿고 이를 습관으로 실천해 왔다는 것이다.

우리 속담 중에 "세살 버릇 여든까지 간다."라는 말이 있다. 어렸을 때 한번 만들어진 버릇이 고쳐지지 않고 평생 유지된다는 이야기이다. 바로 습관의 중요성과 무서움을 나타내는 말인데, 인간의 모든 과거, 현재, 미래의 모습이 습관에 의해 좌우된다고 해도 과언이 아니다.

최근 수많은 청춘들의 마음을 울린 김난도 교수의 저서 『아프니까 청춘이다』는 어떤 슬픔과 슬럼프를 만나더라도 스스로 극복하고 이겨낼 수 있다는 용기를 전해준다. 그렇지만 행동으로 변화를 하지 않고 생각에만 그친다면 아무 효과가 없다.

아무리 좋은 책이나 글이라도 행동을 유발시키지 않는 위로에 그쳐서는 의미가 없다. 또 한 해를 시작하는 제야의 종소리를 들으면서 새해를 꿈꾸고 소망을 이야기하지만, 다음 날 새해가 밝았음에도 전날의 피로나 과음으로 앓아누우며 새해를 시작하는 청춘에게 행동 실천이 따르지 않는 위로가 무슨 필요가 있겠는가?

요즘 시중에 쏟아지고 있는 자기계발서나 여러 지침서들은 인생을 어루만져 주며 희망을 노래하지만 정작 중요한 '어떻게 실행할 것인가? HOW TO'가 존재하지 않는다. 인생을 바꾸려면 삶의 습관을 바꿔야 한다. 자신의 생각을 바꾸고 행동이라는 습관을 바꾸는 일이야말로 습관의 덫에서 탈출하는 유일한 길이다.

내가 제안하는 셈본 식으로 좋은 습관은 계속 GO를 외치고, 나쁜 습관은 과감히 STOP을 시키는 훈련을 해가면 자신의 꿈은 어느새 가까워질 것이다.

성공한 전문 경영인들은 대부분 회사생활을 '주인 같은 머슴'으로 일한 사람들이다. 머슴이 주인처럼 생각하고 행동하기란 쉽지 않다. 그러나 제야의 종소리를 들으며 한해를 마무리하면서 새해에는 내 마음속에 주인의식을 확실하게 가져보는 습관을 길들여 보자.

그리고 이렇게 외쳐보자 "나는 변화가 두렵지 않다. 다만 어제와 똑같은 오늘이 두려울 뿐이다."라고….

지금 내 인생의 모습은 나 자신의 생각의 결과다. 내일 나의 모습을 다른 위치로 바꾸고 리모델링 하고 싶다면 자신의 잘못된 습관은 과감하게 버리고 좋은 습관으로 바꾸어 보라! 이를 위해 내 습관과 고스톱을 쳐보라!

드라마틱한 내 인생에서의 변화를 위한 습관과의 GO-STOP을 즐겨라!

2012년 나의 GO-STOP 판

GO

1. 책을 두 권 출간
   - 11~12번째 책

2. 골프 2010 달성
   - 거리 20야드 늘리기
   - 타수 10개 줄이기

3. 감사, 칭찬 두 배 하기

STOP

1. 담배 영원히 끊기

2. 술 마시고 2차 안가기

3. 스트레스 안받기
   - 화 버럭 안내기
   - 욕심 반 버리기

* 필자는 나의 습관을 바꾸기 위해서 연말이 되면 제야의 종소리를 들으며 나의 습관과의 고스톱은 20년간 쳐왔다.

* 2011년 12월 31일 흑룡의 해를 맞는 제야의 종소리를 들으며 필자가 2012년 실천하기로 한 내 습관과의 고스톱 판이다.

* 습관과의 고스톱은 다음 <u>SMART 원칙</u>을 따라서 행동실천 세부 목표를 작성해야 효과가 있다.
즉 구체적이고Specific, 측정가능 해야 하며Measurable, 행동 지향적이고Action-oriented, 현실적이며Realistic, 시간의 적시성이 있어야 Timely한다. 구체성이 없이 두루뭉술한 행동수칙은 그저 '희망사항'으로 그치고 만다.

실천계획서

어떻게 바꾸고 실천할 것인가?

변화의 대상
- 나부터 변화하라! (나비효과)

변화의 순서
- 생각을 바꾼다.
- 행동으로 실천한다.
- 습관을 바꾸기 위한 시간관리를 시작한다.

변화의 방법
- 작은 것부터, 쉬운 것부터 시작한다.

10년 후 나는 어디쯤 서 있을까?

	현재의 나의 모습 (As-Is)	10년 후의 나의 모습 (To-Be)
1. 나의 위치는 어떻게 변화해 있을까? 　1) 회사 : 직급, 직책, 직무 등 　2) 전문가 　3) 자영업 　4) 기타		
2. 가족들의 모습은 어떻게 달라져 있을까? (자녀, 부모, 형제 등)		
3. 나만이 가지고 있는 핵심 역량은 무엇일까? (전문성, 자격증, 어학 등)		
4. 나 자신의 미래를 위한 투자는? (건강, 학습, 재테크 등)		
5. 나의 연봉은 어떻게 달라져 있을까? (연간 소득금액으로 기입)		

Step3
셈본으로 보는 인생 구조조정

더하기

빼기

곱하기

나누기

Step4

습관의 Go-Stop

GO 해야할 습관

1.

2.

3.

...

STOP 해야할 습관

1.

2.

3.

...

나는 일본 주재원 시절 일본 사람들은 칠팔십이 되어도 여전히 열심히 일하는 모습들을 많이 보아왔다. 그 예로 일본의 회사 회장, 사장들은 칠팔십 대가 많고, 팔십이 넘어서까지 책을 쓰는 사람들이 의외로 많다.

그런 의미에서 30년 전 한국에 돌아오면서 일본 사람들처럼 현장 실무경험을 소재로 한 열 권의 책을 쓰기로 마음먹었다. 부족하기 그지없지만 그 목표를 이미 지난해에 달성했기에 금년부터 다시 스무 권으로 상향 조정하였다. 무리한 도전일지도 모른다. 올해 필자는 그야말로 이순耳順이 라는 나이가 되어버렸다.

옛날에는 환갑 나이가 되면 장수했다고 해서 동네잔치를 벌이기도 하고, 일선에서 물러앉자 자식들의 도움 속에 소일하는 게 일반적이었지만 100세 시대를 살아야하는 지금 육십의 나이는 무언가 새로 시작해야만 하는 '시작의 나이'라고 생각한다.

요즘은 60세에 정년을 맞고도 30년의 여생을 더 살아가야만 하는 '트리플 크라운Triple Crown'의 시대라고 하는데, 이제 새로운 30년을 맞이하여 새로운 인생을 스타트하는 필자에게 이러한 목표는 큰 의미를 갖는다고 생각한다. 이 책은 앞으로 전개되는 인생 3막의 시작을 세상에 알리는 휘슬이기도 하다.

그동안 펴낸 열 권의 책은 과거 경험에 의한 실무서가 대부분이었지만 이제 생각을 바꾸어 감성이 깃든 수필이나 에세이집 같은 책으로 도전을 하려고 한다. 그런 의미에서 이 책은 나의 새로운 도전을 위한 첫 작품인 셈이다.

이를 위해 나는 5년에 걸쳐 CEO 잡지에 컬럼을 쓰기 시작하였고, 3년 전부터는 에세이를 쓰기 위해 수필학교를 다니면서 또 다른 신문과 잡지에 한 달에 두서너 편을 기고해왔다. 이 책은 바로 100여 편이 넘는 기고문을 다시 손을 보아 세상에 내놓게 된 것이었다.

책을 쓴다는 것을 산모의 고통에 비유하기도 한다. 힘이 들거나 귀찮을 때 가끔은 '꼭 이런 고생을 사서 왜하지?' 하며 용기를 잃거나 자신감이 없어질 때가 있다. 아울러 그동안 써 놓은 글들을 한번 다시 읽다보면 나도 모르게 이것도 글이라 할 수 있을까 자신이 부끄러워지기도 하고, 자신의 재능이 부족함을 탓해보기도 했다. 그러나 무언가 도전하고 노력하면 된다는 생각을 갖고 다시 힘을 낸 결과 이 책이 햇빛을 보게 된 것이다.

에세이클럽에서 손광성 선생님의 가르침과 회장님 이하 회원 분들의 격려와 지원이 큰 힘이 되었다. 회장님 이하 회원 모든 분들께

감사를 드린다. 그래도 '행복에너지'라는 강력한 바이러스를 세상에 퍼뜨리고자 책을 내시는 행복에너지 권선복 대표가 아니었더라면 이 원고는 아마 지금도 방구석 어딘가에 뒹굴고 있을지도 모른다. 거칠기만 한 원고를 처음부터 끝까지 정성스럽게 다듬어준 행복에너지 직원 여러분에게 감사드리고, 틀린 글자를 족집게처럼 찾아 고쳐준 아내와 어린 손자 둘을 보면서도 짬을 내어 디자인을 해준 딸 보경에게도 고마움을 전한다.

성공한 내 모습을 상상하라

정문섭 지음 | 신국판 | 값 15,000원

한 사람의 노력과 성공은 전체의 발전으로 이어진다.

'최초의 민간인 출신 한국거래소 김봉수 이사장' '전 세계 마그넷 시장의 절반을 석권한 (주)자화전자 김상면 대표이사' '기술력 하나만으로 초우량 반도체회사를 일군 (주)세미텍 김원용 대표이사' '암 연구 분야의 세계적 권위자 박재갑 국립암센터 초대원장' '산골 마을에서 태어나 서울시장을 역임하고 민선 충청북도지사를 재선한 후 아름다운 퇴장을 하신 이원종 지사' '국내 정크아트를 개척하고 시장을 만든 (주)정크아트 오대호 대표이사' 모두 여섯 명의 주인공들이 제각각 걸어온 길을 회고하며, 성공에 이르기까지 걸어온 질곡의 역사를 펼쳐놓는다.

마치 한편의 다큐멘터리를 보는 듯한, 누군가가 숨겨놓은 일기장을 꺼내 읽는 듯한 생생함과 흡입력은 읽는 이로 하여금 간접체험을 불러일으켜 또 다른 깨달음을 건네준다. 자신들의 실패를 어느 탓으로도 돌리지 않고, 뼈아프게 성찰하며 노력을 거듭해 최고의 자리에 오르기까지 그들이 보여준 눈물겨운 노력들은, 꿈꿔왔던 막연한 성공에 대한 환상을 잠재울 것이다.

조화가 성공을 부른다

신영철 지음 | 신국판 | 값 15,000원

모든 것은 상대적인 가치를 지니고 있다. 한 가지를 선택한다는 것은 또 다른 어떤 것을 포기한다는 것이다. 대비되는 가치들이 공존하는 모순의 세계에서 진정한 성공을 이루기 위해서는 무엇보다 조화가 필요하다. 이제 당신의 성공을 위한 조화를 시도하라.

박희영의 유머경영

박희영 엮음 | 신국판 | 값 15,000원

재미있는 리더. 무게를 잡기보다는 조금 부족한 듯 망가지는 모습을 선택하는 호인. 일을 할 때는 무섭게 하고 사업에도 빈틈이 없는 완벽주의자. 남이 하기 싫어하는 일에 항상 솔선수범하는 사람. 외부로부터 이처럼 좋은 평가를 받는 '대한민국 인맥의 달인' 박희영 CEO의 유쾌한 행진이 시작됐다.

**이제 행복에너지와 함께
기부천사가 되어보세요!**

스마트폰 어플리케이션을 통해 간편하게!
별도의 부담 없이 생활 속의 기부를 실천하세요.

* 스마트폰으로 기부천사 앱을 다운받아 실행하면 통화 1분당 최고 4원의
기부금이 적립됩니다.
사용자에게는 **별도로 요금이 부과되지 않으며**, 통화시 분당 2원이 적립금
으로 환산되어, 기부천사 사이트에서 이 적립금을 현금처럼
사용할 수 있습니다.
1분을 채우지 못하고 통화가 종료되어도 통화시간은 1초 단
위로 모두 누적되며, 사용자의 기부로 모여진 금액은 각종
공공단체 및 구호기관에 기증하실 수 있습니다.

개인의 통화요금이 아닌 각 통신사에서 수익의 일
부를 기부하는 시스템으로 운영되는 '기부천사' 앱은
play스토어(구 안드로이드 마켓)에서
'행복에너지 기부천사'라는 이름으로 검
색하여 다운받아 사용하실 수 있습니다.

"나눌수록 행복해지는 기부문화"
이제 **도서출판 행복에너지**와 함께하세요.

행복에너지 기부천사
앱 다운로드 - QR코드